WOW!

MAP 地圖附錄 別冊

2025-26最新版
富士山
東京近郊・山梨・靜岡・神奈川

MAP GUIDE WOW! MEDIA

 wow.com.hk

目錄

伊豆廣域・伊東廣域

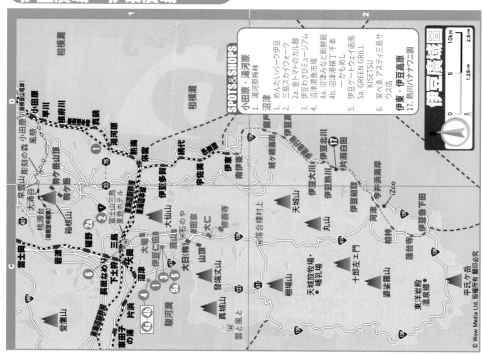

伊豆廣域

SPOTS&SHOPS

小田原・湯河原
1. 湯河原梅林

沼津
1. めんたいパーク伊豆
2. 三島スカイウォーク
2a. 金トマトのカル塩
3. 伊豆わさびミュージアム
4. 沼津港魚市場
4a. 沼津みなと新鮮館
4b. 沼津港横丁下本
　　一かもめし
5. 伊豆ゲートウェイ函南
5a. GREEN GRILL
　　KISETSU
6. 安べ＆アスティ三島サ
　　ウス店

伊東・伊豆高原
17. 熱川バナナワニ園

0　　　5　　　10km
1:25万　2.25km=1cm

© Wow Media Ltd. 版権所有 翻印必究

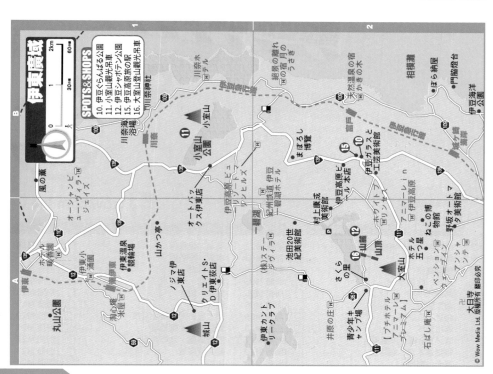

伊東廣域

SPOTS&SHOPS

10. 伊豆ぐらんぱる公園
11. 小室山観光リフト車
12. 伊豆シャボテン公園
15. 伊豆高原旅の駅
16. 大室山登山観光リフト車

0　　　1　　　2km
30秒　　60秒

© Wow Media Ltd. 版権所有 翻印必究

別冊 M02

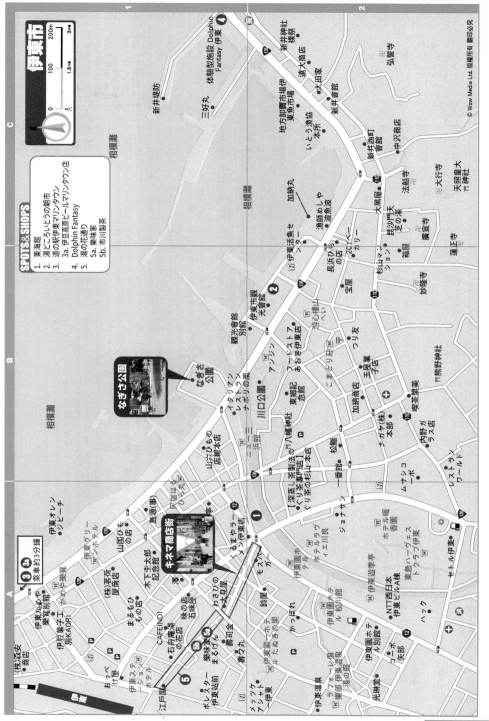

SPOTS&SHOPS

1. 東海館
2. 湯どころいとうの朝市
3. 道の駅伊東マリンタウン
   3a. 伊豆高原ビールマリンタウン店
4. Dolphin Fantasy
5. 湯の花通り
   5a. 樂味家
   5b. 市川製茶

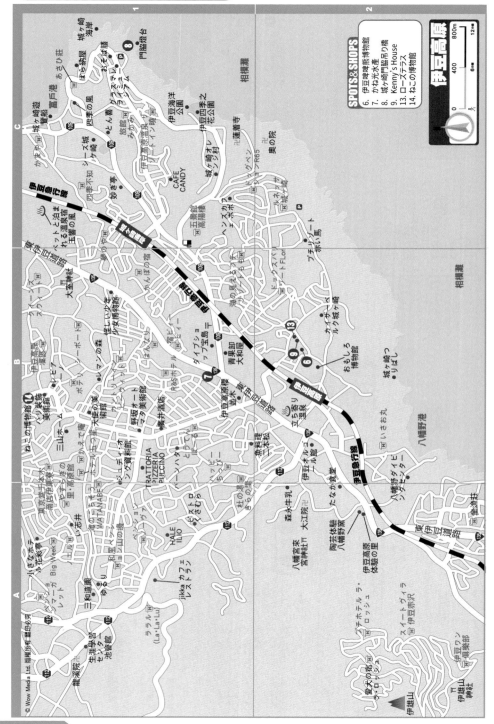

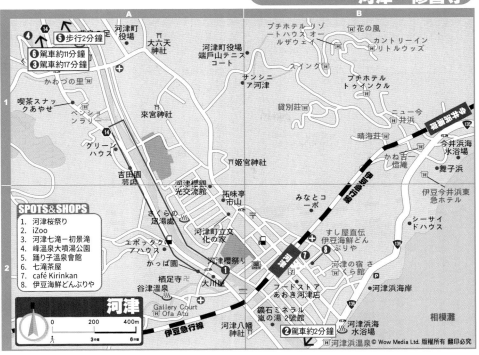

④ ⑭
⑤歩行2分鐘
⑥駕車約11分鐘
③駕車約17分鐘

喫茶スナックあやせ
かわづの里
ペンションラリー
グリーンハウス
來宮神社
大六天神社
河津町役場
河津町役場
端戸山テニスコート
サンシニア河津
姫宮神社
吉田園芸店
河津櫻觀光交流館
拓味亭市山
エポックアハウス
さくらの足湯處
みなとコーポ
河津町立文化の家
かっぱ園
栖足寺
谷津温泉
大川屋
河津櫻祭り
フードストアあおき河津店
鑛石ミネラル嵐の湯 2號館
Gallery Court
Ofa Atu
河津八幡神社
②駕車約2分鐘
河津浜海水浴場
河津浜温泉
伊豆急行線

プチホテルリゾートハウス オールザウェイ
花の風
カントリーインリトルウッズ
スイング
プチホテルトゥインクル
貸別荘
ニュー今井浜
晴海荘
かね吉一燈庵
今井浜海水浴場
舞子浜
伊豆今井浜東急ホテル
みなとコーポ
すし屋直伝伊豆海鮮どんぶりや
河津の宿 さくら館
シーサイドハウス
河津浜海岸
相模灘

SPOTS&SHOPS
1. 河津桜祭り
2. iZoo
3. 河津七滝―初景滝
4. 峰温泉大噴湯公園
5. 踊り子温泉會館
6. 七滝茶屋
7. café Kirinkan
8. 伊豆海鮮どんぶりや

河津

0   200   400m
3分鐘   6分鐘

© Wow Media Ltd. 版權所有 翻印必究

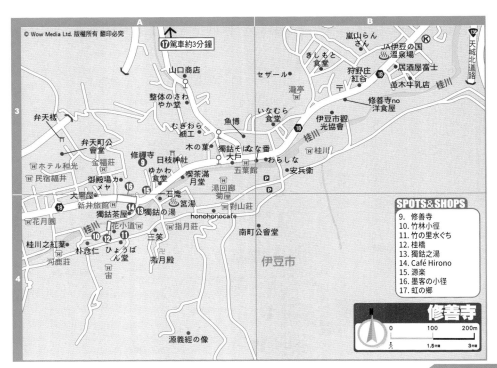

© Wow Media Ltd. 版權所有 翻印必究

⑰駕車約3分鐘

山口商店
整体のさわやか堂
弁天様
むぎわら細工
魚博
木の葉
弁天町公會堂
金福莊
修禪寺
日枝神社
獨鈷そば なな番
大戸
わらしな
五葉館
安兵衛
ホテル和光
ゆかわ食堂
喫茶滿月堂
御殿場カメヤ
湯回廊菊屋
新井旅館
石庵
河鹿荘
獨鈷茶屋
獨鈷の湯
honohonocafe
對山莊
大黒屋
花小道
桂川之紅葉
三笑
朴念仁
ひょうば
指月殿
桂川
花月園
民宿福井
指月荘
南町公會堂
源義經の像

嵐山らんさん
きしもと食堂
JA伊豆の國温泉場
狩野庄紅谷
居酒屋富士
並木牛乳店
瀧亭
セザール
いなむら食堂
修善寺no洋食屋
伊豆市觀光協會
桂川
桂川
天城北道路
桂川
伊豆市

SPOTS&SHOPS
9. 修善寺
10. 竹林小徑
11. 竹の里水ぐち
12. 桂橋
13. 獨鈷之湯
14. Café Hirono
15. 源楽
16. 墨客の小径
17. 虹の郷

修善寺

0   100   200m
1.5分鐘   3分鐘

熱海

0　　150　　300m

2.3分鐘　　4.5分鐘

A

B

ラ・ヴィ熱海

ダイショウハウス

熱海ホテルパイプのけむり

旅館 芳泉閣 H

熱海温泉 旅館 靜香

河野青果店

陽和洞岩崎別荘

ロイヤルヴィラ熱海

絶景掛け流しの宿 H 熱海月右衛門

サニーヒルズ熱海

連月荘

熱海温泉 法悦 H

20

きのみや 神社

パーク・セレノ熱海

グランフェスタ熱海

WA亭 風こみち

東海道新幹線

東海道本線

東海道本線

熱海市立澤田政廣記念美術館

うたゆの宿 熱海 H 四季ホテル

今丹那神社

來宮

とんー

11

ジョナサン

日航

山神社

梅園

田島商店

コーヒーショップおがわ

熱海教會

大湯間欠泉

東川〔ハウス〕

7

東急リゾートヴィラ熱海青翠

ジェイグレイス熱海

柿乃木 カフェレストラン

梅の家

11

弁財天女堂

熱海 湯の宿おお川

飛翔(合同會社)

11

梅園町公民館

西紅亭

水口とうふ店

三平荘

熱海市役

翠苑

レジーナ・ヴィラ熱海

双柿舎

熱海ふじ H

auショップ 熱海

(株)小山商店

モンテ・スミヨシ

海藏寺 卍

マンション夢村

うおな お亭

秋本藥

ちゅう光台天 神山神社

新かどや

起雲閣

6

かんぽの宿 熱海別館

メゾン 西谷

H

カミリアシーホワイト熱海

花の館 染井

かんぽの宿 熱海本館 H

浪漫亭

熱海金城館

星野リゾート リゾナーレ熱海 H

レクトーレ 熱海小嵐

妙立寺 卍

レストラン米久

森の城美ing

四季倶楽部 シオン熱海

熱海ハイプラザ

迎賓館熱海 小嵐亭

石亭

昭和アパート

コンディ ライバッハー マン 熱海店

熱海後樂園 ホテル櫻 町ハイツ

堀川屋

龜樂園櫻ヶ丘工場

縣營住宅 小嵐園地

むさしや

木下商店

稲田商店

興禪寺 卍

イイムラ看板店

サブロッツ

旅の宿かみむら

そば悦

(有)割烹でん助

プチモン 熱海西館

創價學會熱海文化會館

ベスト電器 熱海店

(株)宇田水産

ポートビューハイツ

石川ハイツ

グリーンハイツ櫻木

香田こんにゃく店

(株)アタミ

かね田の ひもの

伊東線

SPOTS&SHOPS

1. 熱海ロープウェイ
   1a. 秘寶館
   1b. 熱海城
   1c. 熱海Trick Art Museum
   1d. Hill Top Terrace
2. 仲見世商店街
   2a. KICHI+
   2b. 茶房 藍花
3. 平和通り名店街
4. 伊豆山神社
5. MOA美術館
6. 起雲閣
7. 熱海梅園

⑤乘車約4分鐘

④乘車約9分鐘

東橫INN熱海站前

ホテル池田社員寮

第一ビルアタミックス名店街

熱海スカイハイツ

ホテル彌生

コスモ熱海林ケ丘

ベルシェル熱海

大觀莊

KKRホテル熱海

伊東園ホテル熱海新館

熱海溫泉湯宿一番地

醫王寺

ファンシービル

月の栖 熱海聟樂酒店

アタミシーズンホテル

熱海溫泉

海市役所 教委員圖書館

中国菜室壹番

貴一お宮の像

湯前神社

大月ホテル和風館

古屋旅館

Hotel Micuras

ホテル貴一

熱海サンビーチ

海幸樂膳釜つる

ジョナサン

居酒屋伊八

てんぷら鶴吉

一樓

スコット舊館

赤とんぼ

本旅館

はまだ

司廚川

親水公園

コモショップ熱海店

旅館立花

ホテルリブマックス熱海

玉の湯ホテル

熱海港海釣り施設

ホテルニューカバハシ

し富

熱海海浜公園

マリンスパあたみ

熱海釣り公園

ホテル大野屋

天

サンレモ公園

佐藤生地ふとん店

ウオミサキホテル

秀花園湯の花膳

熱海後樂園ホテル

アルフォート熱海

る鍋

やすらぎの宿 みのや

熱海秘寶館 1a

プチモンド熱海東館

錦ケ浦公園

八幡山站

熱海トリックアート迷宮館 1c

熱海城 1b

1d

リゾートホテルロイヤルウイング

相模灘

相模灘

相模灘

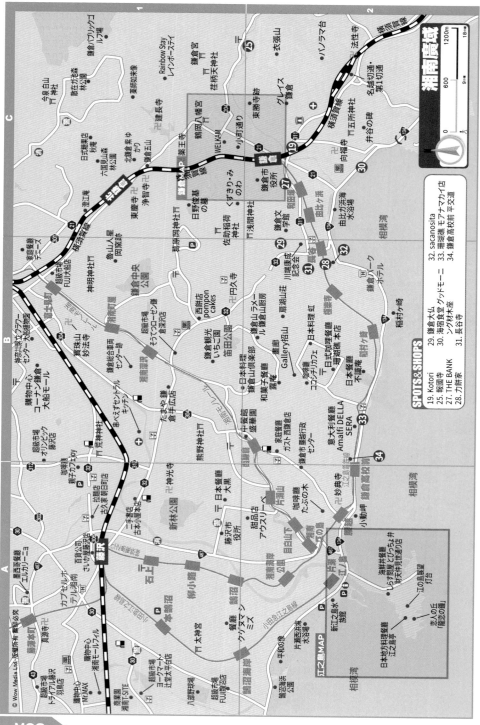

湘南廣域

別冊M08

鎌倉

26 🏯
化粧坂切通し
七福茶屋
日本餐廳
七福茶屋 P
源氏山公園
鶴岡八幡宮
20 🏯
21
鎌倉市川喜多映
画記念館
平家池
餐廳
くずきり・みのわ
無量寿院(無量寺)跡
八坂大神 🏯
WELKAM
源氏池
もやい工藝
鎌倉歴史文化交流館
gram
雪糕店
鎌倉茶々
22
21
P
和菓子餐廳
茶房雲母
甘味処/茶坊
P
プンプン紅茶店・鎌倉佐助
日本餐廳
達や
14
12
23
諏訪神社
文具店
TUZURU
24
伊織
15
単車租借服務
鎌倉レンタサイクルサスケ
ゆる波
21
17
GARDEN HOUSE
16
13
鎌倉市役所
鎌倉
大巧寺
18
N
0　　200　　400m
3分鐘　　6分鐘
ホテルすみ P

SPOTS&SHOPS
12. 白帆鎌倉
13. 鎌倉八座
14. レンタル着物 小袖 鎌倉店
15. 鎌倉釜飯かまくら本店
16. 鎌倉 六弥太
17. 玉子焼きおざわ
18. Pacific Ocean Blue 鎌倉店
20. 鶴岡八幡宮
21. くるり鎌倉店
22. arbre noir Yukumi
23. 段葛 こ寿々
24. Milk Hallミルクホール
26. 銭洗弁財天宇賀福神社

© Wow Media Ltd. 版權所有 翻印必究

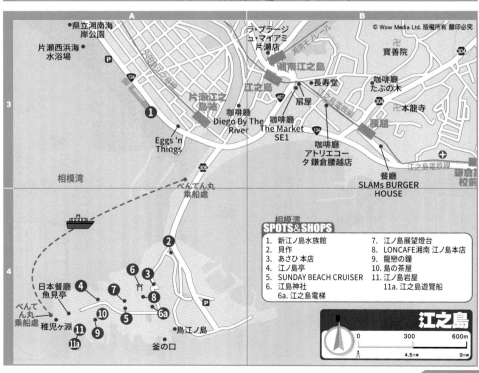

© Wow Media Ltd. 版權所有 翻印必究

県立湘南海岸公園
片瀬西浜海水浴場
ラ・ブラージュ
ユ・マイアミ片瀬店
寶善院
30
134
湘南江之島
P
片瀬江之島
江之島
咖啡廳
たぶの木
長寿堂
咖啡廳
1
467
扇屋
本龍寺
30
Eggs 'n Things
咖啡廳
Diego By The River
咖啡廳
The Market SE1
134
咖啡廳
アトリエコータ 鎌倉腰越店
鎌倉高校前
相模湾
305
べんてん丸乗船處
餐廳
SLAMs BURGER HOUSE
江之島電鉄線
相模湾

SPOTS&SHOPS
1. 新江ノ島水族館
2. 貝作
3. あさひ 本店
4. 江ノ島亭
5. SUNDAY BEACH CRUISER
6. 江島神社
　6a. 江之島電梯
7. 江ノ島展望燈台
8. LONCAFE湘南 江ノ島本店
9. 龍戀の鐘
10. 島の茶屋
11. 江ノ島岩屋
　11a. 江之島遊覽船

2
6
3
4
7
8
日本餐廳
魚見亭
10
6a
べんてん丸乗船處
稚児ヶ淵
5
11
9
鳥江ノ島
11a
釜の口

江之島
N
0　　300　　600m
4.5分鐘　　9分鐘

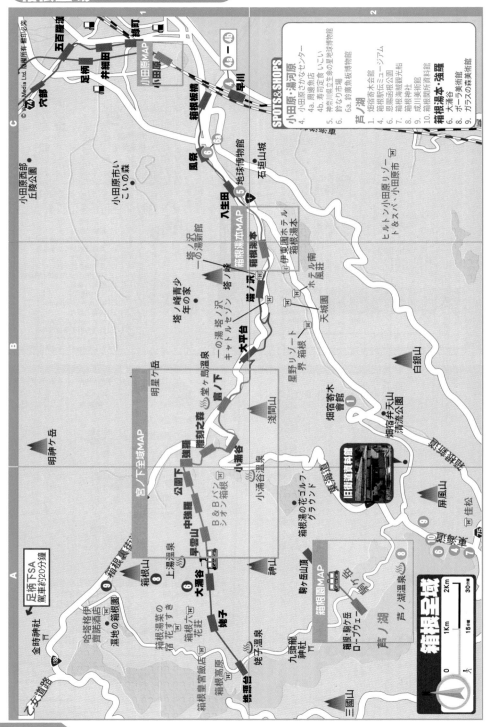

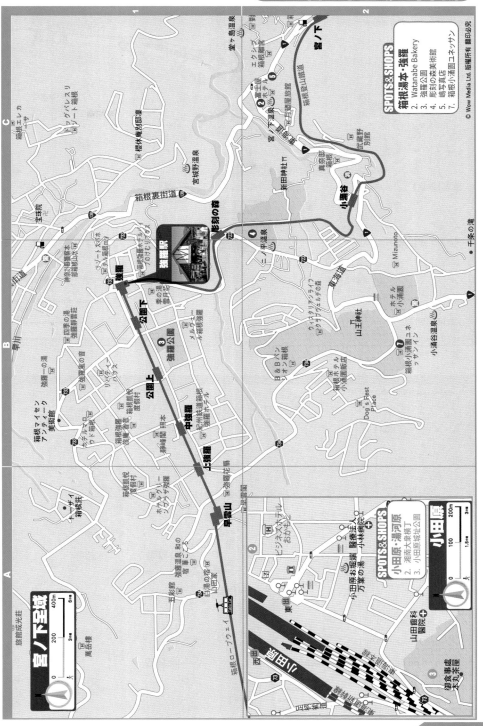

SPOTS&SHOPS　箱根湯本・強羅

2.　Watanabe Bakery
3.　強羅公園
4.　彫刻の森美術館
5.　嶋写真店
7.　箱根小涌園ユネッサン

© Wow Media Ltd. 版権所有 翻印必究

宮ノ下全域

0　　200　　400m

SPOTS&SHOPS　小田原・湯河原

1.　小田原お堀端 万葉の湯 おかねの湯
2.　湘南朝食横丁
3.　小田原城址公園

小田原

0　　100　　200m

箱根登山鐵道
東海道

1b 步行約5分鐘

箱根登山鐵道

箱根北原ミ
ュージアム

1m
1e
箱根湯本
1i
警

1l
見晴荘
1a
1d
1h

ますとみ
旅館

萬翠樓福住

東海道
1
清
1k
1j
1n
箱根水
明荘

11

弥次喜多
の湯

早雲寺

早川

1f 湯本富士屋
ホテル

箱根湯本
温泉

箱根町役場

732

ホテル
河鹿荘

1c

吉池

越中やまび
こ亭

ホテルマイユ
クール祥月

箱根路開雲

732

箱根花紋

白

SPOTS&SHOPS

1. 箱根湯本温泉街
1a. café Timuny
1b. 箱根湯寮
1c. 萩野豆腐処
1d. 村上二郎商店
1e. 箱根の市
1f. Picot
1g. 籠屋清次郎

1h. 菊川商店
1i. 箱根Sagamiya
1j. 湯もち本舗 ちもと
1k. 藤屋商店
1l. まんじゅう屋・菜の花
1m. えゔぁ屋
1n. 湯葉丼 直吉

箱根湯本市

0　　　100　　　200m

1.5分鐘　　　3分鐘

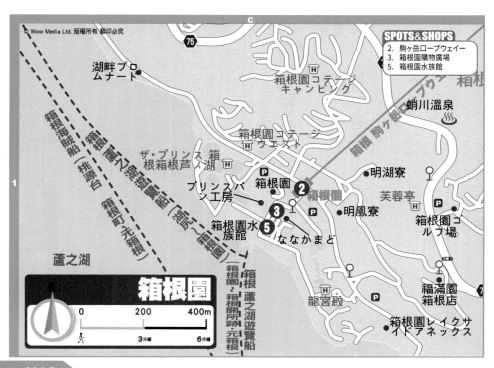

75

SPOTS&SHOPS

2. 駒ヶ岳ロープウェイー
3. 箱根園購物廣場
5. 箱根園水族館

相

湖畔プロ
ムナード

箱根園コテージ
キャンピング

蛸川温泉

箱根
駒ヶ岳ロープウェイ

箱根園コテージ
ウェスト

ザ・プリンス 箱
根箱根芦ノ湖

明湖寮

芙蓉亭

プリンスパ
ン工房

箱根園

2 箱根園

箱根園ゴル
フ場

3

5

箱根園水
族館

明鳳寮

ななかまど

蘆之湖

龍宮殿

福満園
箱根店

箱根園

0　　　200　　　400m

3分鐘　　　6分鐘

箱根園レイクサ
イドアネックス

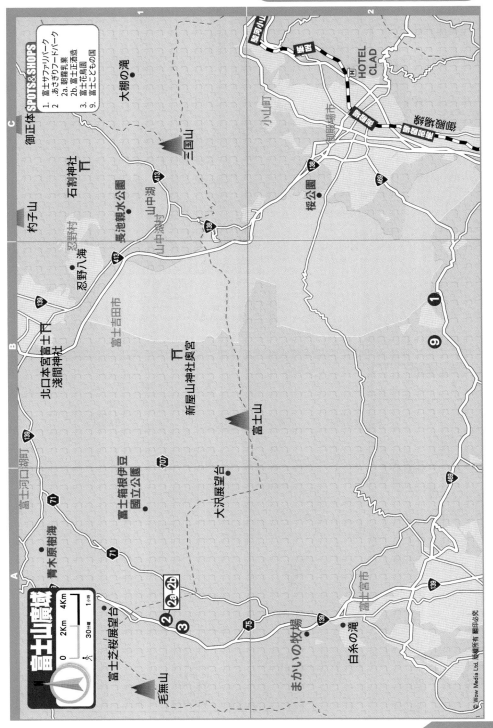

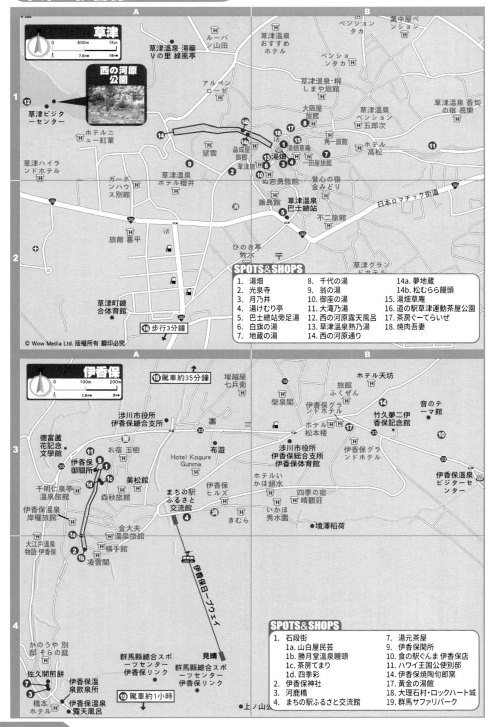

草津

西の河原公園

草津ビジターセンター

SPOTS&SHOPS

1. 湯畑
2. 光泉寺
3. 月乃井
4. 湯けむり亭
5. 巴士總站旁足湯
6. 白旗の湯
7. 地蔵の湯
8. 千代の湯
9. 翁の湯
10. 御座の湯
11. 大滝乃湯
12. 西の河原露天風呂
13. 草津温泉熱乃湯
14. 西の河原通り
14a. 夢地蔵
14b. 松むらら饅頭
15. 湯畑草庵
16. 道の駅草津運動茶屋公園
17. 茶房ぐ～てらいぜ
18. 焼肉吾妻

18 歩行3分鐘

伊香保

18 駕車約35分鐘

SPOTS&SHOPS

1. 石段街
   1a. 山白屋民芸
   1b. 勝月堂温泉饅頭
   1c. 茶房てまり
   1d. 四季彩
2. 伊香保神社
3. 河鹿橋
4. まちの駅ふるさと交流館
7. 湯元茶屋
9. 伊香保関所
10. 食の駅ぐんま 伊香保店
11. ハワイ王国公使別邸
14. 伊香保焼陶旬郎窯
18. 大理石村・ロックハート城
19. 群馬サファリパーク

19 駕車約1小時

© Wow Media Ltd. 版權所有 翻印必究

別冊 **M14**

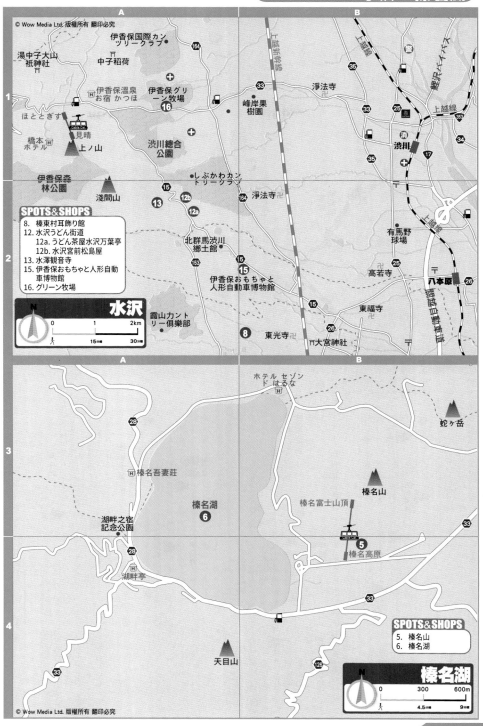

湯中子大山祇神社
伊香保国際カンツリークラブ
中子稲荷
伊香保温泉 お宿 かつほ
伊香保グリーン牧場 **16**
峰岸果樹園
淨法寺
渋川
上越新幹線
上越線
上越線
ほととぎす
見晴
上ノ山
橋本ホテル
伊香保森林公園
淺間山
15
13
12b
12a
しぶかわカントリークラブ
淨法寺
北群馬渋川郷土館
15
15
伊香保おもちゃと人形自動車博物館
15
八本原
高若寺
有馬野球場
東福寺
8 東光寺
大宮神社
霞山カントリー倶楽部
東光寺

SPOTS&SHOPS
8. 榛東村耳飾り館
12. 水沢うどん街道
　12a. うどん茶屋水沢万葉亭
　12b. 水沢宮前松島屋
13. 水澤観音寺
15. 伊香保おもちゃと人形自動車博物館
16. グリーン牧場

N **水沢**
0　　　1　　　2km
15分間
30分間

ホテル セゾンドはるな
蛇ヶ岳
28
榛名吾妻荘
榛名山
榛名湖 **6**
榛名富士山頂
5
榛名高原
湖畔之宿記念公園
28
湖畔亭
天目山
33

SPOTS&SHOPS
5. 榛名山
6. 榛名湖

N **榛名湖**
0　　300　　600m
4.5分間
9分間

富士五湖

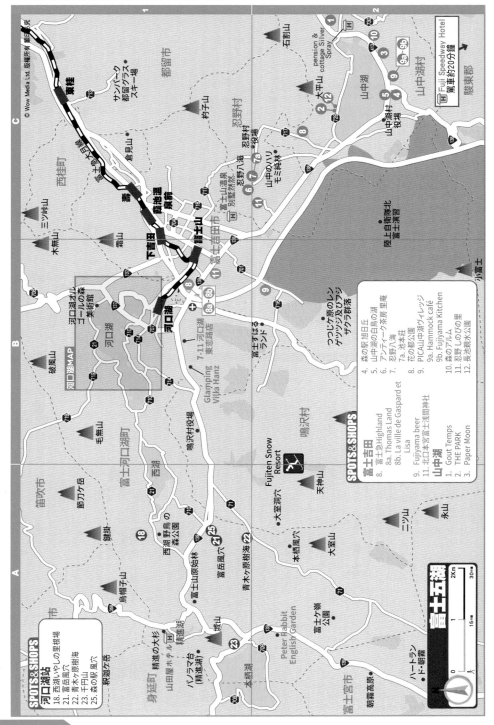

© Wow Media Ltd. 版権所有 翻印必究

SPOTS&SHOPS

河口湖站

18. 西湖いやしの里根場
21. 富岳風穴
22. 青木ヶ原樹海
23. 千円山
25. 森の駅風穴

SPOTS&SHOPS

富士吉田
8. 富士急Highland
8a. Thomas Land
8b. La ville de Gaspard et Lisa
9. Fujiyama beer
11. 北口本宮富士浅間神社

山中湖
1. Gout Temps
2. THE PARK
3. Paper Moon
4. 森の駅旭日丘
5. 山中湖の白鳥の湖
6. アンティーク茶房 里庵
7. 忍野八海
7a. 池本荘
8. 花の都公園
9. PICA山中湖ヴィレッジ
9a. Hammock café
9b. Fujiyama Kitchen
10. 森のアルム
11. 忍野 しのびの里
12. 長池親水公園

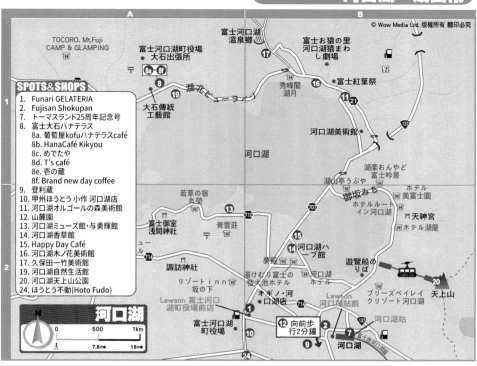

© Wow Media Ltd. 版權所有 翻印必究

TOCORO. Mt.Fuji
CAMP & GLAMPING

富士河口湖
温泉郷

富士お猿の里
河口湖猿まわ
し劇場

富士河口湖町役場
大石出張所

秀峰閣
湖月

富士紅葉祭

河口湖美術館

河口湖

大石傳統
工藝館

湖楽おんやど
富士吟景

湖山亭うぶや

ホテル
美富士園

ホテルルー
イン河口湖

天神宮

ホテル湖龍

若草の宿
丸榮

河口湖ハ
ーブ館

富士御室
浅間神社

青雲荘

河口湖

Happy Day Café

遊覧船の
りば

天上山

諏訪神社

湯けむり富士の
宿大池ホテル

河口湖
ホテル

ブリーズベイレイ
クリゾート河口湖

リゾートinn
坂の下

オギノ・河
口湖店

Lawson
河口湖站前

Lawson 富士河口
湖町役場前店

河口湖站

富士河口湖
町役場

向前歩
行2分鐘

河口湖

SPOTS&SHOPS

1. Funari GELATERIA
2. Fujisan Shokupan
7. トーマスランド25周年記念号
8. 富士大石ハナテラス
   8a. 葡萄屋kofu/ハナテラスcafé
   8b. HanaCafé Kikyou
   8c. めでたや
   8d. T's café
   8e. 壱の蔵
   8f. Brand new day coffee
9. 登利蔵
10. 甲州ほうとう 小作 河口湖店
11. 河口湖オルゴールの森美術館
12. 山麓園
13. 河口湖ミューズ館・与勇輝館
14. 河口湖香草館
15. Happy Day Café
16. 河口湖木ノ花美術館
17. 久保田一竹美術館
18. 河口湖自然生活館
19. 河口湖天上山公園
24. ほうとう不動(Hoto Fudo)

N 河口湖

0　　　500　　　1km

7.5分鐘　　　15分鐘

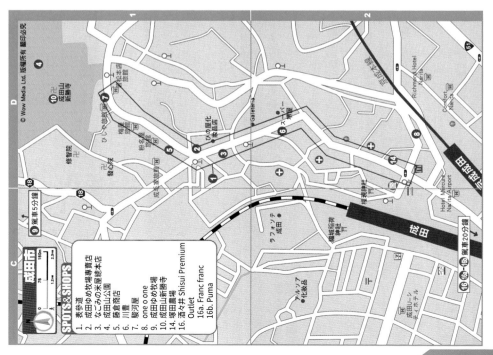

© Wow Media Ltd. 版權所有 翻印必究

成田山新勝寺

修智院

Galeteria

Richmond Hotel Narita

Comfort Narita

Hotel Mercure Narita Airport

成田

搭車5分鐘

搭車20分鐘

成田市

N 成田市

0　　75　　150m

2.2分鐘

SPOTS&SHOPS

1. 表参道
2. 成田ゆめ牧場直賣店
3. なごみの米屋総本店
4. 成田山公園
5. 藤倉商店
6. 川豊
7. 駿河屋
8. one o one
9. 成田ゆめ牧場
10. 成田山新勝寺
14. 塚田農場
16. 酒々井 Shisui Premium
    Outlet
    16a. Franc franc
    16b. Puma

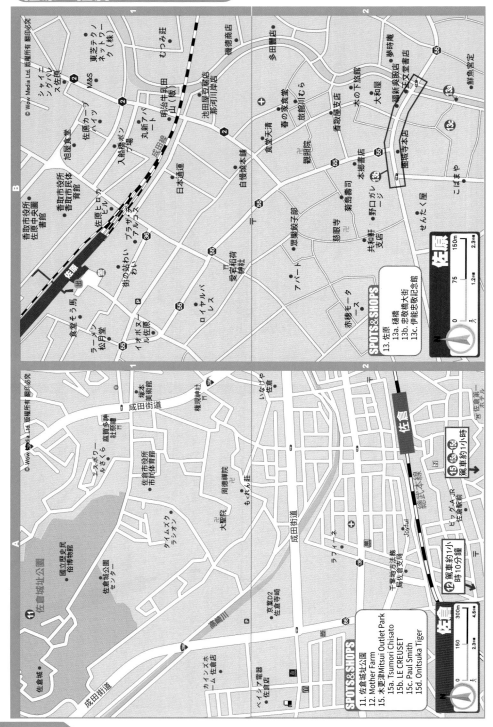

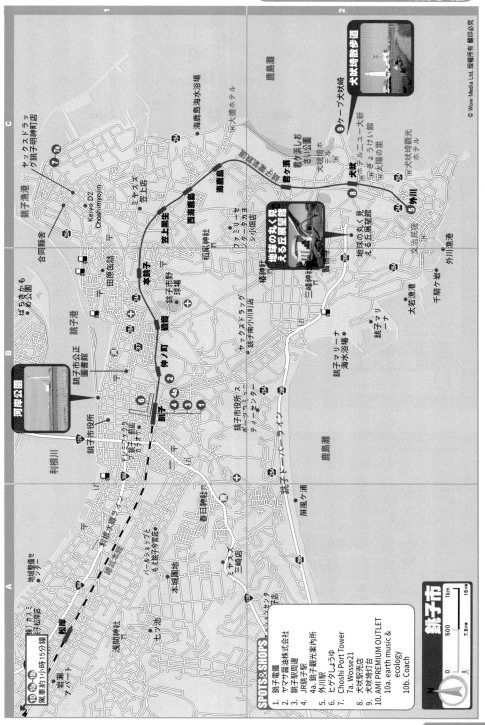

© Wow Media Ltd. 版權所有 翻印必究

大吠埼散歩道

鹿島灘

9 ケーブ大吠埼

大吠埼

君ヶ浜しおさい公園

ホテルニュー大新

大吠埼マリンパークホテル

きみ ようけいの里
大陽の里

大吠埼灯台

大吠埼観光ホテル

8 大吠

岩ヶ浦

外川

5 外川

椿神社

三崎神社

地球の丸く見える丘展望館

大谷津球場

外川漁港

千騎ヶ岩

文治民宿

大谷漁港

地球の丸く見える丘展望館

銚子マリーナ海水浴場

銚子マリーナ

春日神社

鹿島灘

屏風ヶ浦

銚子ドーバーライン

海鹿島海水浴場

大徳ホテル

海鹿島

ヤックスドラッグ
ヶ銚子明神町店

7 7a

合同縣舎

田原因玉結

銚子漁港

ばら公園かも
め公園

銚子港

西海鹿島

稲荷神社

ファミリー
マート 犬田
ニューマート

ヤマサ醤油

Keiyo D2
Chashimyoyin

ミヤベ寿
笠上店

笠上黒生

ヤックスドラッグ
銚子町川利店

本銚子

銚子市野
球場

銚子

観音

仲ノ町

銚子市公館

銚子市図書館

6

1 2

3 4 5

銚子

二ツ橋

利根川

銚子市役所

三崎町

春日神社

浅間神社

セツ池

木城海水浴場

ミヤコスリーブ
もえぎ銚子営業店

1 カスミ
犬追谷店

1 松岸

岩瀬ラパート

河岸公園

10 ~ 10b
電車約川時15分強

1km
0 500 7.5km 15km

N

銚子市

SPOTS & SHOPS

1. 銚子電鐵
2. ヤマサ醤油株式会社
3. 銚子駅周遠
4. JR銚子駅
   4a. 銚子観光案内所
5. 外川駅
6. ヒゲタしょうゆ
7. Choshi Port Tower
   7a. Wosse21
8. 犬吠駅売店
9. 犬吠埼灯台
10. AMI PREMIUM OUTLET
    10a. earth music &
         ecology
    10b. Coach

富士吉田市・富士宮市

富士吉田市

① 歩行約15分鐘

⑫
③ SARUYA HOSTEL
⑤
下吉田

河口湖
おひめ坂通り
河口湖線
新西原
愛染通り
下吉田
中央通り

富士山
⑦
7a – 7c
④
⑥
赤富士通り
昭和通り

富士山温泉
ホテル鐘山苑

BLANC FUJI

⑩ 歩行約5分鐘

2a ②

SPOTS&SHOPS

1. 新倉山浅間公園
2. 道の駅富士吉田
   - 2a. 富士山レーダードーム館
3. 本町2丁目商店街
4. 金鳥居
5. 3丁目商店栄会
6. NADAYA富士山蒸溜所
7. 富士山駅Q-STA
   - 7a. Gateway Fujiyama 富士山站店
   - 7b. ヤマナシハタオリトラベルMILL SHOP
   - 7c. 展望デッキ
10. KONOHANA
12. FabCafe Fuji

0 500m 1Km
7.5分鐘 15分鐘

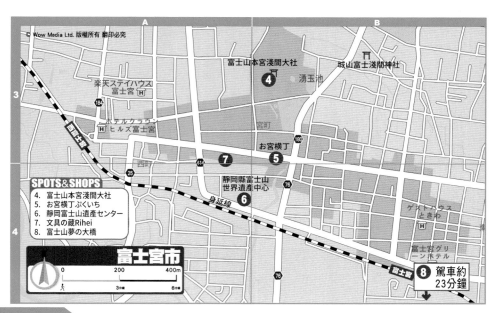

© Wow Media Ltd. 版權所有 翻印必究

富士宮市

富士山本宮淺間大社
④
湧玉池
城山富士淺間神社

楽天ステイハウス富士宮

ホテルクラウンヒルズ富士宮

宮町
お宮横丁
⑤
⑦
西町
静岡縣富士山世界遺産中心
⑥
身延線

ゲストハウスときわ

富士宮グリーンホテル
⑧ 駕車約23分鐘

SPOTS&SHOPS

4. 富士山本宮淺間大社
5. お宮横丁ぷくいち
6. 静岡縣富士山遺産センター
7. 文具の蔵Rihei
8. 富士山夢の大橋

0 200 400m
3分鐘 6分鐘

河口湖站

SPOTS&SHOPS
3. 山梨県立富士山世界遺産センター
4. 富士山パンケーキ
5. 金多留満本店
6. 河口湖站

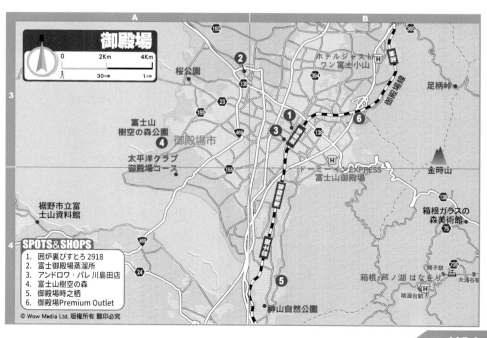

御殿場

SPOTS&SHOPS
1. 囲炉裏びすとろ 2918
2. 富士御殿場蒸溜所
3. アンドロワ・バレ 川島田店
4. 富士山樹空の森
5. 御殿場時之栖
6. 御殿場Premium Outlet

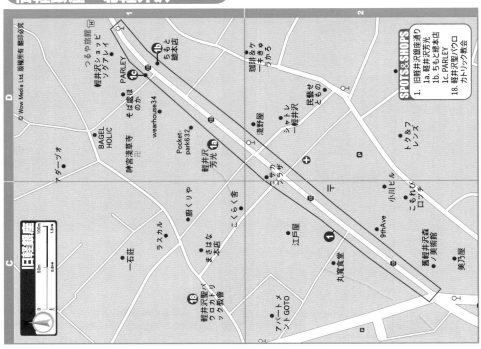

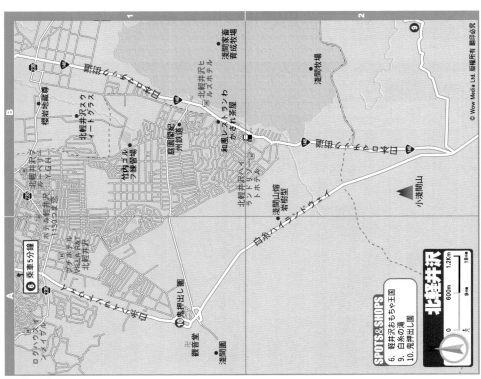

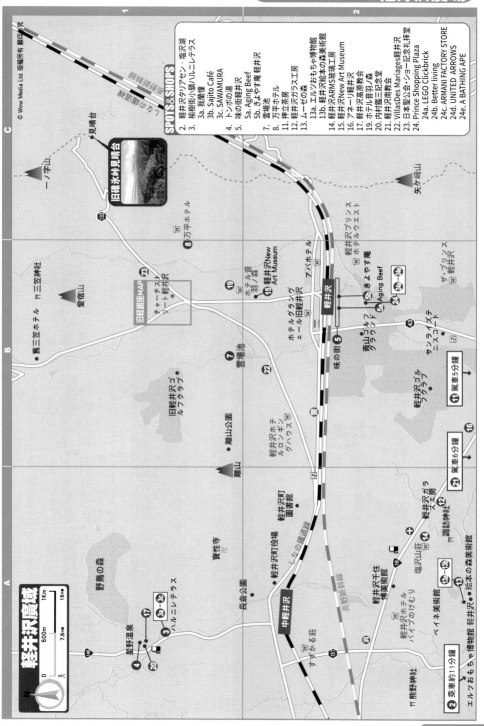

軽井沢廣域

旧碓氷峠見晴台

一ノ字山

三笠神社

愛宕山

矢ケ崎山

旧軽銀座MAP

チャーチスト
リート軽井沢

軽井沢New
Art Museum

ホテル音
羽ノ森

アパホテル

軽井沢プリンス
ホテルウエスト

8 万平ホテル

19

7 雲場池

22

味の街
軽井沢

軽井沢
ホテル
ロンギン

旧軽井沢ゴ
ルフクラブ

離山公園

離山

野鳥の森

星野温泉

軽井沢ホテ
ル ブレストン
コート

軽井沢町
図書館

軽井沢町役場

軽井沢ゴ
ルフクラブ

軽井沢
ホテル
けむり

軽井沢千住
博物館美術館

塩沢山荘

軽井沢ガラ
ス工房 12

塩沢山荘 14

諏訪神社

宝性寺

長倉公園

しなの鉄道線

長野新幹線

ベイネ美術館

絵本の森美術館

ハルニレテラス

すずめおもちゃ博物館 軽井沢

熊野神社

きよやず庵 Aging Beef

ザ・プリンス
軽井沢

20~24

5b

5a

21

サンライズ
ミニコート

43

16

青山ゴルフ
クラブ

サンライズ
ミニコート

軽井沢New
Art Museum

11 電車5分鐘

2 電車6分鐘

13a・13b

13

1 乗車約11分鐘

2 乗車約11分鐘

N

0 500m 1Km

7.5哩 15哩

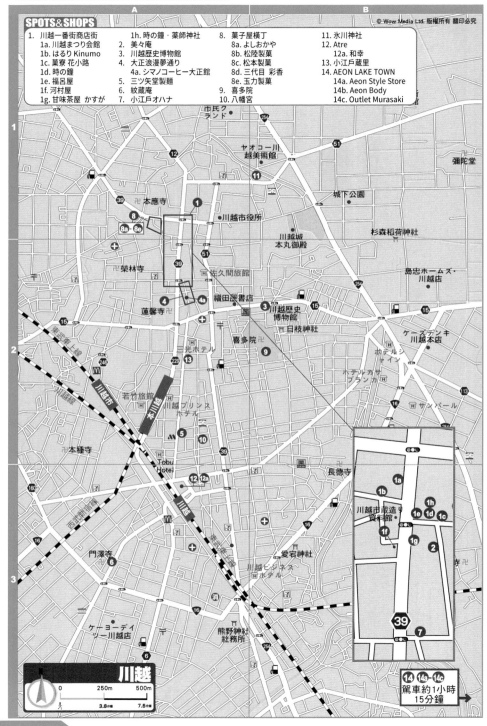

SPOTS&SHOPS

© Wow Media Ltd. 版權所有 翻印必究

1. 川越一番街商店街
   1a. 川越まつり会館
   1b. はるり Kinumo
   1c. 菓寮 花小路
   1d. 時の鐘
   1e. 福呂屋
   1f. 河村屋
   1g. 甘味茶屋 かすが
   1h. 時の鐘・薬師神社
2. 美々庵
3. 川越歴史博物館
4. 大正浪漫夢通り
   4a. シマノコーヒー大正館
5. 三ツ矢堂製麵
6. 紋蔵庵
7. 小江戸オハナ
8. 菓子屋横丁
   8a. よしおかや
   8b. 松陸製菓
   8c. 松本製菓
   8d. 三代目 彩香
   8e. 玉力製菓
9. 喜多院
10. 八幡宮
11. 氷川神社
12. Atre
    12a. 和幸
13. 小江戸蔵里
14. AEON LAKE TOWN
    14a. Aeon Style Store
    14b. Aeon Body
    14c. Outlet Murasaki

川越

0 250m 500m
3.8分鐘 7.5分鐘

14 14a-14c
駕車約1小時
15分鐘

用  去富士山!

富士山の約

富士山不只是日本人神聖的象徵,對遊人來說也有不總無法抵抗的魅力!

河口湖、山中湖、沼津、吉田富士、箱根……不同地方、不同季節都會看到不一樣的富士山美景。除了壯麗的山景,周邊的草津溫泉、浪漫的輕井澤、盛產海鮮的伊豆半島、充滿昭和氣氛的鎌倉、川越等,也很令人期待呢!

出發吧,一起來感受富士山的絕景!

點樣可以用盡行程每分每秒?

想玩盡富士山及周邊地區每分每秒也不是一件容易的事。若果懂得安排行程,要玩得盡興、順利,編排行程是最重要一環。今年WOW達人天書為各位自遊行的朋友打開嶄新一頁。

識帶路嘅旅遊天書

看書前,大家先下載我們免費的獨家「WOW!MAP」APP,然後將書中想去的景點,用APP對準WOW MAP的QR Code「嘟一嘟」,就可將景點收藏到你的行程內。更可使用導航功能,交通工具運用、店舖資訊等等,十分方便。就算身處當地,都可以隨時check到最update資訊,十分互動。

一邊睇書,一邊編行程,超方便!

WOW!編輯部
wowmediabooks@yahoo.com

全港首創 WOW! MAP

全港首創WOW!Map,出發前預先下載,在計劃行程時只要一掃想去景點的WOW!Map,就可以自動為你收藏景點:交通導航、店舖資訊一目了然!編排行程從此輕鬆簡單。

 wow.com.hk
facebook.com/wow.com.hk

 www.wow.com.hk

facebook.com/wow.com.hk

WOW!

最新內容

富士山
達人天書

★ ★ ★ ★ ☆

Mount Fuji

Mount Fuji Highlight

★ ★

河口湖 SP036

富士山下・約定　特集

≫ 想欣賞壯麗的富士山必到之處

富士山 SP050

富士山登頂攻略　特集

≫ 富士山山頂迎接御來光

富士宮 P124

富士サファリパークI
驚險刺激的野生動物園自駕遊

富士山及周邊 P292

實地住宿報告　特集
特色美景、溫泉酒店介紹

沼津 P134

三島スカイウォーク
空中散步欣賞富士山美景

河口湖 SP039 **特集**

Glamping Villa Hanz

>> 踏單車暢遊河口湖

富士山 SP037 **特集**

Fuji Speedway Hotel

>> 富士山山麓下的賽車、極速快感

富士宮 P131

富士山天梯打卡點

>> 在「奇蹟之樓梯」拍下奇幻、有趣的富士山相片

山中湖 P068

Gout Temps

>> 錯落在歐洲小屋café

Mount Fuji Highlight

御殿場 P078
富士御殿場蒸溜所
可以品嚐威士忌的酒廠見學體驗

伊香保 P264
うどん茶屋水沢万葉亭
大啖千年歷史的水沢烏冬

鎌倉 P173
レンタル著物小袖 鎌倉店
穿著傳統和服漫步懷舊小街

富士山達人天書

CONTENTS

Mount Fuji

便利標貼

 香港首推 WOW！搜羅第一手「最Like食買玩」！

 親子 WOW！為大家推介適合一家大小前往的好地方。

 好食 編者推介 稱得上美食，物有所值。

 櫻花綻放之美地，叫你沉醉粉紅世界下。

 紅葉份外美，小紅葉帶你到最佳賞葉處。

 抵食 編者推介 好味又抵食，超值。

 SNAP 要影張沙龍靚相，認定呢個標誌。

 影視 帶你遊遍電影/電視劇熱點。

 LET'S TRY! 親身落手落腳體驗，好玩又夠Fun！

 日語 提供日語導賞

「QR碼」
YouTube睇片，
點止旅遊書咁
簡單。

美食、購物、
遊樂優惠券！
玩到邊、平到
邊！

達人教室

達人教室
歷史知識、風土習俗，
旅遊貼士、慳錢秘技，
一網打盡。自遊達人必
讀秘笈。

WOW! MAP

全港首創！

WOW! MAP

識帶路嘅旅遊天書

全港首創 WOW! MAP，出發前預先下載，在計劃行程時只要一掃想去景點的 WOW! MAP，就可以自動為你收藏景點：交通導航、店鋪資訊一目了然！編排行程從此輕鬆簡單。

WOW! MAP
32

使用方法：

1. 手機下載及打開「WOW! MAP」App，登記成為會員。
2. 掃描頁底的 QR Code 時，即可看到店鋪相片、資訊還有導航功能。

Download on the
App Store

ANDROID APP ON
Google play

*書內所有價錢和酒店訂房，均只作參考之用。

建議行程 @ 富士山及周邊地區

Mount Fuji

富士山及其周邊是遊人夢想之旅,有美食、溫泉、玩樂,也有精美的手信,大家可以乘搭交通工具,又或來個自駕遊,放慢腳步,好好享受。

5日4夜

輕井澤・草津溫泉 自駕之旅

day 1		
上午	羽田空港 ⇒ 自駕 (約1小時35分) ⇒ 川越	
中午及下午	菓子屋橫丁 ⇒ 氷川神社	
晚上	Atre	
住宿	川越站周邊	

到達羽田機場後先租車自駕到川越,午餐可到三ツ堂製麵食美味的沾醬麵;下午到菓子屋橫丁買懷舊零食,然後到氷川神社參觀,晚上到站旁的Atre商場晚餐及逛街。

day 2		
上午	川越 ⇒ 自駕 (約2小時) ⇒ 輕井澤	
中午及下午	旧軽井沢銀座通り ⇒ 雲場池	
晚上	味の街軽井沢	
住宿	輕井澤酒店	

早餐check out後駕車到輕井澤,到旧軽井沢銀座通り逛街及午餐,黃昏到雲場池欣賞大自然美景,晚上到味の街軽井沢的店家Aging Beef吃美味的烤黑毛和牛。

day 3		
上午	ムーゼの森	
中午	ハルニレテラス	
下午及晚上	KARUIZAWA PRINCE SHOPPING PLAZA	
住宿	輕井澤酒店	

早上到ムーゼの森看充滿童心的玩具博物館，中午到ハルニレテラス散步及午餐，感受在大自然下逛街的悠閒；下午則到 KARUIZAWA PRINCE SHOPPING PLAZA 購物及晚餐。

day 4		
上午	輕井澤 ⇒ 自駕 (約1小時) ⇒ 草津溫泉	
中午及下午	草津溫泉熱乃湯 ⇒ 西の河原通り	
晚上	湯畑	
住宿	草津溫泉旅館	

早餐check out後駕車到草津溫泉，先到草津溫泉熱乃湯欣賞傳統有趣的搓湯舞，再到西の河原通り買手信及附近午餐，之後到溫泉旅館check in，享受小奢華的一泊兩食，晚餐過後可到湯畑欣賞亮麗的夜景。

day 5		
上午	草津溫泉 ⇒ 自駕 (約1小時45分) ⇒ 群馬サファリパーク	
中午及下午	群馬サファリパーク ⇒ 自駕 (約2小時20分) ⇒ 羽田空港	

早餐check out後駕車到群馬サファリパーク，在野生動物園參觀後午餐，玩樂後駕車到羽田空港附近還車，然後 check in回港。

建議行程@ **富士山**及周邊地區
🏔Mount Fuji

要欣賞富士山不同角度的美景，推介大家到富士五湖及其周邊，一年四季也有不同的景色啊！當然自駕遊是最方便之選。

5日4夜

河口湖・箱根
休閒自駕遊

day 1		
上午	羽田空港 ⇒ 自駕(約2小時) ⇒ 山中湖	
中午及下午	山中湖周邊觀光	
住宿	河口湖溫泉旅館	

早上抵羽田機場後取車，駕車約2小時抵達Fujiyama Kitchen食午餐，接著來到花の都公園，欣賞富士山與花田美景，然後到忍野八海遊玩，傍晚時回溫泉旅館享用晚餐及浸溫泉。

day 2		
上午	河口湖オルゴールの森美術館	
中午	富士大石ハナテラス ⇒ 河口湖自然生活館	
下午	富岳風穴 ⇒ 登利蔵	
住宿	河口湖溫泉旅館	

早上出發到河口湖オルゴールの森美術館欣賞古董音樂盒演奏，然後來到富士大石ハナテラス逛逛特色小店及午餐，再來河口湖自然生活館散步，欣賞繁花怒放美景，到富士山火山爆發時留下的奇特地形富岳風穴進行小探險，最後回旅館休息，宵夜可到居酒屋登利蔵食燒雞串飲啤酒。

day 3		
上午	check out ➡ 河口湖天上山公園 ➡ Q-STA	
中午	甲州ほうとう小作	
下午	御殿場Premium Outlets ➡ 自駕(1小時15分鐘) ➡ 箱根	
住宿	箱根市內酒店	

早上到河口湖天上山公園，一邊欣賞富士山美景，一邊品嚐狸子茶屋的糯米糰，然後來到富士手信集中地Q-STA買手信，再於甲州ほうとう小作食烏冬作午餐，之後駕車往御殿場Premium Outlets購物及晚餐，晚上駕車回箱根酒店休息。

day 4		
上午	箱根湯本溫泉街	
中午及下午	箱根及強羅遊玩	
住宿	箱根溫泉旅館	

早上先到箱根湯本溫泉街逛逛。午餐到湯葉丼品嚐嫩腐皮飯，再到萩野豆腐店吃豆花。接著，到強羅公園遊玩，順道參加crafthouse的各種手工藝工作坊。晚上湘南大眾橫丁來一趟熱鬧的晚餐。

day 5		
上午及中午	鈴廣魚板博物館 ➡ 鈴なり市場 ➡ 小田原さかなセンター	
中午	自駕(約1小時15分) ➡ 羽田空港	

Check out後到鈴廣魚板博物館參觀，接著步行至鈴なり市場買手信，然後駕車往小田原，於小田原さかなセンター食海鮮BBQ，再出發到機場並還車。

富士山及周邊地區

6日5夜

熱海伊豆 自駕充電美食之旅

喜歡溫泉及美食的遊人，熱海、伊豆半島是不二之選：美味的駿河灣海鮮、有名的伊豆溫泉，也有早春的河津櫻，定必令大家樂而忘返。

---

day 1

中午	羽田空港 ➡ 自駕(約1小時20分) ➡ 小田原さかなセンター
下午	神奈川県立生命の星・地球博物館 ➡ 熱海
晚上	溫泉旅館晚餐
住宿	熱海溫泉旅館

中午於羽田空港附近租車後，駕車往小田原さかなセンター吃海鮮BBQ及逛海鮮市場，午餐後到神奈川県立生命の星・地球博物館參觀，黃昏左右駕車往熱海，check in 熱海溫泉旅館及享用晚餐。

---

day 2

上午及中午	熱海ロープウェイ ➡ 熱海城 ➡ 熱海Trick Art Museum
下午	仲見世商店街 ➡ 起雲閣
黃昏及晚上	伊東酒店
住宿	伊東市

早餐後check out，駕車前往熱海ロープウェイ，在山頂欣賞熱海港美景，參觀熱海城及到熱海Trick Art Museum玩樂，午餐前往仲見世商店街，可到KICHI+吃しらす丼，之後逛手信店，下午到起雲閣參觀。黃昏駕車到伊東check in 旅館，晚餐到湯の花通り的樂味家居酒屋，回酒店前泡泡手湯。

---

day 3

中午	東海館 ➡ 道の駅 伊東マリンタウン
下午	伊豆啤啤熊博物館 ➡ ねこの博物館
晚上	溫泉旅館晚餐　　住宿　伊豆高原溫泉旅館

早餐後前往東海館參觀，然後往道の駅伊東マリンタウン買伊豆手信，可到伊豆高原ビールと漁師めし吃海鮮丼；午餐後駕車到伊豆啤啤熊博物館和ねこの博物館參觀，黃昏後check in 伊豆高原溫泉旅館及享用晚餐。

day 4		
上午及中午	伊豆シャボテン公園 ➡ 伊豆高原旅の駅	
下午	大室山登山觀光吊車 ➡ 城ヶ崎門脇吊り橋	
黃昏及晚上	溫泉旅館晚餐	
住宿	伊豆高原溫泉旅館	

早餐後往伊豆シャボテン公園遊玩，之後到伊豆高原旅の駅午餐或泡足湯，之後到大室山登山觀光吊車，欣賞伊豆高原的美景，再到城ヶ崎門脇吊り橋看絕景，黃昏後回旅館享用晚餐及泡溫泉。

day 5		
上午及中午	自駕(約55分鐘) ➡ 虹の郷	
下午	修善寺－竹の里水ぐち ➡ 獨鈷之湯 ➡ 竹林小徑	
黃昏及晚上	溫泉旅館晚餐	
住宿	修善寺溫泉旅館	

早餐後check out，駕車前往修善寺虹の郷遊玩及午餐，下午回修善寺參觀，可徒步到附近的竹の里水ぐち吃甜品、泡泡獨鈷之湯及逛竹林小徑，黃昏check in 修善寺溫泉旅館及享用晚餐。

day 6		
上午及中午	自駕(約1小時) ➡ 鈴廣蒲鉾本店・鈴なり市場	
下午	羽田空港	

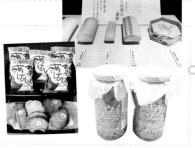

早餐後check out，駕車前往小田原的鈴廣蒲鉾本店・鈴なり市場購買手信及參觀博物館，下午還車後到羽田空港check in。

富士山下・約定

富士山是一座活火山，主峰高海拔3,776米，是日本最高的山；它橫跨山梨縣及靜岡縣，不少遊人會想在人生的旅程中，至少登上一次富士山！當然，要看富士山美景的話，也可以到附近的河口湖、山中湖、忍野八海、富士宮等地朝聖一下，而富士山於2013年6月更以「信仰對象和藝術泉源」之名，正式列入世界文化遺產中呢！以下推介的景點、住宿、餐廳，也是欣賞富士山美景而必到處！

SPA室內的景觀也是旖旎富士山

住宿、體驗篇

在富士山下住上一晚，光想想就已經很滿足吧！以下介紹這兩間住宿，有別於傳統的酒店旅館，除了設施完備外，也加入了「體驗」的元素，令遊人留下更深刻的美好回憶呢！

香港首推

←和洋摩登風的餐館
Robata OYAMA

←↓在Robata OYAMA享用的晚餐一如既往的五星級水準

① \ 獨一無二的富士山下賽車體驗 /

Fuji Speedway Hotel

這間屬於Hyatt旗下的特色酒店Fuji Speedway Hotel，以賽車為主題，由大堂到餐廳，到處都放滿賽車相關的零件、裝飾、圖案…樓下設有「富士動力運動博物館」，而館內有奢華舒適的溫泉、SPA、健身中心、泳池、提供各國美食的餐廳、café等，再加上毗鄰富士國際賽車場，令客人可以在富士山美景下融合刺激有趣的賽車體驗。

↓格蘭披治的賽車套房，在小客廳可看到富士山美景。

MAP 別冊 M16 C-2

地 静岡県駿東郡小山町大御神645

金 二人一室包早餐，每房$57,478起

網 www.hyatt.com/en-US/hotel/japan/fuji-speedway-hotel/fswub

電 (81)0550-20-1234

註 賽車體驗需要提早預約

交 御殿場premium outlet駕車約20分鐘

WOW! MAP

刺激體驗

1a 這個座落於富士山山麓下的富士山國際賽車場建於1966年，曾舉行過日本境內第一場的F1大賽。客人住宿過Fuji Speedway Hotel，可以報名參加賽車體驗。沿途會有導航車帶領，尾段的大直路，最高時速可去到140公里呢！

1. 提早預約後，check out當天11:30左右到達賽車場的報到處便可辦理手續。

2. 客人可以用自己的租車，又或預約場內的租車。

3. 富士山下的賽車快感

4. 賽道有多個彎位都可飽覽富士山景

5. 車窗外的美景配合著引擎聲，絕對刺激！

林間的Pao也是另一選擇

↑Villa棟內的裝修和傢俬都充滿玩味

↑大堂旁的酒吧可以飽覽富士山美景

② \富士山下的三種有趣住宿體驗/

Glamping Villa Hanz

「Relax If You Can」是入住Glamping Villa Hanz的宗旨,酒店希望客人可以盡情享受大自然包圍之下outdoor的住宿體驗!場內共有Pao (豪華的glamping)、Guest House (擁有200年以上歷史的日本古民家,全園區僅此一棟,可入住10至15人),以及最受遊人歡迎的Villa。每棟Villa內都有半露天的BBQ場,方便客人晚餐時利用,室內有舒適的牀舖、吊牀、柴火燒的暖爐、按摩浴池、洗手間等,設備齊全。

↑Villa是最受遊人歡迎的住宿棟,設有寬敞的SPA浴池

MAP 別冊 M16 B-1

地 山梨縣南都留郡富士河口湖町勝山3283-1
金 二人一室包早晚餐,每房¥56,800起
網 gv-hanz.com
電 (81)0555-72-8282
註 每位入住客人,必需包早晚餐,晚餐為BBQ體驗
交 河口湖站駕車約10分鐘;或河口湖站乘路線巴士約16分鐘,於「forest mall」下車,步行約13分鐘

冬天時在Villa用燒上自己親手斫的柴,別有一番味道。

WOW! MAP

KURA棟內有各樣有趣的事兒，等著大家來發掘。

「KURA」棟

KURA在日文寫做「蔵」，是園內的重點靈魂！客人在KURA遇見的都是專業的「Camping好手」，供大家咨詢。Check in後可以來報名參加砍柴體驗、觀星行程、免費租用玩具、油燈、毛氈、拍照等，十分有趣。

晚餐時份，客人要親自到大堂取用BBQ的前菜，而且是吃到飽哦！有在地的蔬果、芝士、甜品，選擇豐富多樣，主餐BBQ還是日本出名的「和牛」！

↑半露天的BBQ晚餐是很有趣的體驗

→渡假村內提供玻璃瓶，客人可以把世界出名的富士山天然水帶回房間享用。

→動動手發揮創意，做出屬於自己風味的美味早餐！

↓每樣食物的烹調溫度也不一樣，大家要留意啊！

KURA棟外的砍柴體驗推介大家參加，導師們都很耐心教導。

←開始行程前，導師會先讓大家在停車場熟習一下，另外單車在冬天會用上防滑的車軌，就算在結冰的路面上也可安心。

2a ＼富士山下的河口湖／

踏單車體驗

住宿Glamping Villa Hanz的其中一個原因，就是它有提供各樣的體驗：獨木舟、踏單車、觀星行程、林間步行等，很是有趣，客人只需提前預約便可，十分方便。當天參加了河口湖的踏單車體驗，導師全程帶領，幫忙拍照、介紹景點，一邊看著河口湖襯托著富士山的明媚景色，一邊踏著單車，是難忘的旅程回憶啊！

↓望著富士山，來個最放鬆的野餐。

金 詳細金額請洽度假村
註 需提前預約

除了踏單車外還可以參加其他戶外活動呢！

必到8大打卡點：

來富士山拍一輯美美的相片，是無可厚非吧！以下介紹的打卡熱點，無獨有偶，有幾個都是在人氣的便利店前，也有要爬幾百級樓梯的，對！人多是必然的，唯有找個相對較少人的時間吧！還有，定必要自備腳架或自拍棍，舉高來拍，才可以拍得到啊！

MAP 別冊 M20 B-4

地 静岡県富士市蓼原 国道139号線
註 請注意交通安全
交 JR新富士站駕車約8分鐘

WOW! MAP

③ ＼通往山頂之梯／

1 富士山夢の大橋

這條位於靜岡縣富士市的天橋，絕對是遊人趨之若鶩的打卡點；走在樓梯上，以華麗的富士山作襯托，仿如一步一步的通往山頂，充滿了夢幻感。(詳情可參看P.131)

④ ＼ 不論何時都人山人海 ／

Lawson 河口湖站前店

這間Lawson可以說是縣內人氣最高企的便利店也沒太過份，因為它鄰近車站，加上以無敵的富士山作背景，由晨早到黃昏也人潮不絕！來這裡的遊人，是為了拍照，多過買東西吧！

註：由於近期遊人眾多，已限制遊人拍照。

MAP 別冊 M17 B-2

地 山梨縣南都留郡富士河口湖町船津3495-2
電 (81)0555-72-5052
交 富士急行線「河口湖」站，步行約3分鐘

←若果不用高角度拍的話，就會影到無數的遊人。

↑自駕遊的朋友大可以考慮到這裡拍

⑤ ＼ 沒有人群的打卡點 ／

7-11 河口湖東恋路店

比起站旁的Lawson，這間7-11更容易拍到美麗的富士山景，雖然角度沒有站旁那間漂亮，可是因為周邊沒有其他樓宇，也有樹木襯托，人潮也較少，所以各位可以盡情擺好pose，慢慢拍個夠。

MAP 別冊 M16 B-1

地 山梨縣南都留郡富士河口湖町小立3894-5
電 (81)0555-72-2299
交 Glamping Villa Hanz駕車約5分鐘；或河口湖站駕車約8分鐘

⑥ ＼ 隱藏版的打卡點 ／

Lawson 富士河口湖町役場前店

雖然這間Lawson和車站有點距離，可是富士山的周邊景觀、角度也很漂亮，重點是只有一兩個遊人，所以若果大家有多一點時間，絕對建議找個晴天的日子來這間分店，狠狠地拍個暢快！

MAP 別冊 M17 B-2

地 山梨縣南都留郡富士河口湖町船津1395-1
電 (81)0555-73-3477
交 富士急行線「河口湖」站，步行約20分鐘

當然也要帶備腳架或自拍棍，由高角度拍過去才漂亮！

4　　5　　6

WOW! MAP

↑車站的三角屋頂和背後的富士山山頂相映成趣

7 ＼和富士山同框的美照／

河口湖站

富士山急行線的「河口湖駅」帶點歐風的建築：集優雅、可愛於一身，大家甫到達站時，記緊要拍照啊！因為壯麗的富士山就正正躲在車站背後呢！(詳情可參看P.087)

MAP 別冊 **M17 B-2**

地 山梨県南都留郡富士河口湖町船津3641

網 www.fujikyu-railway.jp/station/timetable.php?no=18

電 (81)0555-72-0017

交 富士急行線「河口湖駅」；或富士急ハイランド駅步行約22分鐘

8 ＼當老街遇上富士山／

本町2丁目商店街

走在這街上，周邊的店家都保留了數十年前的裝修、海報、貨架……時間在這裡仿如停頓了般，而街的盡頭就是富士山的美景，看著身邊的經過的人和店，再配上富士山作背景，有如一幀懷舊的電影相片。

MAP 別冊 **M20 B-1**

地 山梨県富士吉田市下吉田2-1附近

註 拍照時請留意交通狀況，注意安全

交 富士急行線「月江寺」站，步行約9分鐘；或富士急行線「下吉田」站，步行約10分鐘

WOW! MAP

7   8

(9) ＼ 對！就是這氣氛了 ／

3丁目商栄会

要拍到「富士山下」的庶民感、生活感，真的要到這條商店街走走。黃昏時，黃澄澄的晚霞配上昏黃的燈光，不期然拍出陣陣昭和感的味道！建議拍攝點為時租停車場附近較佳。(詳情可參看P.104)

MAP 別冊 **M20 B-1**

地 山梨縣富士吉田市下吉田3-12附近
註 拍照時請留意交通狀況，注意安全
交 富士急行線「月江寺」站，步行約7分鐘；或富士急行線「下吉田」站，步行約10分鐘

(10) ＼ 逆富士之美景 ／

山中湖

大家若果想拍一下逆富士，可以來山中湖。就在森の駅旭日丘對出的湖邊，大家可以沿著步道走，天朗氣清、波平如鏡的日子，再配上美美的天鵝湖船，看著富士山的倒影，就是一幅絕美「逆富士」構圖了！

MAP 別冊 **M16 C-2**

地 山梨縣南都留郡山中湖村平野506
電 (81)0555-62-4177 (森の駅旭日丘)
交 富士山站駕車約25分鐘

9　　10

WOW! MAP

SP**045**

遊玩、美食篇

拍完美美的照片後，當然也要到品嚐當地的美食、或到周邊玩樂一下吧！

⑪ ＼是美食也是美景／

好食 編者推介

ほうとう蔵 歩成 河口湖店

甫進入這店家，真的被它的落地玻璃震攝！窗外萬里無雲、高聳的富士山美景就直勾勾的、坦蕩蕩的擺在面前。除了景觀取勝外，店內的「餺飥麵」更是享負盛名；餺飥麵是山梨縣的鄉土料理，午餐點了一客雞肉的黃金ほうとう，湯底用上鮑魚的肝汁、野菜、京都老店的鰹魚汁、南瓜、自家製的辛味噌等，味道濃郁帶甜，闊闊的麵條沾滿湯汁，令人一口接著一口，吃過清光！

鶏肉入黃金ほうとう ¥1,430

↑麵條吸收了湯汁後，更入味，更滑不溜口

←入夜後，可輕鬆享美食，若果要美景伴隨，就要日落前到，且要有排隊的心理準備！

(MAP) 別冊 **M21 A-2**

地 山梨県南都留郡富士河口湖町船津6931
時 11:00-21:00
網 www.funari.jp
電 (81)0555-25-6180
交 河口湖站步行約20分鐘

WOW! MAP
11

遊人沿著花園散步，沉浸在童話般的場景

12 ＼期間限定的芝櫻美景／

Peter Rabbit English Garden

每年的4月中至5月左右，這個位於富士本栖湖度假村的彼得兔英式花園就會開滿富士山的芝櫻，園內遍地都是粉紅的芝櫻，仿如一幅美美的地氈般，還有那戴著白帽的富士山美景，真的令人拍過不停。拍過照後，遊人也可以到café來個下午茶，又或到手信店逛逛，仿如走進Peter Rabbit的繪本世界呢！

↑園內有不少供遊人打卡的地方

← 介紹Peter Rabbit的繪本世界

→小朋友都會和童話主角們拍照

MAP 別冊 **M16 A-2**

↑除了café、商店，也有博物館

地 山梨縣南都留郡富士河口湖町本栖212

時 4月中旬-11月下旬09:00-16:00(隨季節略有不同) 休 冬季休園

金 中學生以上¥1,000- ¥1,300、3歲以上¥500 - ¥700(隨季節略有不同)

網 www.fujimotosuko-resort.jp/peterrabbit_english_garden/

電 (81)0555-89-3031 註 每年的4月中至11月左右開園

交 河口湖站乘路線巴士(新富士站方向)約50分鐘，於富士本栖湖リゾート下車；或河口湖站駕車約25分鐘

呆～

大草原上的綿羊，可以天天對著富士美景發呆，羨慕！

富士山下的騎馬體驗也很難得啊！

←遊人自由在放養區和小動物親近

13 富士美景前的牧場

まかいの牧場

有體驗餵飼小動物的時間

這個位於富士山山麓、朝霧高原上的「まかいの牧場」絕對是親子同遊必到之地。這個體驗型的牧場內有餵飼動物的區域、騎馬區、有遊具、草地、餐廳區，小綿羊放牧的地方更在富士山下，遊人可以在草地上、富士山美景的襯托下，和小動物盡情玩樂、拍照呢！

MAP 別冊 M13 A-2

地 静岡県富士宮市内野1327-1
時 09:30-17:30、10月21至2月20日09:30-16:30
休 12月至3月中旬的星期三、四；不定休
金 3月至11月：中學生以上¥1,200、3歲以上¥900；
　12月至2月：中學生以上¥1,000、3歲以上¥700
網 www.makaino.com
電 (81)0544-54-0342
交 JR新富士站乘富士急行巴士約1小時，於「まかいの牧場」下車；或あさぎりフードパーク駕車約11分鐘

WOW! MAP
13

↓足柄の森餐廳內的富士山形狀燒牛肉飯 ¥1,750

↑手信店有零食、新鮮蔬果,也有附近縣市的特產。

有趣的紀念版富士山TEE ¥2,420起

←白色的富士山可樂 ¥298

(14) \ 富士山下的高速公路休息站 /

足柄下SA

大家若果由東京市出發駕車到名古屋,就會經過這個看到富士山美景的高速公路休息站:足柄下SA,站內有手信店、餐廳、溫泉、café等。手信店可以買到特色的富士山手信,有不少更是限定品,而旁邊的Starbucks咖啡店,遊人可以邊嘆咖啡,邊欣賞富士山景,來一個悠閒的自駕遊之旅!

在停車處已看到披著白雪的富士山

MAP 別冊 **M10 A-1**

地 靜岡縣駿東郡小山町
時 07:00- 18:00 (各店不同)
休 各店不同
網 sapa.c-nexco.co.jp/sapa/shop?sapainfoid=4
電 (81)0550-83-1842
註 若由橫濱站駕車往名古屋方向會途經、鄰近御殿場
交 小田原市駕車約45分鐘

↑隔鄰的Starbucks店可以看著富士山美景呷咖啡呢!

WOW! MAP

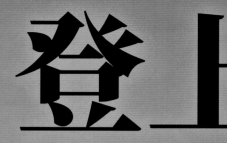

實戰登山篇

登上

人生的旅行清單

富士山是日本人心目中的聖山。視日本為「第二故鄉」的我們，以前在旅行時近距離望到富士山，已感到有種不可言喻的迫力。自從疫情愛上登山後，便一直夢想有一天可以登上這座神聖的活火山。2023年是富士山登錄世界文化遺產10週年，加上疫情的關係自2020年一直封關，2023年夏天是日本開關後首個登山季，我們二話不說就決定要飛到日本登富士山，完成這個人生願望清單的一大項目。

富士山登山路線介紹

富士山共有4條主要登山路線，分別是**吉田路線、富士宮路線、須走路線和御殿場路線**，另外還有較冷門的**Prince路線**及從一合目起登的**吉田口登山道**。每年登山季節的開放日子不太一樣，大約是每年的7月上旬到9月上旬，請留意官方發佈訊息。

來回富士山（不計鉢巡）	距離	攀升	所需時間	體力需求	難易度	備考
吉田路線	13.1km	1410m	9h45m（上升6hr10m，下降3h35m）	★★★	★★	• 適合初登富士山者 • 需要登山裝備，登山經驗及閱讀地圖能力
富士宮路線	8.3km	1329m	6h25m（上升4hr20m，下降2h5m）	★★★	★★	• 眾路線中登山口海拔最高，路線最短，但也比吉田路線斜 • 需要登山裝備，登山經驗及閱讀地圖能力
須走路線	11.9km	1758m	7h50m（上升5hr10m，下降2h40m）	★★★	★★★	• 相對較少登山者，6合目附近為樹林帶 • 下山路為砂地，到八合目會與吉田線合流 • 需要登山裝備，閱讀地圖能力 • 需有走過鋼梯，鐵索路的登山經驗
御殿場路線	17km	2266m	9h50m（上升6hr50m，下降3h0m）	★★★★	★★★	• 眾路線中距離最長，攀升最多，登山人數亦是最少 • 中途沒有設置救護所，亦較少廁所等設施 • 下山需大砂走 • 需要登山裝備，閱讀地圖能力 • 需有走過鋼梯，鐵索路的登山經驗

富士山

雖然我們在台灣及香港爬過很多不同的山，也有爬過超過3000公尺的百岳經驗，但是第一次爬富士山，我們還是選擇了最簡單的吉田路線。

作者profile：
住日港人，陳生陳太熱愛旅行、行山、烹飪、喜愛狗狗。透過YT頻道：pandagochannel 記錄在台&在日生活點滴。

吉田線2日1夜分享

◆ 路線（吉田線）

DAY 1

新宿 ➡ 富士スバルライン五合目 ➡ 八合目太子館

DAY 2

八合目太子館 ➡ 吉田路線山頂 ➡ (お鉢巡り)山頂郵便局 ➡ 剣ヶ峰 ➡ 吉田路線下山口 ➡ 富士スバルライン五合目

距離：約15.5km
上がり：1472m
所要時間：約12hrs
登山日期：
2023年7月19-20日

2024登富士山新規定(吉田路線)：

◆ 通行限制

吉田路線五合目的登山道會設有閘口，除山小屋宿泊者外，不可於夜間進行登山。下午４時～翌日凌晨３時會封閉登山及下山道。如登山者超過4000人，將會封閉登山及下山道。

◆ 付費

登山閘口通過者，需繳付每次2000日圓的登山道使用費用。加上一直以來實施的富士山保存協力金（1000日圓），每位等於一共需繳付3000日圓。

DAY1

GO!出發啦!

出發前一直預測天氣不太好,登山指數是C級而且有機會下雨,結果天氣比想像中好,只是上八合目途中下了一陣過雲雨。

第1站 新宿

我們從新宿BT坐巴士直到五合目(07:55發、10:30着),到了去雲上閣Yamarent領取下山用的綁腿(已預先在網絡上租用),整理一下行裝,吃過午餐,適應海拔,約中午12時正式出發!

第一天登山時人龍

第2站 富士スバルライン五合目

沿途很多登山客,基本上都要排隊上,七合目前都是平坦的碎石路。到七合目開始後慢慢變為岩場,需少量手腳並用,前面叔叔拿住登山杖用手爬,不停往後插,要保持距離。期間風非常大,陣風吹起來連人也站不穩,前面有女士被吹跌,戴帽子的也請收緊以防吹走。

登山路況

第3站 八合目太子館

8TH STATION

16:00前 我們便抵達八合目太子館,入室需先脫鞋(太子館有提供透明膠袋讓我們把鞋拿進房間),房間非常乾淨,同行友人3人房更是寬敞,山屋提供的mammut睡袋超暖,有充電位。17:00便吃晚飯,晚餐是咖哩飯+味噌鯖魚,另有熱茶提供,味道只可說是普通充飢,山上小屋不能要求太多。同時亦獲派發翌日早餐,有即食五目飯一包,麵包一個,瓶裝水。山小屋的廁所位於別館,上廁所時可穿山小屋提供的拖鞋,住客每次需繳100日圓,超乾淨。由於第二天半夜便要出發,當天19:00我們便睡覺了,當然未能熟

DAY 2

因為太子館位置比較低，我們半夜12時起床，00:30整裝出發，務求日出前到達山頂。沿路都十分多登山客，快到山頂前一段路相當擠塞，基本上全程都是邊排邊上。

半夜出發登山人潮

第4站

吉田路線山頂

03:30 我們抵達富士山頂，還有一小時才日出，風非常大十分寒冷，立刻把羽絨中層穿上，再喝熱水（熱水在山屋購買100yen100ml），仍然冷到發抖。日出前天已開始光，因為我們相對早到，霸了個有利位置看御來光。先影入眼簾的是一片雲海，這般震撼的雲海是以前登山沒有見過的，**04:40我們迎接了御來光（日出），真的很感動。**

排隊等郵局開門

第5站

（お鉢巡り）山頂郵便局

剣ヶ峰

第6站

繞富士山頂火山口走一圈

約05:00 我們和同行朋友分成兩隊，我們去鉢巡（繞富士山頂火山口走一圈），朋友們留山頂一會便下山。太陽慢慢升起，天色由橙轉藍色，雲海依然十分壯麗漂亮。走到山頂郵局仍未開門，實在太冷了走進了附近頂上富士館買杯熱可可，然後再排隊等開門。山頂郵局很小，而裡面都塞滿了人，我們在郵局買了登山證明書及明信片，寫字時手還冷得在發抖，成功投函後我們在06:40離開郵局，再前往富士山最高峰劍峰，大約08:00我們回到吉田線下山道正式下山，這才是惡夢的開始。

第7站

吉田路線下山口

下山路都是浮沙碎石非常滑，但背著大背包不敢用跑，我們用登山杖小心翼翼走，無窮無盡的之字路好像怎麼走也走不完。建議下山時帶脖圍+太陽眼鏡，因為下山時大家都踢起超多灰塵。途中小編稍一不慎向前跌，已立刻用登山杖平衡但也跪了在地上，新買既雨褲就破了，幸好沒有受傷。建議下山時重心放屁股，真的滑倒時也是屁股先著地。

下山路浮沙碎石小心滑倒

終站

回到五合目

大約11:40我們終於回到五合目，會合朋友吃點買點東西後，坐14:00的巴士回新宿。

Highlight

五合目介紹

吉田五合目標高約 2,300米，有住宿、餐廳及賣店，也有一家簡易郵局。如果不會繞山頂一圈（お鉢巡り）的話，可以在五合目寄出富士山的明信片。賣店有好幾家，小編個人較擁薦みはらし或雲上閣，當中みはらし內更有Montbell店，售有富士山限定版T-shirt。

五合目みはらし
食堂咖哩飯

登頂！

分享個人經驗給各位山友，祝大家都好天氣，順利安全攀頂和下山，看到美美御來光！

劍峰

經驗分享：

1. 感恩兩天天氣很好 ♥ 天氣預報會不停的改，不要盡信一個web/app，多比較幾個，但山上天氣變化莫測，就算預報不會下雨還是最好帶備防水外套和雨褲。

2. 背包愈輕愈好，但必要的東西還是一定要帶齊，水/食物每個山小屋都有，所以不用帶太多，下山比想像中需要專注力和體力，建議下山前先吃飽。

3. 下山建議穿厚一點的襪子

4. 高山紫外線非常強，建議塗防曬以防曬傷。

5. 出發前一天開始食高山藥，早晚各半顆，行走時不要走太急就不會那麼容易喘。

6. 看過御來光後，如有體力及時間充足，建議繞火山口走一圈(鉢巡)。鉢巡可以選順時針或逆時針走，我們選擇了順時針走一圈，先經過郵局，但因為尚未開門營業，我們在郵局附近停留了一會，之後在登上劍峰時走過馬背大斜坡也會較辛苦。所以部分山友選擇逆走，先登劍峰，再到郵局也可。

事前準備

看過我們的登山分享，是否都想試試登上富士山呢？以下是登山前的準備，大家記緊要出發前6個月或之前作預備啊！

◆ 登山前3-6個月 — 預約山小屋

不計富士山吉田線頂上的兩間山小屋，吉田路線一共有16間山小屋，當中海拔最高的是御来光館(3450m)，但亦是最受歡迎最難預訂的。每間山小屋每年大約三至四月會開放預訂，請密切留意每間山小屋的官網公布開放預訂日期。

選擇山小屋小貼士：一般來說海拔越高的山小屋越受登山客歡迎，因為隔天可以晚一點才起床及早點登頂。但留意這樣的話第一天就會較辛苦，需要攀升較多，請自行衡量體力及身體狀況決定。建議先在官網查看每家山小屋的照片或評論，先選定最少兩至三家山小屋，以防最想預訂的已滿。

位置	山小屋	海拔	網址
七合目	花小屋	2700m	http://www2.tbb.t-com.ne.jp/hanagoya/
七合目	日の出館	2720m	http://www10.plala.or.jp/hinodekan/hinodekan.html
七合目	七合目トモエ館	2740m	https://tomoekan.com/7tomoekan/
七合目	鎌岩館	2790m	https://kamaiwakan.jpn.org/
七合目	富士一館	2800m	https://www.fuji-ichikan.jp/
七合目	鳥居荘	2900m	https://toriiso.com/
七合目	東洋館	3000m	https://www.fuji-toyokan.jp/
八合目	太子館	3100m	https://www.mfi.or.jp/~taisikan/index.html
八合目	蓬萊館	3150m	https://www.horaikan.jp/
八合目	白雲荘	3200m	https://fujisan-hakuun.com/
八合目	元祖室	3250m	https://www.ganso-muro.jp/
八合目	下江戸屋	3350m	https://fujisan-edoya.com/edoya2/
八合目	富士山ホテル	3400m	https://www.fujisanhotel.com/
八合目	本八合目トモエ館	3400m	https://tomoekan.com/8tomoekan/
八合目	上江戸屋	3400m	https://fujisan-edoya.com/edoya1/
八合目	御来光館	3450m	https://www.goraikoukan.jp/

太子館3人房

因為小編和同行友人一向有登山習慣，加上我們第一天打算中午後才慢慢出發，我們決定選擇一間海拔較低，但房間及廁所乾淨衛生的太子館。

太子館
• 房間 (2人房，3人房，需另加附加費)
• 晚餐&早餐

登山前1個月

準備 →

交通安排

前往吉田路線起點五合目Subaru line（富士スバルライン五合目），由於每年登山季節會有車輛管制，可選擇以下公共交通：

富士山站 / 河口湖車站 🚌 巴士 約40分鐘 ¥1,780 → **富士山SUBARU LINE五合目**

單程車資大人1,780日圓、小童890日圓，來回車資大人2,800日圓、小童1,400日圓，車票可於巴士站即場購買

https://bus.fujikyu.co.jp/rosen/detail/id/14/

新宿バスター 🚌 高速巴士 約2小時25分 ¥3,800 → **富士山SUBARU LINE五合目**

單程大人3,800日圓，兒童1,900日圓
乘搭一個月前可於網上預約訂票，每個班次座位有限，敬請留意預約日期及早預訂。

https://highway-buses.jp/chi/course/fuji-5th.php

富士山登山裝備

分享一下小編登富士山的裝備，如果不夠可以在東京或五合目（有Montbell店）購買，另外亦可選擇在當地租用。

服裝

山上氣候變化莫測，就算是7-9月的夏天，登頂後日出前的氣溫接近0度，而且山頂非常大風，建議洋蔥式穿著，防風防水外套(Gortex)、羊毛底層衣、保暖中層羽絨衣，另備雨褲、防臭的羊毛襪、溫暖有陽光時用的遮陽帽和晚上/風大寒冷時保暖用的羊毛帽、保暖的脖圍，保暖及防水登山手套。

背包

如果沒帶負重登山的習慣，建議盡量輕量化，小編用的是日本山と道的UL Three大背包，40L重625g；因為回程不經山小屋，沒有帶攻頂包，另外亦帶了背包雨擋，可另配防水的斜揹小物袋Sacoche Bag，主要放錢包、行動糧、藥物等隨身攜帶用。

登山裝備

頭燈及電池，登山杖（以輕量為主）

行動糧+水

帶了2支500ml水，另外帶了0.6L熱水壺（在山屋加熱水），行動糧帶了鹽糖，山上小屋都可以補給食物和水，不用帶太多。

> 以上加起來背包大約8-10kg，負重走起來也挺辛苦的，建議盡量控制背包重量在10kg以內。

衛生用品

搓手酒精、紙巾、濕廁紙、擦身用濕紙巾都有帶，另外帶了膠袋把所有垃圾都帶下山。

藥物

每次出門必備頭痛藥、胃藥、暈車藥、膠布，這次也帶了丹木斯（高山藥），在出發前一天開始吃，以防有高山反應。

電器/行動電源

運動相機、手機，行動電源

其他

防曬乳霜（帶了忘了塗）、緊急求生毯、零錢（山上去廁所都要用¥100）

登山用品租借：

如果只用一次或不想帶太多行李，亦可考慮租用登山用品，以下這家租用登山用品店亦十分方便：

https://www.yamarent.com/sp/tw?language=tw

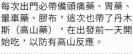

富士山海拔3,776公尺，是日本的最高峰。

- 劍峰 (3,775m)
- 九合目 (3,580m)
- 八合五勺 (3,450m)
- 本八合目 (3,400m)
- 七合目 (2,700m)
- 六合目 (2,390m)
- 吉田口五合目 (2,300m)

行前訓練

如果從來沒有到過3000以上海拔，建議先到高海拔地方測試一下自己會不會有高山反應。

另外，如果沒有負重登山的經驗，可以試試作一些行前負重訓練。

登富士山前一星期，小編登了位於長野縣的乘鞍岳作行前訓練。乘鞍岳海拔3026m，而且與富士山一樣都是活火山，地形相似，有時間有興趣的話可以一試。

天氣

出發前再查清楚天氣預測，作最後的準備。

富士山登山指數及天氣：

如果只用一次或不想帶太多行李，亦可考慮租用登山用品，以下這家租用登山用品店亦十分方便：

https://tenkura.n-kishou.co.jp/tk/kanko/kad.html?code=19150004&type=15

登山禮儀

遊人在登上富士山的過程中都想會享受優美的風景、寧靜乾淨的環境，所以請大家要留意以下啊！

- ✗ 不要留下任何垃圾，自己帶走
- ✗ 不要強行超越，互相禮讓
- ✗ 不要擅自離開登山道
- ✓ 登山杖請套上橡膠蓋，使用登山杖時請小心前後的登山者
- ✗ 不要引起落石
- ✓ 在山小屋休息時請盡量保持安靜
- ✗ 不可生火

富士山登山官網

https://fujisan-climb.jp/tc/index.html

比日本人更日本的：富士山冷知識

富士山令人聯想到的都是旅行、拍照、美景等，對吧！其實它身為日本最具代表性的景點，也有很多連日本人也不知道的秘密冷知識呢！

1. 為什麼叫「富士山」？

據說「富士山」的名稱最是由古它傳說中的「竹取物語」而成的。最初它的名為「不死山」，後來因傳說中的皇帝帶來了大量士大夫到山上煉取神藥，而富士山就是盛產士大夫的意思，所以因而名命。而「不死山」的日文：ふじさん也是和「富士山」同意呢！

新富士火山
（約1萬至300年前）

古富士火山
（約10萬至1萬年前）

小御岳火山
（約20萬至10萬年前）

先小御岳火山
（約40萬至10萬年前）

2. 富士山是一座山嗎？

富士山其實不只是「一座」山，它是由4個階段的火山活動而變化成的，最先由數十萬年前的「先小御岳」形成，之後變成高2,400公尺的「小御岳」，然後再距10萬至1萬年間，形成了「古富士」；而最近一次是約一萬年前持續的火山爆發，蓋住了多座山，堆積成現有的「富士山」了！

3. 富士山山頂是私有土地？

富士山在19世紀時原屬於日本皇族，後經過德康家族、富士山本宮淺間大社等輾轉曾收歸國家所有，可是於2004年重新將3,360公尺以上的土地還給淺間神社，所以富士山由7合目為止是屬於日本國有地，而8合目以上則為「富士山本宮淺間大社」的私有土地。

私有

國有

4. 竟然可以在富士山頂舉行婚禮？

原來位於富士山山頂的本宮淺間神社是可以舉行婚禮的，不論你是遊人或是日本人，只要提前3個月在富士山本宮淺間大社申請，再繳付10萬円的供奉料，就可以舉行婚禮，要留意只有每年的7月中旬至8月中旬的一個月間可以舉行，至鑑於山頂神社位置有限，只可容納約10位來賓，而且大家要預備好7-8小時的登山時間和體力呢！

5. 神秘的美味泡咖啡？

原來在富士山山頂泡的咖啡真的特別好喝！因為水的沸點會隨著海拔改變：海拔每變高300公尺，沸點會降低攝氏1度，所以推算出在富士山山頂的沸點是攝氏88度，而同時萃取咖啡的最合適溫度約為90度，因此在山頂泡出的咖啡會特別香醇味濃！

好喝！

特色 富士山 手信・特產

來富士山周邊觀光，又怎可以錯過相關的特色手信呢？以下推介的富士山紀念品，由文具、零食至手工藝品都包羅萬有，大家大可以盡情掃貨！

A 富士山紅茶

¥670

這個靜岡縣產的富士山紅茶曾獲英國高級食品紅茶部的金獎，由御殿場的老店「荒井友吉商店」生產，不論純沖泡或配上奶茶，也味道甘甜清香。

¥3,300

B 富士山帆布手提包

這些富士山形狀的手工藝帆布袋手工精美，耐看耐用，可不是隨隨便便一間店舖可找到啊！

¥870

B 富士山咖喱

這兩款以青い富士山和赤い富士山的美景作主題的咖喱，分別用上桃味汁和葡萄汁製造，喜歡辣一點的朋友，可以選擇紅色富士山來購買。

C 富士山形的USB插座

¥1,980

外型可愛的黃金富士山實際是一個USB的插頭，可以旅行用作電話叉電之用，既可愛又實際。

¥1,250

D はまなし羊羹

這款造型精緻漂亮的羊羹是用上富士山五合目至八合目之間的野生濱梨來製造，除了有美肌功效外，還可以防止貧血，買手信也很得體呢！

¥2,700

E 招福杯富士山

將杯身倒轉放，富士山立即呈現眼前，上有點點仿照雪花的圖案，一組有藍色和粉紅色兩個酒杯附有木盒，包裝精美。

¥3,410 起

¥450

Ⓕ **富士山布甸**

用玻璃小瓶盛著的富士山小布甸，湛藍色的是甜甜的蘇打水味道，而黃色的則是原味，配著香濃的牛奶，滑不溜口，很值得大家品嚐一下！

Ⓔ **Mont-bell 富士TEE**

想買特別一點的紀念品的話，可以考慮這件由mont-bell cross-over富士山的綿質TEE，質地舒適柔軟。

Ⓖ **OAK MASTER 樽薰る**

由麒麟威士忌酒廠釀製的麥酒，酒精度為40，用上富士山伏流水，帶有橡木熟成的原酒味道，獨有的華麗薰香。

¥1,250

¥300 起

Ⓗ **富士山系列文具**

文青系的遊人可以到文具の蔵Rihei逛逛，店內有多款富士山造型的文具，也有用富士山樹木造成的銅筆，十分特別。

¥980

Ⓘ **富士山 火山灰杯**

加入火山灰燒成的陶瓷杯，杯身有著獨特的花紋。

¥6,264

Ⓘ **富士山けん玉**

富士山造型的劍球，將球成功穿上的一瞬間，就好像太陽在富士山上升起一樣，十分有趣！

¥216

Ⓙ **富士山 炭酸飲料**

使用富士山萬年水製成的炭酸飲料，包裝也十分精美。

¥2,200

Ⓚ **富士山清酒**

富士山外型的酒瓶非常別緻，入面裝著的是原汁原味的傳統日本清酒。

Shoplist ▶▶

富士山周邊
手信・特產

¥2,200

搜羅完富士山相關的手信，有沒有發覺還有其他縣的特產：群馬縣、埼玉縣、長野等地的紀念品，也很吸引呢？以下介紹的，不妨也一併帶回家吧！

Ⓐ 謹上蒲鉾

鈴廣蒲鉾本店的魚板是小田原區內有名的，其味道鮮甜，包裝精美，也有適合常溫保存的可買作手信。

¥464

¥880

Ⓑ 花チーズ

這種以芝士作原材料的「花芝士」是薄薄的一條，有不同的味道：洋蔥、黑胡椒、PIZZA等味道，十分惹味。

Ⓑ 鮮魷魚餅

這款真空包裝的鮮魷魚餅是用上完條魷魚烤製，口感煙韌，配上啤酒，一流！

¥350

Ⓓ 醬油雪糕

¥200

銚子是盛產醬油的地方，這款醬油雪糕有點甜、又有點鹹，味道卻出奇搭配，推介一試！

Ⓒ 潤の湯

這款熱海限定的入浴劑，配有對皮膚滋潤的玻尿酸，可以帶回家泡湯或泡腳。

¥300

¥190

Ⓕ 赤緣筆

想要好姻緣的話，就要到川越的氷川神社買一支「赤緣筆」，再由巫女加持，只要經常使用，當越寫越短時，好姻緣便接近了！

Ⓔ 成田Mother Farm乳酪

來到成田牧場，當然要試一下奶類製品，這款鮮乳酪，口感順滑、有濃濃的奶香，美味！

¥840

¥1,260

G 草津もち
草津特有的和菓子，用竹葉包裹著甜甜的糯米糕，軟糯甜甜的口感，配綠茶或煎茶也不錯。

G 水沢烏冬
群馬縣的水沢烏冬至今已有千多年歷史，彈牙爽滑的烏冬配上鬆脆的天婦羅，的確是地道的美味！

¥756

¥756

¥710

I 肉味噌
甲州小林牧場出品的牛肉味噌，可以用來拌飯或拌麵食。

I 白桃咖喱
將甜美的白桃加入咖喱之中，拌飯一流，還可食到啖淡果肉。

H ほうとう 雜菜火鍋
來到山梨縣不得不試當地名物ほうとう雜菜火鍋，如果喜歡ほうとう的味道，可以買獨立包裝的ほうとう麵回家。

¥380

H 紅酒 入浴劑
山梨縣盛產葡萄和紅酒，更推出紅酒味的入浴劑！

Shoplist ▶▶

以富士山之名
山梨縣
yamanashi ken

往來山梨縣交通

🚌 高速巴士
約2小時 ¥2,200

JR新宿站

🚆 JR 特急
約1小時2分鐘
¥2,360

🚆 中央線特急
約58分鐘

大月站

🚆 富士急行
約1小時
¥1,161

河口湖站

🚆 富士急行線
約47分鐘
共 ¥3,400

富士山站

說起山梨縣，大家定必想起富士山。正是！這裡有人氣的富士五湖：河口湖、山中湖、西湖、精進湖及本栖湖，五湖皆是火山爆發後形成的湖泊。再加上有一個「全日本最接近富士山的城市」：富士吉田市，所以要看富士山，定必要到訪山梨縣！

山梨縣旅遊資料

來往山梨縣的交通

來往河口湖的交通，是由新宿作為起點，車程大約 2 小時。

■ JR/ 新幹線 網 www.jr-odekake.net

無論由東京 (成人單程為 ¥2,538) 或新宿 (成人單程為 ¥2,360) 出發乘 JR 到河口湖的話，都要先達 JR 大月站，然後轉乘電鐵富士急行線約 50 分鐘 (成人單程為 ¥1,161) 到達河口湖站。

■ 高速巴士

網 www.highwaybus.com

由羽田空港可以乘京浜急行巴士，約 2 小時 30 分，單程 ¥2,520，直達河口湖站；如果由新宿站出發乘搭高速巴士則只要 2 小時，成人單程 ¥2,200，同樣到河口湖站。由於旺季時乘車的遊人較多，建議網上訂位。

河口湖周邊交通

富士五湖在日本絕對是火熱的旅遊景點，為了方便旅人們，特別開發了不同的觀光巴士路線。其中河口湖周遊線及西湖 · 青木原周遊線較為熱門。西湖 · 青木原周遊線會駛經河口湖及西湖，途經富岳風穴、淺間神社等景點，而河口湖周遊線則繞河口湖而行，途經河口湖自然生活館、溫泉街、森美術館等景點。兩條路線的觀光巴士皆由河口湖駅開出，旅人大可以依照喜好，選擇適合的路線。

🎫 2日任搭車票（適用於紅線、綠線及藍線）大人￥1,700、小童￥850
售票點：可於觀光巴士上購買，亦可於河口湖駅前櫃台購買。

🌐 bus.fujikyu.co.jp/transportation/retrobus_fujikko.html
(請先至官網參閱班次時刻)

■ 山梨縣節日

時間	節日	內容
4月至5月	富士芝桜祭	河口湖的櫻花雙中在吉田登山道及中之茶屋附近，數量約有兩萬株。櫻花和富士山都是日本的象徵，因此每年芝櫻祭都會吸引遊人來看櫻花下的富士山，故旅人宜盡早預訂酒店。
6月至7月	薰衣草祭	在富士河口湖町八木崎公園及大石公園，河口湖區種植了10萬株以上的薰衣草，有大片面積的薰衣草和其他種類的花草，還可品嘗到花草茶！
8月2日	西湖竜宮祭	所謂的富士五湖煙火大會，是連續五天依次於各湖陸續舉行的。通常以壓軸的「湖上祭」最為盛大，不可錯過！
8月3日	本栖湖神湖祭	
8月4日	精進湖涼湖祭 · 精進湖音樂祭	
8月5日	河口湖上祭	
8月15日	奧河口湖ふるさと祭	
8月16日	富士河口湖灯篭流し	
8月中旬	富士山河口湖音樂祭	
10月至11月	富士紅葉祭	要到五湖欣賞紅葉，熱門地點有位於山中湖附近的山中湖園地和在河口湖的紅葉迴廊。不過在紅葉迴廊內會舉行「紅葉祭」，場面較熱鬧之餘，更會有一些小攤檔，氣氛更佳！

旅遊資訊

河口湖觀光情報

有日文、英文和中文介紹富士河口湖的住宿、交通、美食和手信等人氣設施。

🌐 www.fujisan.ne.jp

■ 酒店/旅館

ホテルルートイン河口湖

共有119間房間，正面向富士山，一早起來即可看到此美景，真是令人心情舒暢，還可以一邊浸溫泉，一邊欣賞富士山美景，難怪此酒店如此受歡迎。

MAP 別冊 M17 B-2

地 山梨県南都留郡富士河口湖町366-1
金 二人一室￥7,000起
網 www.route-inn.co.jp/hotel_list/yamanashi/index_hotel_id_36/
電 (81)055-572-1011
交 富士急行河口湖駅步行7分鐘

河口湖ホテル

建築富有北歐風格，共36間房間，擁有綠草如茵的社庭園，從4樓展望溫泉遠眺富士山及河口湖的絕景。

MAP 別冊 M17 B-2

地 山梨県南都留郡富士河口湖町船津200
金 二人一室包早晚餐，每人￥14,580起
網 kawaguchikohotel.com
電 (81)055-572-1313
交 高速客車中央高速河口湖站步行12分鐘

湖山亭うぶや

Kozantei Ubuya Ryokan共51間房間，房間融合了傳統與現代風格，而露天浴池正面對著富士山，令人放鬆心情。

MAP 別冊 M17 B-2

地 山梨県南都留郡富士河口湖町10
金 二人一室￥46,200起
網 www.ubuya.co.jp
電 (81)055-572-1145
交 河口湖站步行20分鐘

山中湖
Yamanakako

必見!
Gout Temps

山中湖是淡水湖泊,位處河口湖及御殿場之間,是富士五湖中面積最大的,同時亦是距離富士山最近的;由於其海拔位置較高,所看到的富士山四季景緻也和其他四湖不盡相同,周邊的忍野八海,有來自富士山的天然融化的雪水,更是國家指定的天然紀念物。

往來山中湖交通

河口湖站	自駕 約25分鐘	山中湖森の駅 旭日丘

餐廳的後半部更像一個歐式的小型展覽廳

① 錯落在歐洲小屋中
Gout Temps

還未走進去已被它的外型吸引：色彩繽紛的小屋、放著陶瓷公仔的小庭園、螺旋型的小石梯……乍看仿如一座私人的小城堡，還有數不清的有趣收藏品！午餐點了一客推薦的蛋包飯配沙律，滑不溜口的蛋漿包著軟硬適中的飯粒、帶著洋蔥和炒香的肉粒，再沾著醬汁吃，十分開胃，令人一口接著一口，好一頓飽足的午餐！

↑ 吧枱前放著年代久遠的衣車、留聲機和電話

← 細心看看還可以找到可愛的模型屋呢！

↑ 這種舊式的木算盤，現今已很少見。

↑ 大人のオムライス ¥1,870

MAP 別冊 **M16 C-2**

地 山梨県南都留郡山中湖村平野1020-1
時 11:30-18:00(L.O.17:00)；星期六11:00-20:00(L.O.19:00)
；星期日及假期11:00-18:00(L.O.17:00)
休 星期三、每月第3個星期二、不定休
網 gouttemps.com/　　　☎ (81)0555-65-7080
交 森の駅 旭日丘駕車約8分鐘

WOW! MAP

1

↑露台的座位是打卡必到的

→AFFOGATO ¥850
在雪糕上淋上店家用高質咖啡豆特製的醬汁，甜中帶甘，口感豐富。

② 露台外的富士山美景
THE PARK

這間可以說是在遊客必訪名單中的美景café！它位於山中湖旁邊，面前就是180度的富士山美景，那天剛好是晴天的日子，點了一客雪糕甜品配熱咖啡，坐在露台的吧枱位，望著戴著白冷帽的富士山，這般怡人的景色，頓時令人忘卻城市的煩囂。

MAP 別冊 **M16 C-2**

地 山梨県南都留郡山中湖村平野3752
時 10:00-15:30(L.O.15:00)；
　 星期六、日及假期10:00-17:00(L.O.16:30)
休 不定休　網 theparkstyle.com/
電 (81)0555-28-6570
交 富士山站乘ふじっこ號巴士，約40分鐘，於「長池親水公園」下車，步行約1分鐘；或富士山站駕車約23分鐘

↑簡約優雅的配色，讓室內彌漫著南法鄉村風格。

好食 編者推介

③ 大人之秘密甜品店
Paper Moon

隱身在山中湖周邊郊區的Paper Moon，是當地一家甚有名氣的手工甜品店，菜單因應季節變化而改動，由山梨縣縣產的水果入饌，主打自家焙烘的美味水果派和蛋糕，吸引不少甜品愛好者慕名而來。

↑Pear with Almond pie ¥935
熱烘烘的甜梨派配搭冰凍的雲呢拿雪糕，一冷一熱呈現完美的對比。再來一杯阿薩母紅茶，可以舒解蛋糕的甜膩感。

MAP 別冊 **M16 C-2**

地 山梨県南都留郡山中湖村平野481-1
時 11:00-18:00、4至10月星期六日及8月全日08:00-18:00
網 basel.co.jp/shops/ペーパームーン/
電 (81)0555-62-2041
交 富士山駅自駕約30分鐘

↑Paper moon為了維持環境寧靜的氛圍，不招持10歲以下的小童。

WOW! MAP

喜歡酒品的朋友，可以看看山梨縣特產的紅酒、水果酒。

↑店人匯集了過百款富士山相關商品

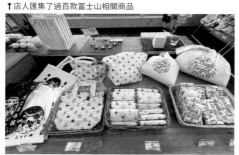

↑各式的布藝產品也很精緻

④ 賣店玩樂交通集中地
森の駅 旭日丘

若果大家想知山中湖有那些景點、手信及相關資訊的話，建議大家到這個森之站看看。這裡除了是巴士的總站，亦設有手信店，可以買到縣內有名特產、手工藝、零食、名信片等；角落有周邊的景點地圖、小冊子介紹等，同時也有食店和售賣車票的服務台，十分方便。

←富士山麓的
威士忌
¥6,780

MAP 別冊 **M16 C-2**

地 山梨県南都留郡山中湖村平野506-296
時 10:00-17:00；café 10:30-16:00
休 星期四、café不定休
網 pica-corp.com/shop/morinoeki_asahigaoka.html
電 (81)0555-62-4177
交 富士山站駕車約25分鐘

WOW! MAP
4

⑤ 另一角度看富士山
山中湖の白鳥の湖

大家如果想用另一個角度欣賞富士山的話，可以到森の駅 旭日丘旁的棧橋，乘一趟船河，在山中湖中遊覽，順道欣賞富士山的壯麗美景，船程約25分鐘，看不一樣的風景！

MAP 別冊 M16 C-2

地 山梨県南都留郡山中湖村平野506
時 09:00-17:30(隨季節略有不同)　休 天氣不佳時
金 大人¥1,100、4-12歳¥550
網 www.yamanakako-yuransen.jp/
電 (81)0555-62-0130　注 船型會根據人數而不同
交 乘山中湖周遊巴士ふじっ湖号，於「山中湖旭日丘
バス」站下車，步行約1分鐘

↑晴天的日子看以拍到逆富士

店內有日本國內及外國的收藏品

↑吧枱前的小燈，給人親切的溫暖感。

↑栗子蛋糕配熱檸檬茶 ¥1,200
就連用餐的餐具也很精緻優雅呢！

⑥ 古物小基地
アンティーク茶房 里庵

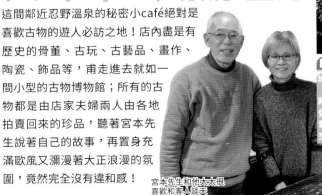

這間鄰近忍野溫泉的秘密小café絕對是喜歡古物的遊人必訪之地！店內盡是有歷史的骨董、古玩、古藝品、畫作、陶瓷、飾品等，甫走進去就如一間小型的古物博物館；所有的古物都是由店家夫婦兩人由各地拍賣回來的珍品，聽著宮本先生說著自己的故事，再置身充滿歐風又瀰漫著大正浪漫的氛圍，竟然完全沒有違和感！

宮本先生和他太太很
喜歡和客人談天

MAP 別冊 M16 C-1

地 山梨県南都留郡忍野村忍草
時 2849-2
休 10:00-18:00
電 星期三
交 (81)0555-84-7327
　 富士山站駕車約13分鐘

WOW! MAP

5　　　6

↑忍野八海其中一個特色是可以觀賞到富士山，在雲層之間窺見富士山，有一種朦朧之美。冬季雲層較少，一個月有多達二十多天可以見到富士山全貌。

↑池本莊前面的「中池」，是人工開鑿的池塘，因為面積大又在忍野八海的中心位置，令不少遊客誤以為是忍野八海其中一個池子。

→忍野八海大部的池子都在周邊地方，只有湧池在忍野八海的中心地區，每個池子都有資料介紹。

① 美麗如畫
忍野八海

SNAP

富士山的雪水經過地底數十年過濾成清澈見底的泉水，於忍野村內 8 處滲出形成池塘，忍野八海亦因而得名。「八海」分別是湧池、濁池、鏡池、銚子池、菖蒲池、底拔池、御釜池和出口池，天然池水已列入國家指定天然記念物，更被選為名水百選及新富山岳百景之一。忍野八海環境古意猶然，相當優美，湛藍的池水波光粼粼與茅屋、水車構成一幅美麗的風景畫，遇上好天氣還有機會看到富士山。

MAP 別冊 **M16 C-1**

地址 山梨縣忍野村忍草
網 www.vill.oshino.yamanashi.jp/8lake.html
電 (81)0555-84-4222(忍野村觀光協會)
交 從富士山站乘搭往「內野」方向的路線巴士 (約25分鐘，在「忍野八海」下車，步行10分鐘即可抵達。

---

⑦a 富士山土產
池本莊

來到忍野八海，記得到池本莊逛逛，店內販賣醃製品、利用富士山湧出的泉水製作的豆腐及酒等當地特產品，種類非常多元化，還有雪糕、草餅和即炸魚餅等小食，是遊人小憩和買手信的好地方。

時 07:30-18:00
電 (81)0555-84-2236

→池本莊有湧出富士山泉水的地方，據說喝了會長壽，旅客可自由免費飲用，也可用 ¥150 購買水樽帶回家。

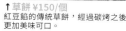

↑草餅 ¥150/個
紅豆餡的傳統草餅，經過碳烤之後更加美味可口。

たこ棒/¥370
由章魚和紅薑製成的たこ棒，即叫即炸，彈牙爽口，好食！

WOW! MAP

園內不同季節都有盛開的花朵，官網不時公佈開花情況。

↑戶外的花田是最佳的拍照位置

↑全天候溫室讓遊人即使在寒冬，都能欣賞到花朵與熱帶植物。

⑧ 富士山下的花花世界
花の都公園

SNAP

位於山中湖旁的花之都公園，佔地30萬平方米，處於海拔1,000米的高地，園內設有溫室、戶外花田及庭園「清流の里」三部分，遍植了不同的花朵，包括百日菊、向日葵、牽牛花、大波期菊、曇花和油菜花等。幸運遇上好天氣，更有機會可以看到富士山，在雄偉的富士山襯托繽紛的花田顯得份外美麗，吸引不少攝影發燒友前來拍攝。

MAP 別冊 **M16 C-2**

地	山梨県南都留郡山中湖村山中1313
時	4月16日至10月15日08:30-17:30、10月16日至4月15日09:00-16:30
休	12月1日至3月15日每週星期二
金	4月16至10月15日大人¥600、小童¥240；10月16日至11月30日大人¥360、小童¥150；12月1日至3月15日免費；3月16日至4月15日大人¥360、小童¥150
網	www.hananomiyakokouen.jp
電	(81)0555-62-5587
交	富士山駅自駕約26分鐘

← 牛乳軟雪糕 ¥500
在溫室內的 Garden café 有精油、香皂等雜貨出售，還有不可錯過的香滑牛乳軟雪糕。

↑採訪當天遇到當地人帶小狗來拍照，十分可愛。

望著一大片盛開的向日葵花田，令人放鬆又治癒。

WOW! MAP

8

山梨縣資料

山中湖

PICA綠意盎然的環境之中，有一棟棟獨立的小木屋，包括住宿、café和餐廳。

↑ PICA內共有14棟供住宿的小木屋，分為4種類型，分別可入住2至4人。

↑ PICA內有單車可供遊人租借， 2小時¥1,500。

❾ 森林度假小村莊
PICA山中湖ヴィレッジ

PICA山中湖Village是山中湖旁一個度假小村莊，整條村都被樹林花草所包圍，猶如置身於森林之中，環境寧靜又優美，有可以入住的小木屋，亦有對外開放的FUJIYAMA GARDEN WORKS燒烤餐廳、Hammock Café、FUJIYAMA KITCHEN西餐廳，就算不是PICA山中湖Village的住客，亦可以去餐廳用餐。

MAP 別冊 M16 C-2

地 山梨県南都留郡山中湖村平野506-296
網 www.pica-resort.jp/yamanakako/
電 (81)0555-62-4155
交 富士山站自駕前往約25分鐘

河口湖

不論是坐在吊床上喝咖啡，還是躺著休息都非常舒服。

スモークサーモン&クリームチーズ ¥750
香脆的麵包夾著芝士和煙三文魚，香濃的芝士與三文魚配合得宜，味道不錯！只要加¥250可以加杯咖啡或紅茶。

富士吉田

↑遊人在櫃台點餐，可自行找座位。

時 11:00-16:00（L.O.15:30）
休 星期三及四（公眾假期除外）
電 (81)0555-62-4155

❾a 森林中的吊床café
Hammock café

躺在森林中的吊床上曬太陽，多麼寫意，戶外的空氣特別清新，還可以感受到溫暖的陽光，Hammock café是一間特色吊床咖啡廳，樹與樹之間掛上了一張張吊床，讓客人隨意選擇坐位。Café提供熱狗、三文治、咖啡果汁等輕食。

WOW! MAP
9

Fujiyama Kitchen環境寬敞舒適，戶外的位置更可以望到一片綠意。

9b 四季時令美食
Fujiyama Kitchen

好食 編者推介

Fujiyama Kitchen與靜岡縣和山梨縣的農場合作，以四季時令食材入饌，並由沼津港運送新鮮捕獲的魚介，更因應季節變化提供多元化美食，食物都是水準之上，值得一試！

→ Today's Lunch ¥1,980
當日Today's Lunch是焗芝士豚肉，豐腴脂香的豚肉甘香可口，加上半溶芝士和鮮茄醬汁同吃，份外美味。前菜沙律清新爽脆，令人胃口大開。

時 午餐 11:00-15:00（L.O14:00）；
晚餐 17:00-21:00(L.O.20:00)
休 不定休
網 www.pica-resort.jp/zh-CHT/yamanakako/
special/fujiyamakitchen/
電 (81)0555-62-4155

戶外庭園遍植了綠色植物

⑩ 森林中的童話小屋
森のアルム

踏進森のアルム那一刻，仿如來到了童話世界之中，眼前被花花草草包圍的可愛小屋，如詩夢幻。這裡是由一對夫婦經營的意大利餐廳，曾在意大利北部學習烹飪的丈夫掌廚，主打意大利的鄉土料理，妻子則負責接待客人，一起打造這間溫馨可愛的小餐館。

↓甲州富士桜ポークのスペアリブ ¥1,730
紅酒煮豬排骨肉質軟腍，味道稍鹹。

↑建築物外外牆加入了多塊彩色的玻璃，陽光透過玻璃灑進室內，像一個個彩色的發光體，美麗非常，室內貫徹了童話小屋的風格，環境佈置十分用心。

MAP 別冊 **M16 C-2**

地 山梨県南都留郡山中湖村平野508-697
時 11:00-17:00 (L.O.16:30)
休 星期六日（會有所變更）
電 (81)0555-62-9677
交 富士山駅自駕約26分鐘

WOW! MAP

在園內遇見不少可愛的小忍者，玩得不亦樂乎。

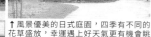

↑風景優美的日式庭園，四季有不同的花草盛放，幸運遇上好天氣更有機會眺望到富士山。

↑雖然園內設施刺激度欠奉，但對於初次接觸的遊人來說，還是充滿趣味性。

⑪ 忍者主題村　親子

忍野 しのびの里

在日本漫畫中經常出現的忍者，總是帶有一份神秘感，引人入勝！如果想了解一下忍者的世界，不妨跟著小記闖進山梨縣的忍者主題村吧！於2015年年尾開幕的忍野 しのびの里，是以忍者為主題的觀光設施，集合體驗、餐廳和賣店於一身。進入主題村之前，可以先租借一套忍者服(¥500)，來身體力行融入環境之中，化身「真」忍者。之後可以挑戰忍者機關屋、手裏劍道場和忍術傳授道等關卡，體驗一下忍者修行之路。當然少不了有特色餐廳和紀念品店，臨走前可以買到忍者紀念品。

↑園內的工作人員都身穿忍者服，歡迎大家拍照。

↑忍術傳授道設有迷宮、繩網等12個關卡，讓大家可以嘗試忍者修煉的體驗。

MAP 別冊 **M16 C-2**

地 山梨県南都留郡忍野村忍草2845
時 09:00-17:00(因應季節變動，參考官網公佈時間)
金 大人¥1,800、小學生¥1,300
網 www.oshinoninja.com
電 (81)0555-84-1122
交 於富士山站轉乘往御殿場(經忍野八海)的富士急巴士(約18分鐘)，於忍野 しのびの里站下車。

↑這是各地遊人必到的拍照地

⑫ 山中湖前看四季美景

長池親水公園

長池親水公園設有免費停車場，是不少自駕遊人士必到的拍照地。公園前可以拍到不同景色的富士山：鑽石富士山、逆富士、戴著帽子的富士山等，當然最重要的還是要看你的運氣！

MAP 別冊 **M16 C-2**

地 山梨県南都留郡山中湖村平野3222
網 www.yamanashi-kankou.jp/viewpoint/pub/pvp038.html
電 (81)0555-62-9977
交 富士山站乘ふじっこ號巴士，約40分鐘，於「長池親水公園」下車

走遠一點點 御殿場

御殿場雖然屬於靜岡縣，可是距離山中湖(山梨縣)只要30分鐘車程，所以不少遊人都會在遊覽山中湖時，順道到御殿場周邊遊玩，既可到outlet購物、又可到富士御殿場蒸溜所參觀、還有不同的大自然美景，令人期待！

在炭山上燒肉扒，香味四溢。

本日の串燒き5本セット
¥1,580

① 站前圍爐居酒屋

囲炉裏びすとろ 2918

晚餐在站旁找到一間很有特色的居酒屋，店內主打圍爐燒，在中央的吧枱前放著一個網型的大圍爐，用炭火烤著各樣的食材。點了一客推介的5款串燒：有燒得焦香的雞肝、嫩滑的雞肉、野菜煙肉卷等，全都惹味可口，再沾上醬汁，令人一吃上癮！而另一客的燒帶子，肉厚多汁，味道鮮甜！是一頓很令人滿意的宵夜啊！

↗ 殻付きホタテの
レモンバター ¥880
帶子肉厚且嫩，簡單的沾上少量醬油已很美味，且帶牛油香。

↓店長和店員都打成一片，氣氛輕鬆。

→除了中央的吧枱座位，也可選擇窗邊的卡位。

地 静岡県御殿場市新橋1938-10
時 16:00-00:00、星期五、六
　 16:00-01:00
休 星期二
電 (81)0550-84-2918
交 JR御殿場站富士山口步行約1分鐘

② KIRIN威士忌酒廠見學體驗
富士御殿場蒸溜所

富士御殿場蒸溜所建於1973年，是世界少見可以同時釀製麥芽及穀物威士忌原酒的蒸溜所。遊人在網上預約體驗後，可參加一個長約1小時20分的見學，可以看到：三種不同類型的蒸餾器、用作發酵的「木桶發酵槽」、包裝過程等，互動有趣。當然最期待的是品酒的環節，工作人員會一邊介紹，一邊讓客人品嚐不同種類的酒品，是很難得的體驗啊！

←到達後遊人先到櫃位登記及付款

第3步
原材料用木桶發酵槽的過程

第4步
用作貯藏酒類、由美國製造的木桶

第1步
透過電影了解富士御殿場蒸溜所的背景

第2步
遊人可以在巨型的蒸餾器前拍照

↑→同時工作人員會介紹各酒品的特徵及味道

第5步
包裝的生產線

第6步
大家可以揀選喜歡
的酒類來品嚐

→ 蒸溜所為方便遊
人，設有免費接駁巴
士來往JR御殿場站。

↑ 參觀過後，大家可以在商
店買各類的威士忌或酒製的
產品作手信。

MAP 別冊 **M21 A-3**

地 静岡県御殿場市柴怒田970
時 09:30-15:30之間期有3場；見學約1小時20分鐘
休 不定休
金 20歲以上，¥500/人
網 www.kirin.co.jp/experience/factory/gotemba/
電 (81)0550-89-4909
註 要預先網上預約：https://kirinfactory.my.salesforce-sites.
　 com/WebCalender?p=G 、以日文導覽
交 JR御殿場站每天有數班免費接駁巴士前往；或JR御殿場站駕
　 車約20分鐘

WOW! MAP

↑ 栗子モンブラン ¥480

→ 店內以洋菓子為主，也有包裝的餅類。

③ 區內人氣歐風蛋糕店
アンドロワ・パレ 川島田店

這間Endroit Palais蛋糕是區內有名的洋式蛋糕店，當店用上眾多地元食材及新鮮水果，隨季節不同而推出各款當造的水果西餅、蛋糕、水果撻等，賣相討好之餘，也十分美味，難怪廣受客人歡迎。

MAP 別冊 **M21 B-3**

地 靜岡縣御殿場市川島田533-2
時 10:00-19:00 休 不定休
網 endroitpalais.com/access/
電 (81)0550-82-0670
交 JR御殿場站富士山口步行約6分鐘

④ 複式遊玩設施
富士山樹空の森

富士山樹空之森是一個多元的遊樂設施，內裡有遊客服務中心、展望台、公園步道、公園、溫泉等。遊人可以看到富士山樹型的溶岩，也可欣賞到富士山的美景；有時間的話，也可以體驗一下園內的「Forest Adventure」，這是一組適合不同年齡客人參加的歷奇體驗，設有不同的難度，跟隨著導師在園內探險，呼吸一下大自然的清新空氣也不錯！

↑ 在樹林間穿梭，體驗不一樣的步道，步道有分難易級數，導師也會全程指引，可以放心參加。

MAP 別冊 **M21 A-3**

地 靜岡縣御殿場市印野1380-15
時 09:00-17:00 休 星期二
金 入場免費、體驗活動需付費
網 jukuu.jp 📱 (81)0550-80-3776
交 JR御殿場站乘巴士(印野本村方向)約20分鐘，富士山樹空の森下車；或御殿場outlet駕車約30分鐘

↑→園內也有segway 等體驗

春天可欣賞到繁花似錦的美景

WOW! MAP

3　　4

↑ 鄰近入口、長約300米的星光隧道

↑ 園內的GKB Garden是一個充滿歐風的小區，內有餐廳及手信店等。

⑤ 穿越星光隧道

御殿場時之栖

「時之栖」內有商店區、酒店、餐廳、水族館等，還有很受遊人歡迎的彩燈和令人驚喜的幻彩噴泉表演。到達園區後，遊人會先穿過一條300米長的燈光隧道，置身其中就仿如被萬千星光所包圍，很是誇張！而重頭戲當然就是幻彩噴泉表演，十多分鐘內，噴泉的水柱配合著音樂和華麗的燈光，搖曳飛揚，最嘆為觀止的是水柱可噴到高達70公尺，正當大家驚嘆不已之時，下一秒，水柱帶著霧氣向著觀眾四散！還好，我一直打著傘子！

←噴泉表演仿如日本版的水舞間，最後水柱會飛噴到70公尺高！

↓ 園內也有其他彩燈可以拍照、散散步。

MAP 別冊 **M21 B-4**

地 静岡県御殿場市神山719
時 17:00-21:30(隨季節不同)
休 不定休、天氣不佳時噴泉表演會暫停
金 部份免費；噴泉表演區：中學生以上¥1,200、小學生¥500 (各展覽略有不同)
網 www.tokinosumika.com/activity/
電 (81)0550-87-3700
註 亮燈主題每季不同；若觀賞亮燈，可利用較近的第三至五號停車場；噴泉表演有指定時間
交 JR岩波站乘的士約5分鐘；或JR御殿場站駕車約25分鐘

→ BEAMS 的 V 領背心裙 ¥23,000、啡色上衣 ¥8,500，以上服飾均有 4 折優惠。

⑥ 來盡情血拼吧！
御殿場Premium Outlet

御殿場Premium Outlet是日本最受歡迎的outlet，區內有為人熟悉的國際品牌：Burberry、agnès b.、COACH等、日系的潮物：BEAMS……也有可愛精緻的玩具精品：Lego、Sanrio、Pokemon Store等，由大品牌到生活雜貨、美食廣場、遊樂場都一應俱全，當然最吸引的還有超抵的優惠折扣，所以大家記得預留大半天時間逛個夠！

↑ Pokemon Store 的富士山特別版比卡超公仔 ¥1,600

↑outlet內亦設有Food Bazaar 讓人可以慢慢吃

↑COACH店內的貨品齊全，部份更低至半價。

MAP 別冊 **M21 B-3**

靜岡縣御殿場市深沢1312
10:00-20:00 (12月-2月至19:00)
2月第三個星期四
www.premiumoutlets.co.jp/gotemba
(81)0550-81-3122
JR御殿場站搭乘免費接駁巴士直達。09:00至閉店前30分鐘，每小時間10、30、50分鐘分三班。

河口湖

Kawaguchiko

必見！河口湖站

河口湖是遊人最熟悉，可以欣賞到富士山美景的地方，順理成章亦成為遊人旅程的第一站！湖的周邊有各樣的café、手信店、酒店、餐廳等；大家也可以選擇漫步、自駕、踏單車等不同的方法，用自己的步調、角度來欣賞這個四季迥異的大自然美景。

往來河口湖交通

新宿站	高速巴士 約2小時 ¥2,200		河口湖站
	JR特急 約1小時2分鐘 ¥2,620	大月站 → 富士急行 約1小時 ¥2,710	
東京站	自駕 約1小時30分鐘		

香港首推

1 意式甜品店配富士山美景
Funari GELATERIA

這間佇立在路旁小小的甜品店,是可欣賞到富士山美景的店家。它剛於2023年夏季開幕,提供各樣意式的甜品,也帶有地元色彩。當天點了一客特別的烤甜番薯配雪糕,一邊坐在店內,看著晴天下耀眼的富士山,一邊嚐著甜甜的烤番薯,確是一個很寫意的旅途休息站。

↑店內只有數張小枱,可是不同角度都可看到晴天下的富士山。

↑各種不同味道的意式雪糕
→ 焼きいもジェラート ¥650

↑意式軟糖Fuji Tozzo ¥600

MAP 別冊 **M17 B-2**

地 山梨県南都留郡富士河口湖町船津1337-1
時 10:00-19:00、12月至2月10:00-18:00
休 12月至2月不定休
網 funari-gelateria.jp/
電 (81)0555-75-2617
交 河口湖站步行約17分鐘

角落還有自家品牌的精品及飾物

↑FujisanShokupan
¥800
富士山造型的麵包,還附上精緻的盒子。

↓用豆乳製成的麵包 ¥291

2 可愛富士山造型小布甸
Fujisan Shokupan

要來店家買顏色充滿童心的小布甸、可愛富士山造型的蛋糕,一定要趁早啊!因為很多時候未到下午,部份人氣商品已經售完!其中最特別是其湛藍色的富士山小布甸,味道帶甜甜的蘇打水味道,混著香濃的牛奶,滑不溜口,難怪那麼受遊人歡迎!

左:原味牛奶布甸 ¥450、
右:富士山布甸 ¥450

MAP 別冊 **M17 B-2**

地 山梨県南都留郡富士河口湖町船津3462-11
時 11:00-18:00
休 星期四
網 fujisan-shokupan.com
電 (81)0555-72-9908
交 河口湖站步行約4分鐘

WOW! MAP

1   2

館的中央是富士山的模型

③ 一窺富士山的真實面貌

山梨県立富士山
世界遺産センター

大家面對著富士山美景的同時，不妨到這個山梨縣立富士山世界遺產中心，瞭解一下富士山的周邊地理環境及大自然面貌。館的中央有一個巨大的富士山模型，配合著光影、音響，讓遊人體驗四季不同的富士山景色，十分震撼；場內也提供QR code，令客人可以邊看相片、影像、模型等，一邊透過手機解說呢！

登上展望台，可看盡富士山的優美景色。

→ 富士山造型的布袋
¥3,300

↑一樓是介紹富士山的氣候、周邊環境、人文習俗等。

MAP 別冊 **M21 B-2**

地 山梨県南都留郡富士河口湖町船津6663-1
時 09:00-17:00(各季節略有不同)、最後入館為關門前30分鐘
休 南館每月第4個星期二
網 www.fujisan-whc.jp
電 (81)0555-72-0259
交 河口湖站乘巴士約5分鐘，於「富士山世界遺產センター」下車，步行約1分鐘

WOW! MAP

085

3

富士山歐風カレー ¥1,180
飯的形狀是富士山的外型呢！

④ 人氣必吃富士山咖喱
富士山パンケーキ

單看店名可能會以為店家只提供班戟吧！其實店內的人氣富士山歐風咖喱飯，絕對是必試的午餐！店內的裝修簡約，以木色為主調；午餐點當然要試咖喱飯吧！其香口的咖喱是用上野菜、蔬果以及數十種香料製作而成，口感豐富、微辣中帶點香草味，配著堆砌成富士山形狀的白飯吃，十分開胃呢！

←店內的環境洋溢著大自然氣息，櫃位旁放滿名人到來的簽名。

↑店內明亮整潔，中央是自助水吧。

MAP 別冊 **M21 A-2**

地	山梨県南都留郡富士河口湖町船津6832 THE NOBORISAKA HOTEL新館 1F
時	11:00-18:00(L.O.17:00)、星期六、日及假期10:00-20:00(L.O.19:00)
網	fujisanpancake-kawaguchiko.com
電	(81)0555-28-5310
交	河口湖站步行約18分鐘

⑤ 隱藏的富士山
金多留滿本店

這間創業於1911年的和菓子店，至今已有百多年歷史。店家最有名的是富士山羊羹，他們堅持用含有豐富礦物質的富士山水、上質的丹波大納言豆和北海道小豆製作餡料、以及用傳統蒸籠將豆料蒸上8小時的方法，製作出口感細膩的羊羹！當中最特別的是羊羹內隱藏著富士山：配上不同景色的、和著果子香等……是很得體、高雅的手信之選！

店內有不同味道、數十款的羊羹

→冬富士羊羹
¥1,800

↑新年期間限定、特別造型的羊羹 ¥2,000

←富士山限定的はまなし羊羹 ¥1,250

MAP 別冊 **M21 A-2**

地	山梨県南都留郡富士河口湖町船津7407
時	09:00-19:00、10月至3月09:00-18:00
網	www.kindaruma.co.jp
電	(81)0555-72-2567
交	河口湖站步行約22分鐘

WOW! MAP

4　　　5

↑要拍到富士山配車站，記緊要舉高拍啊！

↑不少的觀光列車都會經過這個大站

←富士view特急列車也是由這裡出發

⑥ 遊人報到的第一站
河口湖站

來富士山周邊玩樂的遊人，大部份都會選擇這個富士山急行線的「河口湖駅」為旅程的第一站。因為站內除了有火車連接到新宿、東京等大城市外，也有各種特色的觀光火車、紀念號的電車、高速巴士、的士、酒店接駁巴士等，十分方便。而站內也有手信店、café等，當然還有吸引遊人瘋狂打卡的富士山背景！

→ 站內的Gateway Fujiyama是不少遊人的最後手信血拼地

MAP 別冊 **M21 A-1**

地 山梨県南都留郡富士河口湖町
　 船津3641
網 www.fujikyu-railway.jp/
　 station/timetable.php?no=18
電 (81)0555-72-0017
交 富士急行線「河口湖駅」；或富
　 士急ハイランド駅步行約22分鐘

↑車內的座位和天花也有彩色的Thomas

站在河口湖站的月台上就可以看到富士山的美景

⑦ 富士山下的Thomas主題列車
トーマスランド25周年記念号

這駕行駛於JR大月站和JR河口湖之間的Thomas火車，很受大小朋友歡迎。車廂外是Thomas可愛的樣子，內裡也滿是彩繪的卡通：座位、車身以至車頂的天花，也是Thomas相關的角色、充滿童心玩味；坐在車上四周被Thomas的造型包圍，放眼窗外，也看到雄偉的富士山，是旅程中獨一無二的體驗啊！

MAP 別冊 **M17 B-2**

地 行駛於大月站至河口湖站之間
時 06:41- 17:48 (平日及假期不同)
金 大人¥180起、小學生以下¥90起
網 www.fujikyu-railway.jp/train/
　 thomas.php
電 (81)0555-73-8181(富士急コール
　 センター)
註 出發前請參考網站的最新時間表
交 JR河口湖站

WOW! MAP

❽ 休閒購物小村莊
富士大石ハナテラス

佇立於河口湖畔的富士大石 Hana Terrace，是2017年6月開幕的小村落，園內環境優美遍植四季花草，一棟棟白色小房子，聚集了8間特色小店，有café、土產店、飾品店等，好合適大家來這裡散步並逛逛特色店舖。

MAP 別冊 **M17 A-1**

地 山梨県南都留郡富士河口湖町大石1477-1
時 09:30-17:30
網 www.fujioishihanaterasu.com
電 (81)0555-72-9110
交 河口湖駅乘搭河口湖周遊巴士，於河口湖自然生活館下車，向前步行1分鐘即達。

店內葡萄商品之外，還可找到不少家品雜貨。

❽ₐ 縣產葡萄美酒
葡萄屋kofuハナテラスcafé【D棟】

山梨縣的葡萄產量是全日本之冠，葡萄屋kofu以當地的優質葡萄入饌，加工製成酒香葡萄酥餅(Raisin sand)、葡萄酒和葡萄醋等商品，店內除了販賣自家品牌產品，亦推出季節水果芭菲和甜品，嗜酒的朋友只付¥900，可以一次試齊紅酒、白酒、玫瑰紅酒，配搭酒香葡萄酥餅更是一絕，店外設有露天座位，望著庭園景色一邊品酒，份外放鬆。

山梨ワイン3種飲み比べ ¥900
大吟釀サンド ¥216
大吟釀酒香葡萄酥餅香甜之中散發淡淡酒香，好味！山梨ワイン3種飲み比べ包括紅酒、白酒和玫瑰紅酒，各有特色，筆者偏好香醇易入口的白酒。

↑ 山梨縣產巨峰提子 ¥800

🕘 09:00-16:00
🌐 www.budoya-kofu.com
☎ (81)0555-72-8180

WOW! MAP
8

8b 超人氣桔梗信玄餅
HanaCafé Kikyou [H棟]

→桔梗信玄餅
(5個)

桔梗屋是山梨縣過百年傳統品牌，其招牌產品桔梗信玄餅不但成為當地名物，更被日本人票選為最想收到的手信第一名。HanaCafé Kikyou是桔梗屋的直營café，店內可以買到桔梗屋的名產商品，更將桔梗信玄餅與雪糕結合，推出了獨有的桔梗信玄餅雪糕，抹茶雪糕上淋上黑蜜和桔梗信玄餅，吃起來抹茶的清香與煙韌的桔梗信玄餅非常配搭，值得一試！

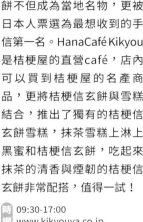

↑桔梗信玄
ソフト吟造
り+恋し抹茶
¥570

時 09:30-17:00
網 www.kikyouya.co.jp
電 (81)0555-28-5228

8c 可愛紙製品雜貨
めでたや [G棟]

紙製品專門店，店內販售由和紙製成的各種商品，如達摩、招財貓、女兒節等富有日本民間色彩的紙製擺設，還引進了山梨縣紙品牌SIWA的商品，包括充滿話題性防水撕不破的紙包包系列，以及紙製花朵首飾，令人驚訝於紙的不同可能性。

↑兔仔版女兒節擺
設 ¥3,000

↓由和紙製成的
招財貓、達摩小擺
設，的式可愛，售
¥1,300/個。

↑店內的一偶
陳列出一系列
SIWA品牌的商
品。

→SIWA和紙手
提袋 ¥3,000

時 09:30-17:00
休 不定休
網 onao.co.jp/shops/kawaguchiko.html
電 (81)0555-72-8313

山梨縣資料 ─ 山中湖

河口湖

富士吉田

熱狗套餐 ¥950

山梨縣葡萄咖喱 ¥680
山梨縣白桃咖喱 ¥680

8d 輕食café
T's café [E棟1F]

T's café供應pizza、三文治、沙律和熱狗等輕食，還有使用富士農場新鮮牛乳製成的人氣軟雪糕，遊人逛到肚餓可以在此醫肚。

時 夏 10:00-17:00、冬 10:30-17:00
休 星期二(其他臨時休息日請參考官網)
網 www.takeda-shokuhin.co.jp/
　　ts_cafe.html
電 (81)0555-25-7055

店內陳列著琳瑯滿目的蔬果乾，不知從何入手，可參考店家的人氣推介。

8e 蔬菜乾零食
壱の蔵 [A棟]

山梨縣盛產蔬果，素有果實王國之美譽。壱の蔵精選縣產的各種蔬果製成多款水果乾和蔬菜脆片，不但美味可口，而且較一般零食健康。除了大家熟悉的香蕉乾和芒果乾，還有秋葵、薑片、苦瓜乾等獨特口味，種類繁多，而且貼心地提供試食服務，遊人可試過喜歡再入手。

↑ 綜合蔬菜乾
¥540

← 綜合水果乾 ¥648
一盒有齊9種不同類型水果，是店內人氣No.1商品。

秋葵乾 ¥540

時 09:00-18:00
網 www.tanaka-yamanashi.com/shop/index.html
電 (81)0555-72-8005

81 網美打卡咖啡店

Brand new day coffee [B棟2F]

這間位於大石公園內的咖啡店，就佇立在園內的平台花園，設有露天的戶外座位和舒適的室內雅座，客人點餐後選好座位，就可以從不同的角度看到富士山美景。當天黃昏到來，坐在窗邊，抬頭黃澄澄的晚霞配著戴著白雪帽的富士山，絕對是值得大家留下美好記憶的畫面。

室外的座位可180度飽覽富士山

↑抹茶ソイラテ
¥700

→店內除了飲品，也有各樣小食提供。

冬天坐在室內很暖笠笠

時 10:00-18:00(L.O.17:00)
網 brand-new-day.rhinoceros.jp
電 (81)0555-25-7011

山中湖

---

9 宵夜好去處
登利蔵

位於河口湖附近的雞肉串燒專門店，店家每天由鄰近地區選購新鮮食材，供應雞的各個部位串燒和蔬菜串燒，並以本格炭火慢烤，不但能鎖住肉汁，身處店內更傳來陣陣炭烤香氣，令人食指大動！食串燒當然要配酒才完美，登利蔵酒藏非常豐富，各位好酒之人萬勿錯過喇！

MAP 別冊 M17 B-2

地 山梨縣南都留郡富士河口湖町船津2076-2
時 17:30-22:00
休 星期日
電 (81)0555-73-2833
交 河口湖站步行10分鐘

↓馬刺し ¥1,000、山崎梅酒 ¥600
山梨縣名物馬肉刺身，配搭少量薑絲和蒜蓉去腥味，口感非常嫩滑。

抵食
編者推介

↑ 串燒 ¥120-280

河口湖

富士吉田

↑店內面積寬敞，全是榻榻米坐位。

→豚肉ほうとう
¥1,600
ほうとう的闊麵條口感黏實偏軟身，加上有大量蔬菜配料，飽足感十足，惟湯底會愈食愈鹹。

10 鄉土料理名店
甲州ほうとう 小作 河口湖店

ほうとう(餺飥)是山梨縣著名的鄉土料理。甲州ほうとう小作可說是當中的人氣之冠，其招牌的かぼちゃほうとう，以當地盛產的熟成南瓜和味噌煮成的湯底，鹹香之中帶有南瓜甘甜，並加入大量當季新鮮蔬菜和闊麵條，富含膳食纖維，深受當地人的喜愛。

MAP 別冊 **M17 B-2**

地 山梨県南都留郡富士河口湖町船津1638-1
時 11:00-21:00(L.O.20:20)
網 www.kosaku.co.jp
電 (81)0555-72-1181
交 河口湖站步行15分鐘

↑1920年比利時製造的Dance Organ，是園內最大型的音樂盒，亦是全球最大型的自動風琴音樂盒。

11 童話音樂世界
河口湖オルゴールの森美術館

音樂盒之森美術館散發著歐洲小村莊的氛圍，天氣晴朗時更有機會看到富士山蹤影。這裡收藏了歐洲各地多個珍貴的古董音樂盒，其中最令人驚艷的是全球最大型的自動風琴音樂盒，一共有800條管弦發聲，每當音樂盒運作時，43個小人偶會隨著音樂而伴奏，非常有趣。

↑在音樂盒之森到處都是影相靚位，喜歡拍照的人絕不能錯過。

↑音樂盒演奏集中在History hall和Organ hall內，一連多看幾個表演已經值回票價。

MAP 別冊 **M17 B-1**

地 山梨県南都留郡富士河口湖町河口3077-20
時 10:00-18:00(17:00最後入場)；各餐廳及店鋪開放時間均不同；17:00後只開放庭園參觀
金 成人¥1,800、大學及高中生¥1,300、中小學生¥1,000；星期六日及假期：成人¥2,100、大學及高中生¥1,600、中小學生¥1,000
網 kawaguchikomusicforest.jp
電 (81)0555-20-4111
交 河口湖站乘河口湖周遊巴士，車程約20分鐘。

↑History hall除了有音樂表演，還收藏了19世紀初歐洲各地的自動演奏音樂盒。

↑山麓園的茅草屋環境非常有特色，已超過150年歷史，用上大量的欅木建材，據説是前一代由飛驒古豪的宅邸搬移過來。

好食
編者推介

12 古民家中的特色爐端燒
山麓園

超過150年歷史的茅草屋—山麓園，充滿古色古香的氛圍，一柱一木都散發著歲月行跡，讓人有種回到江戶時代的感覺。而最令人驚喜的是這裡提供的爐端料理，遊人可以在圍爐上親自燒烤串燒，店內有不同的套餐組合，包含十多款串燒及ほうとう鍋，豐儉由人！

飛驒 ￥2,200
當日點了飛驒套餐，包括魷魚、栗米、帶子、雞肉、乾豆腐、南瓜丸子、豚肉蔥卷、蒟蒻、香菇和虹鱒魚等串燒，遊人坐在圍爐邊，用炭火慢烤食物，別有一番風味。

MAP 別冊 **M17 B-2**

地 山梨県南都留郡富士河口湖町船津3370-1
時 11:00-18:00(8月至19:00)
休 星期三(公眾假期除外)
電 (81)0555-73-1000
交 河口湖站步行15分鐘

↑每一個套餐都附有ほうとう鍋(山梨郷土料理蔬菜鍋)。

動作表情都栩栩如生到叫人驚訝的地步。

13 於大地震仍屹立的人偶們
河口湖ミューズ館・与勇輝館

這一家河口湖ミューズ館・与勇輝館，其實是專門展示日本人偶大師與勇輝先生作品的展館。與勇輝可說是殿堂級的藝術大師，其製作的人偶，除了表情動作栩栩如生外，更驚為天人的是可以不需要任何額外支撐已可站立，甚至在大地震的時候，人偶都依然屹立不倒，非常厲害！

MAP 別冊 **M17 A-2**

地 山梨県南都留邵富士河口湖町小立923八木崎公園
時 09:00-17:00(最後入場16:30)
休 星期四(公眾假期照常開館)
金 大人￥600、中學生￥400、小童免費
網 www.fkchannel.jp/muse/　　(81)0555-72-5258
交 河口湖站乘復古巴士13分鐘，在河口湖ミューズ館入口下車。

WOW! MAP

12　　13

山梨縣資料

↑館內的小商店售賣由附近香草製成的各種天然產品

← 薰衣草雪糕 ￥400
這裡的薰衣草雪糕非常天然，咬下去會吃到細細的薰衣草籽，非試不可啊！

LET'S TRY!

↑最好玩的是可以自製香味，再調配成獨一無二的香水。

山中湖

⑭ 走進信心花舍
河口湖香草館

MAP 別冊 M17 B-2

地	山梨県南都留郡河口湖町船津6713-18
時	09:00-17:45
網	www.fkchannel.jp/herbkan/
電	(81)0555-72-3082
交	在富士急行「河口湖」站轉搭富士急懷舊公車(富士急しトクバス)「河口湖線」或「西湖及青木原線」約30分鐘；在「河口潮青草館」下車，步行1分鐘。

來到這個河口湖香草館及它的香水別舍，穿過賣各式花類小物的小商店，便會發現一個種滿了迷迭香、羅勒、薄荷等香草的透天溫室。在溫室外，則是由館主親自打理的小花圃，感覺就像到了某個秘密花園一樣。稍稍移步，到對面馬路的香水別舍探去，則會發現這裡竟是一個可讓旅人即場調配屬於自己的香水的香水專門店。

河口湖

店內開揚，河口湖就在窗前。

↑沙律材料新鮮，味道清新。

←戚風蛋糕味道香甜很適合女孩子

⑮ 森林裡的小花園
Happy Day Café

這間 Happy Day Café，不單座立在河口湖旁，四周被河口湖優美的景色包圍。先來一客鮮蝦蔬菜沙律，蔬菜來自山梨縣，味道鮮甜，鮮蝦透明剔透，肉質爽口；而尾段來多一客甜品戚風蛋糕配一個軟雪糕，鬆軟得來很香甜，為這餐畫上一個完美的句號。

MAP 別冊 M17 B-1

地	山梨県南都留郡富士河口湖町1204-2
時	平日10:00-16:00(L.O.15:00)；星期六日及公眾假期10:00-17:00(L.O.16:00)
網	www.kitahara-museum.jp/cafe
電	(81)0555-83-3321
交	河口湖站步行15分鐘

富士吉田

WOW! MAP

14　　15

雖然達洋貓在香港有專門店，但來到河口湖又豈能不到此朝聖一番？

⑯ 達洋貓迷朝聖地
河口湖木ノ花美術館

由日本插畫師池田晶子設計的 Wachifield 達洋貓，在香港擁有不少粉絲。對於貓奴來說，在河口湖看到這家河口湖木ノ花藝術館，絕對抗拒不了要走進去參觀一番兼來個悠閒下午茶。其實這間美術館的是 2 樓就是一個小小的達洋貓作品展覽，展出不少達洋貓畫作，而 1 樓則設有專賣店，售賣不少日本版限定商品。

MAP 別冊 **M17 B-1**

地 山梨縣南都留邵富士河口湖河3026-1
時 3月至11月10:00-17:00；12月至2月10:00-16:00
金 大人¥500、中學生¥400、小學生以下(大人陪伴入場免費)
網 www.konohana-muse.com
電 (81)0555-76-6789
交 河口湖站乘復古巴士幾20-25分鐘，猿まわし劇場木ノ花美術館下車。

↑ 2 樓展出不少達洋貓畫作真跡。

↑達洋貓tote bag

⑰ 和服的震撼教育
久保田一竹美術館

基本上未走進去美術館已經被這建築設計迷倒。其實這個竹美術館是由久保田先生自費成立的，為的是把他一生所造的和服都可以以最舒服最佳的狀態展示給世人觀看。館內的和服每一件都美得巔覆旅人對和服之美的想像。

MAP 別冊 **M17 B-1**

地 山梨縣南都留郡富士山河口湖町河口2255
時 4月11日09:30-17:30、12月至3月10:00-16:30(關館前半小時停止入場)
休 不定休
金 大人￥1,500、大學及高中生￥900、中小學生￥400
網 www.itchiku-museum.com
電 (81)0555-76-8811
交 河口湖站乘復古巴士21-26分鐘，久保田一竹美術館下車。

←和服是美術館的主菜

16

17

↑「せせらぎ屋」內可以看到工作人員即場示範製作山梨縣傳統工藝品竹籬，感受昔日農村樸素的生活。

↑「陶と香のかゞめま」內的陶瓷體驗。

MAP 別冊 **M16 A-1**

地　山梨県南都留郡富士河口湖町西湖根場2710
時　3月-11月09:00-17:00(最後入場16:30)；12月-2月09:30-16:30(最後入場16:00)
金　成人￥500、小童(中小學生)￥250
網　saikoiyashinosatonenba.jp
電　(81)0555-20-4677
交　於河口湖站乘搭復古巴士約50分鐘

⑱ 日本的茅屋村落
西湖いやしの里根場

西湖治癒之里根場曾經是茅屋的集結地，建在西湖旁可以遠眺富士山，是一個十分美麗的村落。但於昭和41年(1966)，村落受台風摧毀造成不少死傷，村民移居對岸，村落從始被荒廢。直到2006年，河口富町為了把村落的原貌重現，建立了這個西湖治癒之里根場，在20棟茅屋建築中除了提供鄉土料理的餐廳、售賣本地特產的手信店，展出了工藝家作品的美術館外，更有陶藝、再造紙等體驗，最特別的是於ちびっ子広場內有不少劍玉、竹馬等日本昔日玩具開放給大家任玩！

↑ 自然生活館對出可眺望富士山美景，是遊人必到的拍照地。

⑲ 兼得薰衣草與富士山
河口湖自然生活館

自然生活館這個名字非常引人入勝。簡單對旅人來說，這地方最重要的是對正河口湖及富士山。而且在自然生活館前，四時都有繁花怒放，是旅人們拍下那張「到此一遊」紀念照之絕佳地點。

MAP 別冊 **M17 A-1**

地　山梨県南都留邵富士河口湖町大石2585
時　09:00-17:45(10-12月至17:15)
網　www.fkchannel.jp/naturelivingcenter/
電　(81)0555-76-8230
交　河口湖站乘復古巴士約30分鐘，河口湖自然生活館下車。

→天上山公園的確是看富士山的絕佳位置。

↑天上鐘 × 富士山。

↑在到達天上山公園看富士山之前，也可在纜車上看看河口湖的風景。

MAP 別冊 **M17 B-2**

20 卡奇卡山空中纜車

河口湖天上山公園

河口湖天上山公園本來的賣點，是看富士山之絕妙處。可是，當旅人乘坐那三分鐘的纜車，登上了天上山公園，便會發現，天上山公園之妙也非僅此而已。天上山公園其實佔地極廣，由登山口出發，步行3小時可以到達有山梨100名山之稱的「三つ峠」，從更高的緯度看富士山景。就算旅人沒有時間登山，只在天上山公園的入口賞過富士後，也會發現日本人花了不少心思讓旅人在賞富士的同時也有其他樂趣。這裡的狸子茶屋，販賣著極有趣的糯米糰。這裡的天上鐘，令富士山變得更浪漫。

←在天上鐘旁邊的狸子茶屋，販賣著看見就想嚐嚐的炭烤特產狸子糯米糰，沾上醬油，還印著富士山的圖案。

地 山梨縣南都留郡富士河口湖町淺川1163-1
時 平日09:00-16:00；星期六日及公眾假期09:00-17:00
金 來回成人￥900、小童￥450 單程成人￥500、小童￥250（可步行下山，約需45分鐘）
網 www.kachikachiyama-ropeway.com
電 (81)0555-72-0363
交 從中央通河口湖IC約15分鐘；富士急線河口湖站下車步行15分鐘；河口湖復古「巴士纜車」入口站旁。

「富士五湖」是什麼？

達人教室

		3
1	2	
	4	5

1. 河口湖
2. 本栖湖
3. 西湖
4. 精進湖
5. 山中湖

富士山，日本最高之山，也是日本的象徵。所謂的富士五湖，是指河口湖、山中湖、西湖、本栖湖及精進湖此五個於富士山爆發時形成的堰塞湖。五湖地理上相距並不太遠，而且在五湖附近皆可看到富士山，因此成為富士旅遊熱點。其中又以面積最大的河口湖最為著名。

21 洞穴小探險
富岳風穴

風穴內有熔岩鍾乳石、熔岩棚等，在冬天的時候更可看到冰柱。

MAP 別冊 **M16 A-1**

地 山梨縣南都留郡富士河口湖町
　 西湖青木ヶ原2068-1
時 09:00-17:00(因應季節更改，
　 以官網公報為準)
金 大人¥350、小童¥200
網 www.mtfuji-cave.com
電 (81)0555-85-2300
交 河口湖站往本栖湖巴士約21分
　 鐘，風穴下車。

位於青木原的富岳風穴，總長 201 米，最妙之處是長年冰冷，就算外面夏日炎炎，風穴內依然非常涼爽，到了冬天更可在風穴內找到冰柱，於從前更被當成是一個天然冷藏庫，是一個挺有趣的自然景點。

↑ 穴中的平均溫度為3度，就算是夏天到訪也建議加一件外套。

22 神秘迷離小心迷路
青木ヶ原樹海

這個位於富士山山麓的樹海，是日本唯一最大在溶岩上生長的原生林，四處婆娑樹影，風光怡人，可是如果要進入樹海觀光，務必要參加當地的導賞團，這裡因為磁場的關係，指南針會產生錯亂很容易迷路，加上這裡是日本十大自殺勝地之一，有很多恐怖的傳說呢！

MAP 別冊 **M16 A-1**

地 山梨縣富士河口湖町西湖
交 富岳風穴步行5分鐘

23 拿張¥1,000玩遊戲
千円山

富士山下，美景處處。自駕遊的旅人，實在建議你們可以駛至千円山這個地方。除了因為天氣晴朗時有機會看到富士山與湖中倒影雙輝映之絕美境象外，更因為當你從銀包掏出一張¥1,000，就會發現可眼前景色一模一樣。有趣吧！

↑ 遊千円山前，記得看看口袋裡有沒有¥1,000紙幣

←富士山與湖中倒影，幸運的話也可在千円山找到。

MAP 別冊 **M16 A-1**

地 山梨縣富士山河口湖町本栖18
交 河口湖站駕車 / 乘的士約30分鐘

Hoto Fudo建築設計曾獲2010年銀WA獎、2009年AR獎及山梨縣建築文化獎。

ほうとう不動 ¥1,210

好食
編者推介

24 富士山下，吃名物烏冬最有型
ほうとう不動(Hoto Fudo)

Hoto Fudo 是由日本知名建築師保坂猛打造，設計理念是希望建築能融入環境成為自然的一部份，因此以曲線打造這間天下無雙的麵店。既像雲又像愛斯基摩人冰屋的設計。當遊人走進 Hoto Fudo 裡，會有一種在雲裡用餐的感覺還可以透過大門看到富士山的倩影。

Hoto Fudo 的雜菜火鍋是山梨縣傳統的民間食物，湯鮮麵滑，絕不欺場！

→Hoto Fudo另一設計特色是戶外戶內空間的流通。從門口看出去可以看到富士山，絕對是讓人嘆為觀止的設計。

→餐廳自家的隔熱墊，遊人可當作紀念品買回家。看得明那猶如「合」字的圖案之意思嗎？是富士山與Hoto Fudo。

MAP 別冊 **M17 A-2**

地 山梨県南都留郡富士河口湖町船津東恋路2458
時 11:00-20:00
網 www.houtou-fudou.jp
電 (81)0555-72-8511
交 河口湖站駕車或乘的士8分鐘

25 挖寶好地
森の駅 風穴

↑紀念富士山榮登世界文化遺產的酒。不喝，也有紀念價值。
←富士山TEE

3776

在富岳風穴外的森之站的紀念品店，就絕對是挖富士山紀念品的寶地。在店內逛一圈，細心看看每件貨品，都絕非一般敷衍的紀念品，反而有不少花盡心思設計的有趣產品。

MAP 別冊 **M16 A-1**

地 山梨県南留郡富士河口湖町西湖青木ヶ原2068
時 09:00-16:00(因應季節更改，以官網公佈為準)
休 不定休
網 www.mtfuji-cave.com/contents/shop
電 (81)055-585-2300
交 河口湖站往本栖湖巴士風穴下車約21分鐘

24

25

WOW! MAP

富士吉田
Fujiyoshida

必見！3丁目商栄会

有人說：山梨縣的富士吉田市是「全日本最接近富士山的城市」，市內有眾多與別不同、觀看富士山的景點，是遊人必到的打卡點；也有別具一格的 café 和商店，說真的，在這裡抬頭就可以望到富士山，四季景色也不同，難怪吸引各地的遊客到來！

往來富士吉田交通

富士急行線「富士山」站	步行 約10分鐘	富士吉田市

這個五重塔正式名為「富士吉田紀念碑」是紀念一次世界大戰死去的人而建的。

↑ 這個經典畫面可以在名信片上找到

↑ 遊人也會順路參拜新倉富士間神社

① 先走完398級樓梯再説
新倉山浅間公園

自駕遊MAPCODE 161 276 580*60

要到山頂的展望台是需要代價的。由山麓的樓梯開始走，要走398級的樓梯，約15-20分鐘左右，途中經過山腰的神社，就要抵達展望台，眺望到富士山和五重塔同框的經典畫面。公園內種有650棵櫻花樹，所以每年三四月總會擠滿遊人！

←山腰的巨型鳥居也是拍照的熱點之一

MAP 別冊 **M20 B-1**

地 山梨県富士吉田市浅間2丁目3353
網 www.yamanashi-kankou.jp/kankou/spot/
　 p1_4919.html
註 要到展望台，中間要步行約
　 400級樓梯
交 富士急行線「下吉田」站，
　 步行約20分鐘

WOW! MAP

Fujiyama Beer西餐廳內不時播著JAZZ
音樂，用餐的氛圍很放鬆。

↑餐廳內設有蒸餾所

↑休息站的商店有可愛的衣
飾，都和富士山有關的。

→喜歡戶外運動的朋友可以
到Mont-bell逛逛

←Mont-bell內有特別版
的富士山TEE ¥3,410起

❷ 富士山下的公路休息站
道の駅富士吉田

自駕遊的朋友到這個公路休息站，除了可以買
特產、手信外，晴天時更可欣賞到壯麗的富
士山山景。休息站內有可品嚐富士山啤酒的
Fujiyama Beer西餐廳，自家製的啤酒順滑且
清醇；旁邊設有Mont-bell運動店，有限定版
crossover的富士山產品，值得入手啊！

MAP 別冊 **M20 B-2**

地址 山梨県富士吉田市新屋3-7-3
時 09:00-18:00；星期六、日及假期09:00-18:00
（各季節不同）
網 fujiyoshida.net/spot/11
電 (81) 0555-21-1225
交 富士山站乘富士周遊巴士【ふじっこ号】約15分鐘，
於「富士山レーダードーム館」下車，步行約5分鐘

WOW! MAP
2

屋上に富士山展望台（撮影スポット）があります

You 上網睇片

2a 「頭髮亂了」的神奇體驗
富士山レーダードーム館

這個富士山鐳達巨蛋館建於2004年，是用作介紹富士山周邊的地區歷史、氣象觀測、防災學習館等功能。大家可以憑入場券到樓上的「富士山頂寒さ体験」室，在密室內透過映像、強風、音響等，體驗一下登上富士山山頂的感覺！這個體驗有分夏季和春季的月份，遊人可二選一。若果選春季三月的話，體感溫度只有-25度，真的冷得有種刺痛感。

→進入密室後，奇特之旅就會開始。

↑館內介紹富士山周邊的氣象和地理環境

↑當天真切地在室內感受到寒風刺骨的痛

↑「富士山頂寒さ体験」室旁會有職員幫忙講解

MAP 別冊 M20 B-2

地 山梨県富士吉田市新屋1936-1
時 09:00-17:00
休 星期二、年末年始、8月無休息日
金 大人¥630、小學生以上¥420、小學生以下免費
網 fujiyoshida.net/spot/13
電 (81) 0555-20-0223
交 富士山站乘富士周遊巴士【ふじっこ号】約15分鐘，於「富士山レーダードーム館」下車，步行約2分鐘

登上展望台可以欣賞到富士山的壯麗景觀

WOW! MAP

③ 當昭和街遇上富士山
本町2丁目商店街

本町二丁目商店街是位於「月江寺」和「下吉田」站之間，馬路兩旁盡是充滿昭和味道的店家，黃昏時份，華燈初上，映照著雄偉的富士山，襯托出獨特的美景。

MAP 別冊 **M20 B-1**

地交 山梨縣富士吉田市下吉田2-1附近　註 拍照時請留意交通狀況，注意安全
富士急行線「月江寺」站，步行約9分鐘；或富士急行線「下吉田」站，步行約10分鐘

④ 畫框內的富士山
金鳥居

自駕遊MAPCODE 161 216 544*37

這個佇立在富士山站附近的巨型金鳥居已有二百多年歷史，它高約9.7公尺，是市內最具代表性的景點。遊人站在鳥居前拍照，可以拍到和富士山同框、巨大的注連繩和古色古香的商店街呢！

MAP 別冊 **M20 B-2**

地交 山梨縣富士吉田市中曽根1-2
富士急行線「富士山」站步行約3分鐘

⑤ 沒有違和感的新舊融合
3丁目商栄会

富士吉田除了「本町2丁目商店街」外，其實附近也有一條可以拍出絕美富士山景、充滿生活美感的商店街：3丁目商榮會。狹窄的車路兩旁保留了昔日的店家，黃昏或是日間，也能拍出如名信片美麗的相片。

MAP 別冊 **M20 B-1**

地註交 山梨縣富士吉田市下吉田3-12附近
拍照時請留意交通狀況，注意安全
富士急行線「月江寺」站，步行約7分鐘；或富士急行線「下吉田」站，步行約10分鐘

WOW! MAP

3　　4　　5

店內設有蒸餾所

⑥ 100%富士山湧水製造
NADAYA富士山蒸溜所

↑「富士の神」
¥2,420起

←有特別版的富士吉田地圖巾，買作手信也很有紀念價值。

ナダヤ富士山蒸溜所是富士吉田市首間以富士山湧水釀酒的店家，歷史悠久。店內有各樣的酒品：啤酒、威士忌、純米吟釀等。當中最具代表性的就是「富士の神」，它用上富士山的地下水、杜松子、橙皮、檸檬皮等8種材料，配上65度的純酒精，釀製而成，口感順滑且帶有果香。

←也有威士忌、純米吟釀等

MAP 別冊 **M20 A-2**

地 山梨県富士吉田市上吉田3-13-18
時 09:00-18:00
網 fujisandistillery.com/
電 (81) 0555-23-1311
交 富士急行線「富士山」站，步行約3分鐘

休 星期日

❼ 美景當前的免費展望台
富士山駅Q-STA

無疑「富士山站」是遊人來富士吉田的交通樞紐，而這個和車站相連的商場富士山駅Q-STA，也是大家必經之處。有趣的商店主要集中在一樓，而登上頂層6樓的展望デッキ，可以看到180度雄偉的富士山景襯托著城下町、高矮不一的小屋，很夢幻卻又貼地的畫面。

→遊人可以集中逛一樓的商店，有很多限定的特產和手工藝。

MAP 別冊 **M20 A-2**

地 山梨県上吉田2-5-1
時 10:00-20:00 (各店略有不同)　休 各店不同
網 www.q-sta.jp/　電 (81) 0555-23-1111
交 富士急河口湖線「富士山」站直達

就連Peter Rabbit花園的紀念品也可買到

↑店內的貨品種類眾多，大家要預留時間。

❼a 必逛之店
Gateway Fujiyama 富士山站店 (1F)

走進店家時，大家會十分茫然：究竟買什麼才好呢！店內有超過數百款特產和零食：富士山造型的朱古力、曲奇、羊羹……也有富士山造型的玻璃杯、陶藝品等，其實大家可以走到店前的貨架細看一下，那裡有最人氣的首十款手信給客人參考｜讓大家省下不少煩惱呢！

↗ 日本製的鎖匙扣 ¥600

↑ 不同富士山造型的夾心曲奇 ¥730

陶 10:00-20:00
電 (81) 0555-23-1120

↑若果想省點時間，可參考店家提供的人氣排名商品。

WOW! MAP
7

布製封面的筆記簿 ¥2,530起

↑ 織物雨傘 ¥25,300起

7D 編織好物推介

ヤマナシハタオリトラベル MILL SHOP [1F]

富士吉田市是一個以傳統紡織業起家的地區，區內的紡織業已有千多年歷史。這間店家匯集了市內12間廠家製造的紡織品：織物雨傘、棉質的頸巾、領帶等，手工精細之餘，也是生活常用的紡織品，讓客人可以從生活細節中體現手工藝術的匠心。

→店內有介紹12家紡織店家的產品

↑ 由衣飾到日記等生活小物都有販賣

時 10:00-20:00
休 不定休
電 (81) 0555-23-1111

7C 秘密美景地

展望デッキ [6F]

購物過後，大家記得到6樓的展望台來看看，這裡看到富士山美景是很貼近生活的感覺；披著白雪的富士山下，就是一棟棟排列整齊卻高矮不一的民居，黃昏時，橙黃的天空配著披白雪的富士山，就是一幅富士山下庶民生活的寫照。

←黃昏時有不少遊人到來欣賞美景

時 10:00-20:00

↑ 仿如名信片般的黃昏景象

107

Dodonpa 會在 1.8 秒間，以驚人時速 172 公里彈射而出，緊接而來的 90 度垂直塔，其極速刺激感，讓人玩完也心有餘悸。

河口湖

富士吉田

↑ 全球最斜的高飛車，斜度達 121度，問你怕未？

↑ 絕叫度滿分，返轉再返轉的ええじゃないか。

想休息一會？來坐坐透明摩天輪吧！

⑧ 強心藏者挑戰地
富士急Highland

來河口湖除了欣賞富士山的絕景外，另一個原因大概是這個富士急 Highland 主題樂園吧！園內有多個列入世界紀錄兼嚇破膽的重量級機動遊戲：可體驗極速快感，以時速 172 公里飛射的 Dodonpa、全日本最長且時速高達 130 公里的 FUJIYAMA 過山車、雙腳凌空兼大返轉過山車ええじゃないか等等；如果想挑戰心理極限的話，推薦大家玩以荒廢醫院作背景

的鬼屋，又或坐上離地 50 米的透明摩天輪。

MAP 別冊 **M16 B-1**

地 山梨縣富士吉田市新西原5-6-1
時 因應人流情況而定（請參考官網）
休 不定休
金 入場費連任玩PASS網上預售價：成人￥6,000-￥7,800；中學生￥5,500-￥7,300；小學生￥4,400；長者￥2,100-2,500
網 www.fujiq.jp/zh-CHT/
交 河口湖站乘電鐵富士急行2分鐘，於富士急ハイランド站下車。

8a 小朋友也同樂
Thomas Land

如果和小朋友同行的話，記得一定要到 Thomas Land，園內有以大受小朋友歡迎的 Thomas 火車為主角，有零刺激度卻有趣無比的玩樂設施：Percy 小火車、空中飛車、列車升降機，定必玩個不亦樂乎。

↓ Thomas小火車是必坐之一

8b 手信美食集中地
La ville de Gaspard et Lisa

玩樂過後，可以到 La ville de Gaspard et Lisa 買些小食和紀念品，來這裡無論是一家大細、情侶或是大班朋友仔在這裡逛一圈，定必買到特別的紀念品啊！

↑ 店內可買到小食和手信

↑ ふじやまビール飲み比べセシト ¥1,380、富士ヶ嶺ポータソーセージ盛り合わせ ¥1,000
ふじやまビール飲み比べセシト包括有Pilsner、Dunkel和Weizen，讓遊人可以一次過嚐到3種不同風味的啤酒。

MAP 別冊 M16 B-2

地 山梨県富士吉田市新屋 3-7-1
時 11:00-16:00、星期六日11:00-18:00；
冬季營業時間（至3月19日）11:00-15:00
（營業時間隨時變更，詳情請參考官網）
休 冬季期間逢星期二及三休息
網 www.fujiyama-beer.com
電 (81)0555-24-4800
交 富士山駅自駕約10分鐘

9 富士山精釀啤酒
Fujiyama beer

成立於1998年的富士山啤酒品牌Fuji beer，以來自富士山地下100米的天然水、歐洲高品質麥芽作原料，並引進德國的啤酒釀製技術和設備，釀製成3種精釀啤酒，包括清新花香的Pilsner、麥香濃郁微苦的Dunkel、清爽微酸的Weizen。Fuji beer餐廳有啤酒之外，更供應豐富的德國香腸及佐酒小菜。

WOW! MAP

10 自己動手燒團子
KONOHANA

這間於2023年春季開幕的古民家café，建築很有心思，保存了江戶時期的格局，住宅是由昔日的御師小佐野舊居修復而成的。御師是指古時為登富士山的人提供住處、食物，並為富士山信仰傳教、祈禱的導師。下午到來，點了一客燒團子，要自己動手在小瓦爐上烤團子，感受一下古風，是有趣的體驗！

↑燒き団子
¥900
將團子烤到微焦，再放上汁料就可以享用。

MAP 別冊 **M20 B-2**

地 山梨県富士吉田市上吉田東7-27-2
時 10:00-17:00 (L.O.16:00)
網 pica-corp.com/shop/cafe_
電 konohana.html#menu
交 (81) 0555-28-5737
富士急行線「富士山」站乘巴士約10分鐘，於「サンパークふじ」下車，步行約2分鐘

↑御神前之間是用作供奉富士山淺間神社的地方，也存放了登山裝備等資料。

↑café由江戶時代的建築修復而成，是很珍貴的古老建築。

↑高18米的大鳥居，由江戶時期開始，曾進行多次整修，目前仍然保持著新簇的樣子。

↑無病消災御守¥500

→健腳御守 ¥800
雖然現在大多遊人選擇乘交通工具到五合目(富士山半山腰)再開始登山，但仍有眾多信眾和遊人前來參拜。

MAP 別冊 **M16 B-1**

地 山梨県富士吉田市上吉田5558番地
網 sengenjinja.jp
電 (81)0555-22-0221
交 富士山站乘車約7分鐘

本殿建於1615年，目前已經有四百多年歷史，每年8月26日至27日北口本宮富士淺間神社都會舉行吉田火祭，是日本三大奇祭之一。

→神社的千年杉樹

11 登山者必到
北口本宮富士淺間神社

擁有1900年歷史淵源的北口本宮富士淺間神社，位於富士山北口登山道的出發點，由江戶時期開始，絡繹不絕的登山者來此參拜，祈求可以順利完成登山。神社內由過千年的杉樹所包圍，空氣之中彌漫著謐靜又神聖氛圍，主殿供奉著名的木花開耶姬女神，因此亦吸引不少女性來祈求戀愛圓滿。北口本宮富士淺間神社現已成為了國家指定的重要文化遺產，亦是當地人的信仰中心。

店內裝修簡約摩登

山梨縣資料

山中湖

河口湖

富士吉田

12 將市區的傳統傳承下去 香港首推

FabCafe Fuji

不說不知，富士吉田的紡織業已有千多年歷史，而這間café由Takeshi Yagi先生開創、DOSO Co. Ltd.所營運，亦是日本國內第五間FabCafe，它旨在將古老的空間改造、翻新，令其適當保留原有價值外，同時為老舊的社區帶來新景象；所以店內除了café外，也有建築、紡織、藝術等圖書角，讓傳統的產業可以用新形態繼續傳承下去。

→Carrot cake ¥550、
抹茶latte ¥600

↑ 手沖的咖啡就是有不一樣的香味
↓ 書架上的藏書都是和富士吉田相關的

MAP 別冊 **M20 B-1**

地 山梨県富士吉田市下
　 吉田3-5-16
時 08:00-17:00
休 星期二
網 fabcafe.com/jp/fuji/
交 富士急行線「下吉
　 田」站，步行約5分鐘

WOW! MAP

● 山海美景

靜岡縣
shizuoka ken

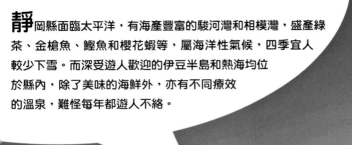

靜岡縣面臨太平洋,有海產豐富的駿河灣和相模灣,盛產綠茶、金槍魚、鰹魚和櫻花蝦等,屬海洋性氣候,四季宜人較少下雪。而深受遊人歡迎的伊豆半島和熱海均位於縣內,除了美味的海鮮外,亦有不同療效的溫泉,難怪每年都遊人不絡。

靜岡縣旅遊資料

來往靜岡縣的交通

最方便來往伊豆半島的交通是由東京出發,大約 50 分鐘的新幹線就可以到達了。

■JR/新幹線

如果由東京站乘JR東海道新幹線約49分鐘,成人單程¥3,740,就可以到熱海站;若果由小田原出發,同樣乘JR東海道新幹線約8分鐘,成人單程¥1,290,就可以到熱海站;約55分鐘,成人單程¥1,442,就可以到伊東站。

伊豆市內交通

■ JR/新幹線

伊豆半島JR交通很方便，由熱海乘JR伊東線約23分鐘，成人單程¥324，就可到達伊東站；由伊東再乘25分鐘，成人單程¥658，就可到達伊豆高原站。

■ 東海巴士

巴士是另一個方便之選，東海巴士提供了不同路線的乘車券，可途經熱海、伊東、伊豆高原、河津和修善寺等觀光地，還附有超過七十多個觀光地的優惠券，適合沒有駕車的朋友利用。

東海巴士網站　網 www.tokaibus.jp/rosen/teiki.html

旅遊資訊

● 伊豆市觀光協會

有日文、中文和英文介紹不同分區的玩樂景點、美食、交通及住宿資料等。
網 www.izushi.info

■ 伊豆半島節日

時間	節日	內容	地點
1月上旬至3月上旬	熱海梅園祭	數千株紅白梅花盛開	熱海梅園
2月上旬至3月上旬	河津櫻祭	河津川櫻花盛開，沿路有數十小食攤位及遊戲	河津站周邊
2月3日	節分	修善寺內祈求平安的祭典	修善寺溫泉街
2月中旬至3月上旬	梅祭	梅花盛放，設有小食店	修善寺梅林
7月15-16日	熱海こがし祭	山車巡遊	熱海來宮神社及周邊
8月1日	盆踊り大	有傳統舞蹈和太鼓表演	修善寺

■ 酒店/旅館 熱海

熱海後樂園ホテル

有自家泉源的溫泉度假酒店，環境優美，鄰近熱海吊車和熱海城。

MAP 別冊 M07 C-3

地 静岡県熱海市和田浜南町10-1
金 2人一室包早餐，每房 ¥29,000起
網 www.atamikorakuen.co.jp
電 (81)0557-81-0041
泊 有
交 熱海站乘免費接駁巴士約10分鐘

熱海玉の湯ホテル

就位於海岸旁的溫泉酒店，館內全是和室為主，黃昏後可欣賞熱海市夜景。

MAP 別冊 M07 C-2

地 静岡県熱海市渚町26-11
金 2人一室包早晚餐，每房 ¥15,000起
網 www.tamanoyu.com
電 (81)0557-81-3561
泊 有
交 JR熱海站步行25分鐘；JR熱海站乘巴士親水公園下車，步行1分鐘。

伊東

伊東園ホテル

鄰近JR站的溫泉旅館，有自家的溫泉泉源，早晚餐也是任食的自助餐。

MAP 別冊 M07 C-1

地 静岡県伊東市松川町1-12
金 2人一室包早晚餐，每房 ¥16,000起
網 www.itoenhotel.com
電 (81)0570-35-1234
泊 有
交 JR伊東站步行8分鐘

ホテル暖香園

有露天溫泉的溫泉旅館，以和室為主，夏天用戶外小朋友專用的游泳池。

MAP 別冊 M03 A-2

地 静岡県伊東市竹の内1-3-6
金 2人一室包早餐，每房 ¥16,000起
網 www.dankoen.com
電 (81)0557-37-0011
泊 有
交 JR伊東站步行10分鐘

熱海
Atami

必見！
熱海梅園

熱海位於伊豆半島的玄關，是日本有名的溫泉勝地，區內除了首屈一指的熱海溫泉外，亦有多個適合親子情侶玩樂的主題樂園，加上便利的交通，站前的仲見世商店街和平和通名店街，可一次過買齊伊豆半島的手信和紀念品，是一個很受遊人歡迎的旅遊地。

往來熱海交通

| JR東京站 | JR東海道新幹線
約49分鐘　¥3,740 | JR熱海 |
| JR小田原 | JR東海道本線快速
約23分鐘　¥418 | |

→吊車有點年紀，只可坐十數人。

展望台可看到全個熱海市，亦可遠眺相模灣。

① 飽覽熱海市繁華市景
熱海ロープウェイ

位於熱海後樂園酒店旁的熱海吊車，雖然有點舊舊的，可是仍吸引不少遊人到來乘搭。全程只有約三分鐘，可是登到山頂可以飽覽熱海市的全景和湛藍的熱海港，同時亦可順道一遊熱海城和秘寶館等景點。

↑山頂站就是直接和秘寶館連接的。

↑這裡亦是戀人之勝地，掛滿戀愛的繪馬。

MAP 別冊 **M07 D-3**

地 靜岡縣熱海市和田濱南町8-15
時 09:30-17:00
休 天氣不佳時
金 大人來回￥700；4歲至小學生來回￥400
網 www.atami-ropeway.jp
電 (81)0557-81-5800
註 如果遊人不乘吊車，亦可選擇的士或自駕上山
交 熱海站乘路線巴士約15分鐘，於山麓站下車

⓵ⓐ 秘寶館

只限十八歲以上的成年人入館的秘寶館，內裡有不同的展區，展覽出不同時代有關性愛的故事及傳說，配以有趣的圖畫，令不少遊人都看得面紅耳熱。

MAP 別冊 **M07 C-3**

時 09:30-17:30(最後入館17:00)
金 秘寶館￥1,700；
　 秘寶館＋熱海吊車來回￥1,900
網 www.atami-hihoukan.jp/index.html
電 (81)0557-83-5572
交 熱海吊車山頂站連接

遊人都好奇探頭

WOW! MAP

遊火都在城前拍照留念

1b 熱海城

位於海拔百二米的熱海城建於 1959 年，館內展示弓刀和盔甲的武家資料館，亦有相關浮世繪的展覽，遊人可以穿上昔日貴族的服飾拍照，登上天守閣則可看到熱海港的絕景。

MAP 別冊 **M07 C-3**

地	静岡県熱海市曽我山1993
時	09:00-17:00
	(最後入城16:30)
金	成人￥1,100、中小學生￥600、3-6歲 ￥450；熱海城＋Trick Art共通券 成人￥1,800、中小學生￥950、3-6歲￥700
網	www.atamijyo.com
電	(81)0557-81-6206
交	熱海吊車山頂站步行3分鐘

1c 熱海Trick Art Museum

逛過熱海城看過歷史古蹟，不如到旁邊的 Trick Art 博物館打打卡吧！館內有數十張 3D 的圖畫，遊人可以盡情擺出有趣的動作，看似和圖畫互動，拍出令人驚喜的效果。

↑可以摸著海象的長牙拍照，很不錯吧！

MAP 別冊 **M07 C-3**

地	静岡県熱海市曽我山1993
時	09:00-17:00(最後入城16:30)
金	成人￥1,100、中小學生￥600、3-6歲 ￥450；熱海城＋Trick Art共通券 成人￥1,800、中小學生￥950、3-6歲￥700
網	atami-trickart.com
電	(81)0557-82-7761
交	熱海吊車山頂站步行4分鐘

座位可看到熱海港

(前)熱咖啡￥400；
(後)士多啤梨雪糕￥300

1d Hill Top Terrace

遊玩過後來這個 café 坐坐吧，店內只有十數張枱，面向熱海港，風景優美，點了一客士多啤梨雪糕，一面賞景，一面享用美食，是一個很放鬆的地方。

MAP 別冊 **M07 C-3**

地	静岡県熱海市曽我山1993
時	09:00-17:00
電	(81)0557-81-6206
交	熱海吊車山頂站步行3分鐘

1b

1c

1d

WOW! MAP

② 站前熱鬧商店街
仲見世商店街

位於熱海站前的仲見世商店街,是遊人通往溫泉旅館和沙灘的必經之地。商店街內老店林立,聚集了西餐廳、café、壽司店、菓子店、乾貨店等等,還有出售當地特產的手信店,遊人不妨逛逛感受當地獨特商店街風情,順便買手信。

MAP 別冊 **M07 C-1**

地 熱海站前仲見世商店街
網 www.ataminews.gr.jp/spot/331/　交 JR熱海站直達

---

②ₐ KICHI+

商店街內一間很有茶室感覺的café,以木色為主調的裝修,當天點了一客午餐推介的しらす丼,有駿河灣新鮮的白飯魚配醃製的蘿蔔,淡淡的味

好食 編者推介

道帶有鹹鮮,還有熱騰騰的味噌湯,好一個令人滿足的午餐。

←店內只有十來張枱,午餐時份建議早到。

しらす丼 ¥1,100

地 靜岡縣熱海市田原本町6-11
時 11:00-15:00
休 星期三
網 www.cafe-kichi.com
電 (81)0557-86-0282
交 JR熱海站步行5分鐘

---

②ᵦ 茶房 藍花

「藍花」一個很好聽的名字,柔和的木枱和木椅靜靜地坐著十數個客人, 點了一客人氣限定的藍花弁当,有兩種不同漬物

做的腐皮壽司,甜甜的腐皮和著鹹鹹的漬物,味道剛剛好。吃完後來一客紅豆蒟蒻和煎茶,真是一頓很適合女孩子吃的午餐。

↑客人大多是女性

地 靜岡縣熱海市田原本町7-6
時 10:00-17:00
網 www.aibana.com
電 (81)0557-83-5566
交 JR熱海站步行2分鐘

WOW! MAP

2　　2a　　2b

③ 手信一條街
平和通り名店街

就在仲見世商店街旁的手信街，同樣是賣熱海及伊豆半島特產，有十數間小店，其中有大量的干物及漬物：用薑製的白魚乾、鰈魚和竹莢魚等，價錢便宜，如果想高級一點的，亦可考慮買金目鯛的魚乾。

由於鄰近熱海站，整天都很熱鬧。

↑有很多小店都有售一夜干

↑也可把熱海的溫泉帶回家

MAP 別冊 **M07 C-1**

地 熱海站前平和通り名店街
網 atamiekimae.com
交 仲見世商店街旁

景觀優美

伊豆山神社是自古以來求姻緣的聖地

④ 祈求戀愛 伊豆山神社

神社據說是建於西元 4-5 世紀左右，當地人視為戀愛神社，不少遊人都千里迢迢到來求得良緣，參拜完神社，建議在境內散步，因為神社位於小山，晴天日子可看到熱海市景。而神社亦是賞櫻名勝，每年春季都可在參道兩旁看到盛開的櫻花。

↑洗手處有兩條一紅一白的小龍，很有氣勢。

MAP 別冊 **M07 C-1**

地 靜岡縣熱海市伊豆山708-1
網 izusanjinjya.jp
電 (81)0557-80-3164
交 熱海站乘東海巴士約10分鐘，伊豆山神社前下車。

3

4

WOW! MAP

靜岡縣資料

熱海

富士宮及周邊

⑤ 臨立小山上的美術館
MOA美術館

位於熱海山上的一座環境優美的美術館，在變幻的燈光下播放著輕柔的音樂，中間的迴廊有一個圓形挑高的空間，令人很放鬆，而館內有個黃金打造的茶室，處處金碧輝煌，是遊人必看之。

→名為「春」的雕塑

館外對開就是熱海港美景

MAP 別冊 **M07 C-1**

地 靜岡縣熱海市桃山町26-2
時 09:30-16:30　休 星期四
金 高中生及大學生￥1,000
網 www.moaart.or.jp
電 0557-84-2511
交 熱海站乘東海巴士約7分鐘，終點下車。

⑥ 欣賞大正時代的建築美
起雲閣

有熱海三大墅之稱的起雲閣是大正時代的建築，它原是大實業家海運大亨內田信也的別邸，後來改成為高級旅館，就連當代大文豪太宰治和谷崎潤一郎都曾住宿過，現今被熱海市接手管理，開放給遊人參觀。全棟的建築都巧妙地結合了西洋和日式建築：內有羅馬浴池和巨石崢嶸的日式庭院，院內一年四季都盛開不同的花朵。

偏廳用了西洋設計

大浴場亦見奢華

壁爐也用了羅馬式的大理石

MAP 別冊 **M06 B-2**

地 靜岡縣熱海市昭和町4-2
時 09:00-17:00(最後入館16:30)
休 星期三及12月26至30日
金 成人￥610、中學生￥360、小學生以下免費
網 kiunkaku.jp/
電 (81)0557-86-3101
交 JR熱海站步行約20分鐘；熱海站乘巴士約10分鐘，在起雲閣西口下車，步行2分鐘。

WOW! MAP

在熱海梅園內隨意都可以影到唯美的照片。

⑦ 日本最古老梅花園
熱海梅園

熱海梅園在來宮車站附近的小山丘上，於1886年開園，園內種植了多達59種不同品種的梅花，共有472棵梅花樹，其中更有樹齡超過百年的梅花古樹坐鎮。由11月下旬，梅園的梅花遂漸開始綻放，是日本最早開梅花的地方。來到1月下旬至2月上旬便是賞梅花的最好時節，白色、粉紅色、桃紅色等不同層次的梅花，競相盛放，爭艷鬥麗，吸引無數市民特意前來賞花。

→漫步於梅園之中，欣賞梅花盛開的美態，令人沉醉其中。

←園內有不少商店和小攤檔，販賣當地特產和特色小食。

↓逛到累可以坐下休息一下，順便品嚐小食。

MAP 別冊 **M06 A-2**

地 熱海市梅園町8-11
時 08:30-16:00(時間外免費開放)
金 免費（只在梅祭期間收費）
電 (81)0557-86-6218
　 0557-85-2222 (熱海市観光協会)
交 伊東線来宮站步行10分鐘

7

人氣美肌溫泉旅館
熱海溫泉 湯宿一番地

湯宿一番地位於距離車站步行 2 分鐘的絕佳位置，讓您能夠盡情享受濃厚的情懷和懷舊氛圍的熱海溫泉。建議兩日一夜體驗優質古老的住宿。另外，旅館擁有兩個自家溫泉源和六個溫泉的「溫泉之宿」。您可以在寬敞的大浴場中享受不同風格的露天溫泉，或租用私人露天溫泉，盡情享受熱海優質而舒適的溫泉。溫水不但具有出色的美肌效果，還被稱為弱鹼性溫泉，有助去除角質，猶如「天然的化妝水」！

招牌料理『熱海燉鯛』

主廚親自前往魚市場挑選新鮮的魚貝類食材，對伊豆豐富的食材非常講究，以視覺和美味為重點，為您帶來令人陶醉的伊豆季節風味美食。客人可以品嚐到每道充滿季節感的美食。

↓大浴場「芭蕉之湯」：露天溫泉可以俯瞰到海洋和城市景，晚上還可以欣賞到熱海的夜景，營造出幻想般的氛圍。

可穿著浴衣在湯宿一番地前面的熱海溫泉街上遊覽

MAP 別冊 **M07 C-1**

地 靜岡県熱海市春日町1-2
金 一晚住宿連早晚餐￥18700起
網 www.yuyado-ichibanchi.jp/inbound/chinese_02.html
電 (81) 0557-81-3651
交 從JR熱海站步行約3分鐘

WOW! MAP
湯宿一番地

富士宮及周邊

Fujinomiya and Nearby

必見！
富士サファリパーク

要看富士山的話，一定要認識富士宮市。這裡有眾多觀賞富士山美景的場地：牧場、道之站、動物園等，應有盡有，而且外國遊人亦相對較少，大家若果想要寧靜一點的地方，好好賞景，來這裡就對了！

往來富士宮及周邊交通

| 河口湖 | 駕車 約65分鐘 | | | 富士宮市 |
| 熱海站 | 東海道本線 約41分鐘 | 富士站 | 身延線 約19分鐘 全程約¥990 | 富士宮站 |

猛獸們就和大家只有一窗之隔

① 自己駕車探險
富士サファリパーク

這個富士山下的野生動物園絕對有驚喜！園內主要分3種的遊玩方式：自駕遊、坐動物園內的叢林巴士、又或徒步。而最推薦的是駕著車子遊園！買票後，遊人就可駕著車子、依著服務員的指引到閘口前準備；駕車在園內慢駛時，獅子、老虎、長頸鹿等會車旁邊、有的對著你瞪眼、有的咆哮、有的懶洋洋；到達「山岳草食區」時要留意啊！因為羚羊、綿羊、小牛等會在車前經過，超近距離看著牠們，既新奇又有趣！

MAP 別冊 **M13 B-2**

地 靜岡県裾野市須山字藤原2255-27
時 冬季10:00-15:30、夏季09:00-16:30(各季節、設施略有不同)
金 18歲以上¥3,200、4歲至中學生¥2,000；Jungle Bus(叢林巴士)另付¥1,500/人
網 www.fujisafari.co.jp
電 (81)055-998-1311
註 若果預先網上登記買票，會有特價：www.fujisafari.co.jp/ticket/#s03；部份日子設有夜間開園
交 JR富士站乘富士急靜岡巴士約1小時，於「富士富士サファリパーク」下車

1. 進入園區前，自駕的遊人要在閘前排隊，以及沿路記緊關閉車窗！

2. 獅子們對遊人的車子虎視眈眈

3. 就算是身型龐大的長頸鹿也是在路上自由活動

4. 大家要留意隨時橫過馬路的動物啊！

WOW! MAP

而另一個很受遊人歡迎的就是坐園內的叢林巴士(另附 ¥1,500/人)進入園區,巴士內是兩掛對外的座位,四周的窗子用鐵籠包圍著;重頭戲就是可以拿著鋏子餵獅子、黑熊等猛獸、看著牠們步步接近、對著自己張開血盤大口,好不刺激!

←要體驗餵食猛獸
可以坐Jungle Bus

大黑熊看見叢林巴士會毫不客氣地撲上網前

←也有餵駱駝等較溫馴的動物

↓超近距離和
老虎對峙

↑看著獅子的爪和大口,真的有點怯!

若果想看溫馴一點的小動物也可以用簡單的徒步方式,當然參觀的區域是有所不同的,例如「動物村」、「ふれあい牧場」內有:迷你小馬、河馬、袋鼠、河豚等,小朋友也可體驗餵食,和牠們拍拍照呢!

↓袋鼠區也很受小朋友歡迎

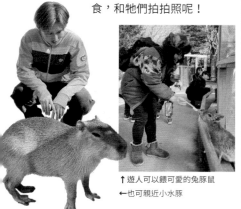

↑遊人可以餵可愛的兔豚鼠
←也可親近小水豚

熱海

② 朝霧高原休息站
あさぎりフードパーク

朝霧高原內有多個牧場盛產奶製品，亦是日本有名的牛奶產地。而這個ASAGIRI FOOD PARK休息站就可以嚐到新鮮的「朝霧高原牛奶」、布甸、雪糕等；而園內四周也有不同的手信店售賣靜岡茶、酒品、和菓子、番薯等，各樣的美食當前，大家又怎可以錯過呢？

← 用富士山周邊樹木製成的杯墊 ¥550

→ 店內有一個像鴨仔的番薯，十分有趣。

かくたに是番薯特產店

↑ 不同種類的靜岡茶葉

↑ 手信店內除了食品，也有手工藝製品。

富士宮及周邊

MAP 別冊 **M13 A-1**

地 靜岡県富士宮市根原449-11
時 09:30-16:30(各店不同)
休 各店不同
網 asagiri-foodpark.com
電 (81)0544-29-5101
交 JR富士宮站駕車約35分鐘

WOW! MAP

↑café的座位可以遠眺富士山美景

↑モーモーぷりん　¥380
軟滑溜口的牛奶布甸

2a 牛乳工房
朝霧乳業

朝霧高原的牛奶來自100％的純天然、鮮搾的牛乳，乳脂豐富、口感濃郁；加上用了15秒短時間但85度的高溫消毒，保持了生乳的原味。店內除了有樽裝的新鮮牛奶外、也有香濃的牛奶布甸、奶味滿滿的軟滑雪糕等，大家記得品嚐一下！

↑朝霧高原牛奶　¥200

地 静岡県富士宮市根原449-1
時 09:30-16:30
休 12月至2月休星期四、不定休
網 www.asagiri-milk.jp
電 (81)0544-52-0333

2b 超過150年歷史的酒廠
富士正酒造

這間於1866年創立的釀酒廠，是縣內有名的酒家，它自2012年就遷到朝霧高原，用上富士山的湧水來釀製各樣的酒品：純米大吟釀、用上無農藥青梅製的梅酒、富士山七福神的純米酒等；旁邊還有見學工場，遊人可以自由參觀。

↑隔鄰的工場還可以看到酒造的過程及貯藏

←純米大吟釀製成的柚子酒　¥1,430

地 静岡県富士宮市根原450-1
時 09:30-16:30 (各季節略有不同)
休 12月至2月休星期四、不定休
網 asagiri-foodpark.com/fujimasa_sake.html
電 (81)0544-52-0313

↑各樣酒品包裝精美，很適合買作手信。

富士宮及周邊

熱海

2a

2b

WOW! MAP

127

園內就連抬頭也可看到色彩鮮艷的花卉

↑豚鼠的樣子討人喜愛，小朋友都很想親近牠們。

③ 鋪天蓋地的花海
富士花鳥園

這個有如溫室般的富士鳥花園，幾乎一年四季都可以看到綻放的鮮花，園內有300多個品種，不同季節盛開的花卉，其中巨型的秋海棠更可達30多厘米大；花路兩旁也有些小動物：貓頭鷹、小企鵝、鴨仔、鸚鵡等，可以和牠們拍照呢！

↑走進鸚鵡區內，小鸚鵡都會主動飛近。

MAP 別冊 **M13 A-1**

地	静岡県富士宮市根原480-1
時	09:00-17:00、12月至3月09:00-16:00(最後入園為關門前30分鐘)
休	星期四、不定休
金	中學生以上¥1,400、小學生¥700
網	kamoltd.co.jp/fuji/
電	(81)0544-52-0880
交	JR西富士宮站駕車約30分鐘

大社於2013年登錄為世界文化遺產

←這裡的繪馬也有富士山的圖案，十分特別。

MAP 別冊 **M20 B-3**

地	静岡県富士宮市宮町1-1
時	05:30-19:30 (各季節不同)
網	www.fuji-hongu.or.jp
電	(81)0544-27-2002
交	JR富士宮站步行約10分鐘

↑神社後方的鳥居可以欣賞到富士山壯麗的山景

④ 富士山下的千年古社
富士山本宮淺間大社

這個可以遠眺富士山美景的富士山本宮淺間大社於2013年登錄為世界文化遺產，是日本1300座淺間神社的總本宮，也是富士信仰的中心地，已有二千多年歷史，是1604年由江戶幕府將軍「德川家康」建造而成；境內有大社、本殿、拜殿和樓門，每到櫻花季，更是遊人到來參拜的旺季呢！

WOW! MAP
3　　4

横可兩旁約有十間小店

⑤ 神社前的御宮橫丁

お宮横丁
ぷくいち

逛這條鄰近富士山本宮淺間大社的御宮橫丁真的不要抱太大期望！因為橫丁只有約一百米，兩旁有數間富士宮炒麵店、雪糕店、手信店等，可能是平日的關係，有點冷清清的，可以的話，還是建議大家假日到來！

MAP 別冊 **M20 B-3**

地 靜岡縣富士宮市宮町3-21
時 10:00-16:00 (各店不同)
網 www.puku-ichi.com
註 平日的店家大多不定休

休 各店不同
電 (81)0544-25-2061
交 JR富士宮北口步行約8分鐘

上層的展望大廳是觀賞富士山的絕佳位置

⑥ 佇立城市的巨型逆富士

靜岡富士山
遺産センター

還未走進靜岡富士山遺產中心，已被它的獨特外型所吸引！它的外觀有如顛倒的富士山，來自富士山的水池，在陽光反映下，有如一幅壯麗的逆富士美景。館內分開六個展區，介紹富士山的歷史、大自然景觀、文化和信仰等。

↑ 倒轉的圓錐建築是用上8,000多塊富士檜木嵌裝而成

MAP 別冊 **M20 A-4**

地 靜岡縣富士宮市宮町5-12
時 09:00-17:00、7月至8月09:00-18:00(最後入場為關門前30分鐘)
休 每月第3個星期二、不定休
金 ¥300、15歲以下免費
網 mtfuji-whc.jp
電 (81)0544-21-3776
交 JR富士宮北口步行約8分鐘

↑ 遊人乘電梯遊館，配上播放的映像，有如登上富士山般。

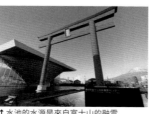

↑ 水池的水源是來自富士山的融雪

5　　6

WOW! MAP

店家前半是售賣文具，後半設有畫廊。

🅵 河川流竄的百年歷史文具店
文具の蔵Rihei

這間鄰近富士淺間大社的文具店：文具の蔵Rihei，已有過百年的歷史，店內有鋼筆、紙品、畫具等，其中更有用上富士栢木製成的鋼筆和原子筆，也有用富士山作主角的原創文具；細心一看店內竟然有一條河川流過，劃分開畫廊及文具部兩邊，很是特別！

←富士山鋼筆 ¥2,200
用上富士山樹齡超過一百年的柏木製成
↓以富士山相關名命的墨水 ¥2,420起

↑ 富士山的原創文具
→富士山刺繡書籤 ¥440

↑ 為了保護自然生態，店內有一條流動的河川。

MAP 別冊 **M20 A-3**

地	静岡県富士宮市宮町8-29
時	09:30-18:30
休	星期三
網	rihei.co.jp
電	(81)0544-27-2725
交	JR西富士宮站步行約6分鐘

← 不少情侶
也會走到橋
頂拍照

⑧ 奇蹟之樓梯
富士山夢の大橋

這條被稱為「奇蹟之樓梯」真的吸引了不少遊人專誠到來打卡，務求可以拍下奇幻、有趣的相片！大橋後方就是巨大的富士山，行人走在橋上就仿如走上了通往富士山的階梯般，不需要任何修飾已十分夢幻，難怪令眾遊人深深著迷！

MAP 別冊 M20 B-4

地註 静岡県富士市蓼原 国道139号線
請注意交通安全
交 JR新富士站駕車約8分鐘

玩雪樂園的面積也不小，另一邊可供小朋友堆雪人。

⑨ 冬天玩雪樂園
富士こどもの国

這個充滿大自然景觀的富士兒童王國有各樣的遊具，隨季節也有不同的體驗活動，很適合親子遊。當天到來，適逢公園設有玩雪樂園，由入口走約15分鐘，就來到這個雪白的世界，小朋友有的在玩雪滑梯、有的堆雪人、有的玩雪橇，歡笑聲彼起此落。

→ 入口處設有迷你登梯電車，方便帶著BB車或行動不便的遊人。

→ 年紀較小的小朋友也可從雪坡上滑雪橇

↑ 公園內也有繩網區

↑ 會場有雪橇，玩樂過後記得放回原處。

MAP 別冊 M13 B-2

地 静岡県富士市桑崎1015
時 09:00-16:00、4月至9月09:00-17:00
休 星期二、不定休
金 大人¥830、中學生¥410、小學生¥200
網 www.kodomo.or.jp
電 (81)0545-22-5555
註 各季節的體驗活動不同；因巴士只在星期六、日及假日運行，建議自駕前往
交 富士富士サファリパーク駕車約10分鐘；或JR富士站乘路線巴士約50分鐘，於「富士山こどもの国」下車，注意只在星期六、日及假日行走，每天只有一班來回

富士宮及周邊

8   9

沼津

Numazu shi

必見!
沼津港魚市場

沼津位於靜岡縣東部，鄰近箱根、熱海、濱臨日本最深的海灣駿河灣，海產豐富，其中竹筴魚的產量更是全日本第一，而沼津港的魚市場及飲食街，海鮮餐廳、海產乾貨店鱗次櫛比，再加上區內自然環境優美，是遊人作為一天遊的好選擇。

往來沼津交通

富士急行線 👣 「富士山」站 步行約10分鐘 富士吉田市

沼津

↓明太子丼 ¥800

① 又食又玩的明太子館
めんたいパーク伊豆

這個鄰近道之站的明太子館是很適合作為親子遊的目的地。這個以明太子為主題的公園是由明太子老店「かねふく」營運的，場內設有明太子製作工房、小型博物館、遊樂區、美食區，而二樓更設有足湯；遊人可以參觀製作明太子的工房，了解他們的製作過程，當然也推薦大家試試館內限定的巨型明太子飯團、肉包、明太子雪糕等！

伊東・伊豆高原

工場內的員工正量度明太子的份量

一邊遊玩，一邊了解明太子相關的知識

↓有不少有趣的互動遊戲

↓一樓的商品區同時設有用餐地方

↑明太子雪糕 ¥360

河津・修善寺

MAP 別冊 **M02 C-1**

地 靜岡県田方郡函南町塚本753-1
時 09:30-17:30、星期六日及
   假期09:00-18:00
網 https://mentai-park.com/izu/
電 (81)055-928-9012
交 伊豆箱根鐵道「伊豆仁田」站步行約20分鐘；或道の駅伊豆ゲートウェイ函南步行約3分鐘

WOW! MAP

133

吊橋全長 400 米，稍為大風也感覺到搖晃不定，帶點刺激

↓ Sky Garden 可以買到很多特產和紀念品

←每間店前都有色彩繽紛的花卉作點綴

↓ 不論那個季節到來，走在橋上都可飽覽富士山美景

❷ 空中散步欣賞富士山美景
三島スカイウォーク

三島 Skywalk 全長 400 米，是日本最長的步行者專用吊橋，站在距離地面約 70 公尺的吊橋上漫步，可一睹駿河灣襯著富士山的美景，壯闊的景色，令遊人忍不住駐足驚嘆！吊橋有分南北兩邊的入口處，南區設有較多餐廳、手信店等休憩設施；而北區則較多體驗活動：高空滑索、森林探險區、Segway 等，各有特色。

南區入口

MISHIMA 400m
SKYWALK

MAP 別冊 **M02 C-1**

地：靜岡県三島市笹原新田313
時：09:00-17:00(隨季節略有不同)
休：天氣不佳
金：大人￥1,000、中學生￥500、小學生￥200
網：mishima-skywalk.jp/
電：(81)055-972-0084
交：JR三島站南口5號巴士站，乘巴士約25分鐘於「三島スカイウォーク」下車；或JR熱海站駕車約30分鐘

麵條沾著牛奶湯底·滑不溜口

2a 香濃牛奶湯底
金トマトのカル麺

好食編者推介

漫步完三島 Skywalk，乘扶手電梯到小山丘上的 Sky Garden，試了了一客用當地有名、以丹那牛奶作湯底的拉麵，濃郁香滑的湯底，既 creamy 又帶有牛奶香，沾著麵條、還有那半熟的溫泉玉子，令人忍不住連湯底也喝清！

→丹那牛乳のカルボ ¥1,300
湯底很多、碗亦大得過份

↑除了牛奶湯底外，也有海鮮配料的拉麵供選擇

時 11:00-17:00(L.O.16:00)
網 https://tomato-karumen.com/shop/mishimasw/
電 (81)090-6795-8011

---

3 迷你WASABI館
伊豆わさびミュージアム

這間 wasabi 博物館雖然不大，可是有時間也可以進去逛逛。館內介紹了山葵的特性、種植的方法、不同山葵的種類等，遊人可以親手試試用手磨新鮮的山葵，也有各樣有關山葵的產品，喜歡 WASABI 的朋友，記得買些回家作手信。

→不同生長時期的山葵，大家有見過嗎？

↑在店員的教導下，遊人可以體驗一下磨新鮮的 WASABI

←WASABI蒜蓉醬 ¥500

MAP 別冊 M02 C-1

地 靜岡県熱海市伊豆山708-1
時 10:00-16:00
網 www.yamamotofoods.co.jp/tourism/Mishima
電 (81)055-970-0983
交 伊豆箱根鐵道「伊豆仁田」站步行約20分鐘；或道の駅伊豆ゲートウェイ函南步行約1分鐘

伊東·伊豆高原

河津·修善寺

WOW! MAP

135

不論是乾貨或是新鮮海產
都應有盡有

④ 地道魚市場嚐海鮮
沼津港魚市場

→店家都熱情好客，
客人也可試食後才買

沼津港面向日本最深的海灣—駿河灣，每日都有豐富的新鮮海產，其中竹筴魚更是全日本產量最多。沼津漁港周邊滿佈眾多海產店、餐廳、海鮮食店、壽司店、物產館等，遊人熙來攘往，熱鬧非常。

MAP 別冊 **M02 C-1**

地 靜岡県沼津市千本港町
時 09:00-17:00(各店不同)
休 各店不同
網 www.numaichi.co.jp/
交 JR沼津站南口0號巴士站乘巴士約10分鐘，於「沼津みなと新鮮館」下車；或JR沼津站駕車約10分鐘

也有各樣的一夜干

售賣乾貨的店家

④a 海鮮以外的美食
沼津みなと新鮮館

新鮮館內設有多間餐廳，可以吃到美味的海鮮外，也有可以買走的海產：伊勢龍蝦湯、一夜干、泡菜、海膽醬等等，大家若果吃完午餐，可以到來逛逛，買點特產回家。

↓館內兩旁盡是食店、特產店，就算天氣不佳，也逛得舒適

WOW! MAP
4   4a

地 靜岡県沼津市千本港町
時 128-1
休 09:00-16:00
網 每月第2及第4個星期二、不定休
交 www.nu-mshinsenkan.com/
JR沼津站南口0號巴士站乘巴士約10分鐘，於「沼津みなと新鮮館」下車

④⓱ 沼津港橫丁 千本一 かもめし

大家也可以走進沼津港橫丁，內裡有一間吃海鮮燒烤的店家：千本一　かもめし。店內也有海鮮丼、刺身等美食，午餐點了一人前的海鮮燒烤：有一隻大蝦、帶子、蜆、活榮螺，另外也加點了一客蟹殼燒。一邊烤、一邊聞到鮮甜的香味，帶子肉厚鮮甜，大蝦肉質也嫩滑、活榮螺多汁有口感，最愛還是甲羅燒，蟹肉配著芝士香，很是惹味！

↑店家細心的提供網架，不會令海鮮汁四賤

← 客人用枱頭的 iPad
自助點餐，十分方便

店內乾淨光鮮，沒有太大的油煙味

↑ 浜焼き4点盛り¥1,320、甲羅グラタン ¥660

↑大家要留意各樣海鮮的燒烤時間也不同

也設有室外的座位

地 靜岡県沼津市千本港町101千本一ビル1F中央
時 11:00-15:00(L.O.14:30)、假日11:00-16:00(15:30)
休 不定休
網 www.senbonichi-kamomemaru.jp/menus
電 (81)055-952-3639
交 沼津みなと新鮮館前方

WOW! MAP

4b

5 人間美味：丹那牛奶 道の駅
伊豆ゲートウェイ函南

這個道之站伊豆 gateway 函南面積也
算大，加上鄰近明太子館，也可眺望
富士山美景，是不少自駕遊人的必到之
處，場內設有餐廳、café、賣店等；商
店內可以買到眾多新鮮的當地食材，其
中有一款包裝精美特別的丹那牛乳，飲
之前連包裝袋用雙手搓暖約 30 秒，然
後插入吸管，一飲而盡，充滿濃郁的奶
香，要留意的是：數量限定啊！

丹那牛奶 ¥345

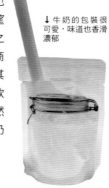
↓牛奶的包裝很可愛，味道也香滑濃郁

↓站內有觀光案內所，有周邊景點介紹的資訊

↑手信店內有很多特產及新鮮奶類製品

MAP 別冊 **M02 C-1**

地 靜岡縣田方郡函南町塚本887-1
時 09:00-18:00(各店略有不同)
休 各店不同
網 www.izugateway.com/
電 (81)055-979-1112
交 伊豆箱根鐵道「伊豆仁田」站步行約20分鐘

5a 窗前的美食和美景
GREEN GRILL KISETSU 2F

店家主打地道生產的「熟女番茄」，這種番茄的糖度一般達
8 度以上、鮮甜多汁。早餐時段，沒有太多客人，選了個窗
前位置看著富士山美景，點了一客芝士蛋糕配紅茶，香濃的
芝士，口感 creamy，蛋糕面上放了熟女番茄，既甜又帶微酸
的口感，清新且特別。

チーズケーキセット ¥825

店內整排窗前座位都可以看到富士山

一頓美味的餐點配著富士山美景

時 09:30-17:00
網 https://www.kisetsu.shop/
電 (81)055-957-0887

⑥ 大眾居酒屋
安べゑ アスティ三島サウス店

想試一試平民的居酒屋？這間位於站前的「安べゑ」是不錯的選擇。店內明亮清潔，也不太嘈吵，餐單的選擇眾多：由拉麵、刺身到甜品都有。晚餐點了一客得獎的炸雞翼、陶板牛油燒蜆、串燒併盤、芝士沾多士等……牛油燒蜆熱辣辣，配上牛油香，惹味又鮮甜；雞翼則炸得鬆化香脆、鹹香；芝士沾多士則是一道開胃的前菜，總體來說味道和環境也不錯！

伊東・伊豆高原

河津・修善寺

手羽先から揚げ ¥99/隻
外層金黃，內裡肉質嫩滑

後：陶板あさりバター ¥439
左：ハニークリームチーズ ¥399
右：串燒き盛合せ ¥482/3串

MAP 別冊 M02 C-1

地　靜岡県三島市一番町16-1
時　11:30-23:00
網　taisyu-yasube.com/asty/
電　(81)055-983-5533
交　JR三島站站旁

↑那道雞翼曾於第14屆的「日本唐揚協会」的炸雞部門得到金獎！

伊東・伊豆高原
Ito・Izu Kogen

必見!
道の駅 伊東
マリンタウン

伊東是一個座落於松川河畔的優美地方，鄰近相模灣，區內有溫泉旅館和美食，亦是吸引遊人的原因，加上景點集中，交通方便，夏季期間的花火表演更是人氣之選。

往來伊東・伊豆高原交通

JR熱海站	JR伊東線伊豆急下田行 約25分鐘 ¥330	JR伊東
JR伊東	伊豆急行線伊豆急下田行 約29分鐘 ¥682	JR伊豆高原

樓高3層的東海館氣派非凡，散發濃濃的復古氣息❺

1 昭和初期的溫泉旅館
東海館

東海館是伊東市的著名地標，建於1928年，前身是歷時70年的溫泉旅館，在1997年歇業，並將東海館捐贈給伊東市，充滿伊東溫泉風情和極具歷史價值的木造建築，被指定為伊東市指定文化財。

→展出了不少東海館的歷史資料。

東海館建於昭和初期，使用檜木、杉木等高級木材興建。

MAP 別冊 M03 A-2

地	靜岡縣伊東市東松原12-10
時	09:00-21:00(最終入場20:00)
休	每月第3個星期二
金	大人￥200、小童￥100
網	itospa.com/spot/detail_52002.html
電	(81)0557-36-2004
交	伊豆急行線伊東站步行10分鐘

2 當地元氣朝市
湯どころいとうの朝市

位於海旁的湯どころいとうの朝市，雖然面積不大，可是每到周末仍會吸引不少市民和遊人到來買乾物及野菜。就算沒有特別東西想買，也可到來逛逛感受當地的朝市氣氛。

→婆婆一邊烤著金目鯛，一邊和客人閒話家常。

MAP 別冊 M03 B-2

地	靜岡縣伊東市和田1-16-21
時	星期六07:30-10:30
網	itonoasaichi.blog.shinobi.jp
電	(81)090-8470-8998
交	伊豆急行線伊東站步行15分鐘

伊東・伊豆高原

沼津

河津・修善寺

WOW! MAP

面對這樣優美的相模灣有不少遊人都會選擇遊船河↓這裡有兩款遊覽船可供乘坐

❸ 自駕遊必到
道の駅伊東マリンタウン

遠遠已被這幾棟豎立在海邊、色彩繽紛的小屋吸引。這個道之站集合了手信店、餐廳、溫泉和玩樂於一身，是遊人和當地人常到的地方。場內的手信區有數十間小店賣伊豆的特產：地元產的野菜和蔬果、伊豆柑汁、帶子漬物和沼津產的魚乾等，大家定必買過痛快。

↓鮮魷魚餅 ￥880

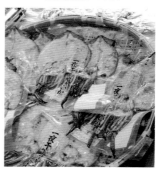

←位於戶外的足湯是另一個吸引遊人的地方，這亦是關東最長的足湯，面向相模灣的海景，很是享受。

地下的手信店可買到伊豆半島的名物

MAP 別冊 **M03 A-1**

地 静岡県伊東市湯川571-19
時 09:00-18:00；
　 餐廳09:00- 21:30(L.O.20:30)
網 ito-marinetown.co.jp
電 (81)0557-38-3811
交 JR伊東站乘伊東巴士約5分鐘，
　 終點下車。

好食編者推介

③a 伊豆高原ビール マリンタウン店 [1/F]

面向廣闊的海景，吃著鮮味海鮮，是一種享受，當天點了一客期間限定開運赤富士丼，外型就是一個鋪著白雪的富士山，山頂的白雪是鹹鮮的白飯魚，還有洒在兩旁的三文魚籽，白飯的外層則包著鮮嫩的吞拿魚刺身，賣相先行，未食已被吸引。

午餐時份擠滿客人

開運赤富士丼 ¥2,230

時 11:00-19:30 (L.O.20:30)
　 星期六日至20:00
網 www.izubeer.com
電 (81)0557-38-9000

指導員會教大家和海豚溝通

④ 親親小海豚 親子
Dolphin Fantasy

這個一年四季都營業的 Dolphin Fantasy，可以與可愛的海豚來過親密接觸。館內有不同種類的項目可以選擇：和海豚暢泳、摸摸海豚、餵餵海豚等。當天參加了一個可以摸摸海豚的項目，約一小時的體驗裡感受很深刻，因為是第一次和小海豚親近，牠們的嘴仿佛對著你微笑，滑嘟嘟的鰭會舉起和大家握手，牠們亦會乖巧地讓小朋友拍拍牠的頭和張開嘴巴，期待你餵上小魚⋯⋯

→ 和海豚親密接觸，大家穿上救生衣後，就會坐小舢舨到接觸海豚的地方。

小海豚會親親大家的面頰

MAP 別冊 **M03 C-1**

地 靜岡縣伊東市新井2-4-14
時 10:00-16:00（各體驗時間略有不同）
金 ¥605起
網 www.dolphin-fantasy.com/index.html
電 (81)0557-38-5146
註 要網上預約
交 伊豆急行線伊東站駕車前往4分鐘

沼津

5 尋找七福神的手湯
湯の花通り

同是商店街，這條商店街中有七個福神的手湯及一個造型有趣的攝影機手湯，不少遊人都一邊逛街，一邊享受手湯的樂趣。街上多是手信店、食肆和茶屋，不少居酒屋更營業至深夜。

←小朋友看見攝影機的手湯都興奮試試

MAP 別冊 **M03 A-1**

地 静岡県伊東市湯川1丁目14-6
時 10:00 - 18:00(各店不同)
休 各店不同
網 www.yunohana-dori.com/
交 JR伊東站步行約1分鐘

伊東・伊豆高原

刺身三點盛り ¥1,280

客人都開懷暢飲

↑火星人 ¥490
一道很有噱頭的小吃

←Hoppy啤酒 ¥420

5a 樂味家

好食
編者推介

夜晚走在湯之花通，想找間居酒屋吃宵夜？來樂味家就對了，內裡有很地道以木做主調的裝修，價錢親民。當天點了一客火星人，是一道很有趣的佐酒菜，外星人其實是指十隻風乾的魷魚，並附上一個火星人燒用的火機，客人吃前先用火機烘烘，烘後的魷魚鬚彎彎的，外型真的有點像外星人，帶點焦香的味道很惹味。而另一客刺身三點盛，當中的吞拿魚亦很厚肉，肥美鮮甜。

→ 若不太明白，可找待應哥哥示範。

地 静岡県伊東市猪戸1-4-1
時 11:00-15:00(L.O.14:30)；
　 17:00-23:00(L.O.22:00)
電 (81)0557-32-5152
交 JR伊東站步行約3分鐘

河津・修善寺

WOW! MAP

5

5a

5b 市川製茶

店內的一樓是手信區，而樓上的 café 很有古色古香的味道，來了一客玉綠茶的蛋糕，蛋糕本身鬆軟，帶有淡淡的綠茶香，配上甜甜的糖漿和紅豆蓉，份外清甜！

↓店員會邀請大家試茶

ぐり茶のホットケーキ ￥980

↑樓上的 café 很幽靜

地	静岡県伊東市猪戸1-2-1
時	10:00-17:00
休	星期三
電	(81)0557-37-0939
交	JR伊東站步行約5分鐘

逛完可以來充滿英式風情
Teddy's Garden歎下午茶

上網睇片

6 啤啤熊世界
伊豆啤啤熊博物館

泰迪熊對於女生來說總有股莫名的吸引力，來到伊豆的泰迪熊博物館相信大家都會逛到不捨得走，大大小小的泰迪熊換上不同的裝扮，配搭遊樂場、派對、火車等有趣情景，還有比例 1/12 的泰迪熊袖珍屋，要使用放大鏡先可以看清楚，非常有趣！

→在這裡抱住泰迪熊影相是常識吧

MAP 別冊 M04 B-2

地	静岡県伊東市八幡野1064-2
時	09:30-17:00(最後入館16:30)
休	2、3、6及12月第2個星期二、6月第2個星期二三、年末年始
金	大人￥1,500；大中學生￥1,000；小學生￥800
網	www.teddynet.co.jp
電	(81)0557-54-5001
交	伊豆急行線伊豆高原步行8分鐘

WOW! MAP

5b　　　　6

沼津

伊東・伊豆高原

河津・修善寺

7 伊豆高原的海鮮料理店

かね光水產

好食 編者推介

小店都是家庭式經營

真的不得不推介一下這間海鮮料理店，店內的刺身定食，只是千多円，可是那排頭絕對可以翻本，一大碟的刺身拼盤有鮮味的三文魚、大隻鮮甜的海蝦、甘味的海膽和爽甜的海螺，還配有大大碗的魚頭湯和茶碗蒸，味道一流，絕不欺場！

刺身定食 ¥2,200
大大碟的海鮮，海螺刺身爽口鮮甜

MAP 別冊 **M04 B-1**

地 静岡県伊東市八幡野1132-13
時 12:00-14:00；17:00-19:00
休 星期三
電 (81)0557-54-1766
交 伊豆高原站步行10分鐘

8 站在海中央看風景

城ヶ崎門脇吊り橋

四千年前因大室山噴火而型成的海岸，這條長48米，高23米的門脇吊橋必要走走，因為站在橋中央，可以看到180度的富戶港，在晴天的日子可說是海天一色的絕景。

←走在橋上有點仿如飄浮在海上

MAP 別冊 **M04 C-1**

地 静岡県伊東市富戶　　　(81)0557-51-1466
交 城ヶ崎海岸站步行30分鐘；駕車前往約7分鐘。

9 吃過甜品吧！

Kenny's House

不知是否因為這裡的環境太令人放鬆的關係，胃口也好了不少。吃過午餐走走，就到了隔鄰的甜品小屋，開放的花園，客人可帶同寵物同坐，一邊享受暖和的陽光，一邊可以享受美食。

↑雲呢拿焦糖軟雪糕
¥400

MAP 別冊 **M04 B-2**

地 静岡県伊東市八幡野1064-6
時 10:00-17:00
網 www.kennys-house.com
電 (81)0557-55-1188
交 伊豆高原站步行8分鐘

WOW! MAP

7　　8　　9

巨型吹氣彈牀造型可愛，大人小朋友也可
玩過不亦樂乎，又怎可以錯過！

⑩ 廿二萬平方米的放電樂園
伊豆ぐらんぱる公園

最刺激的空中飛索，
也吸引不少人挑戰！

如果帶著小朋友來伊豆的朋友，這裡是一個必遊的景點！園內
有 segway、船型的立體迷宮、彈牀、超長滑梯和空中飛索等
等，而其中空中飛索 Kaze 更是全個東海地區最長的，來回足
足有四百米，滑走時速達 25 至 35 公里，在飛行途中，大半
個公園的美景盡收眼底，腳下的風景快速略過，很是刺激！

MAP 別冊 **M02 B-2**

地 静岡県伊東市富戸1090
時 09:30-16:00（各季節略有不同）
金 平日：成人（中學生以上）￥1,600、小學生￥1,000、4歲以下幼兒
　 ￥500；星期六日及公眾假期：成人（中學生以上）￥1,700、小學生
　 ￥1,100、4歲以下幼兒 ￥500
網 granpal.com/
電 (81)0557-51-1122
交 伊豆急行線城ケ崎海岸站駕車前往約7分鐘

古怪腳踏車，就算不
懂踏單車也可試試。

⑪ 伊東八景之一
小室山觀光吊車

吊車只供一人乘坐

標高 321 米的小室山是一個很美麗的自然公園，吊車站前有
大片的草地，每到周末便會有不少小朋友滑草玩樂，乘坐吊車約
三分鐘就會到達山頂，山頂的展望
台可以望到 360 度的相模灣和天城
連山，晴天的日子更是優美。

→吊車旁的草地有
不少遊人在滑草

MAP 別冊 **M02 B-1**

地 静岡県伊東市川奈小室山1428
時 9:30-16:00 （會因應天氣情況而停運）
金 來回乘車券：成人 ￥800、小學生￥100
網 www.tokaibus.jp/business/lift.html　　　(81)0557-45-1444
交 伊豆急川奈站行行約30分鐘；伊豆急行線川奈站乘車約10分鐘。

10　　11

WOW! MAP

沼津

⑫ 與可愛小動物零距離接觸 親子
伊豆シャボテン公園

以仙人掌和動物為主題的伊豆仙人掌公園，佔地 20 萬平方米，設有 5 個金字塔大型溫室，還飼養了袋鼠、水豚、松鼠猴、黑猩猩、孔雀和鸚鵡等 120 種可愛小動物，更採用放養方式，大部分動物都可以在園內自由活動，遊走在園內不時會遇到不同的可愛小動物，帶給遊人無限驚喜和歡樂！

→除了看鸚鵡表演外，還可跟色彩鮮艷的鸚鵡合照。

冬季限定的水豚泡溫泉非常可愛，令人感覺瞬間被治癒！

遊人可以登上小島，餵飼島上的狐猴

喜歡動態一點的朋友可以選乘動物船之旅

MAP 別冊 **M02 A-2**

地　靜岡県伊東市富戶1317-13
時　3月1日至10月尾09:00-17:00、11月1日至
　　2月尾09:00-16:00(最後入場為關門前30分鐘)
金　平日 成人￥2,700、小學生￥1,300、4歲以上￥700；
　　星期六日及公眾假期 成人￥2,800、小學生￥1,400
　　、4歲以上￥700
網　izushaboten.com/
電　(81)0557-51-1111
交　伊豆高原站乘東海巴士約20分鐘，於シャボテン公園下
　　車即到；伊豆急行線城ケ崎海岸站駕車前往約15分鐘。

WOW! MAP
12

↓糖果屋蠋台
¥1,950

↑バターチキンカレー ¥1,500
香濃的芝士配咖喱，真的很搭對。

⑬ 在童話小屋中吃午餐
ローズテラス
好食 編者推介

如果想好好享受伊豆高原的悠閒氣氛，大家可以來這間外型仿如磨菇般可愛的café吃午餐。店內高挑的天花採用自然光，一邊是售賣雜貨的小店，另一邊則是有十來張枱的小café，坐在其中望著窗外的小花園，令人心情輕鬆。

MAP 別冊 **M04 B-2**

地	靜岡縣伊東市八幡野1069-8
時	10:00-16:00 (L.O.15:30)
休	星期三
網	www.roseterrace.co.jp
電	(81)0557-54-4615
交	伊豆高原站步行8分鐘

二樓的貓貓區域是最受遊人歡迎的

⑭ 貓痴必到
ねこの博物館

這是世界唯一的貓貓綜合博物館，館內介紹相關貓科動物的標本和歷史，二樓則是有數十隻來自世界各地的貓咪自由走動，貓咪大多很乖巧，習慣和陌生人相處。

MAP 別冊 **M04 B-1**

地	靜岡縣伊東市八幡野1759-242
時	09:00- 17:00(最後入館16:30)
金	大人¥1,300；大中學生¥1,000；小學生¥700
網	nekohaku.pandora.nu
電	(81)0557-51-5133
交	伊豆高原站乘東海巴士約10分鐘，大室高原7丁目下車，沿路牌步行約3分鐘。

⑮ 自駕遊好去處
伊豆高原旅の駅

高原旅之站是集美食、手信及遊樂於一身的道之休息站，站內設有足湯，很適合各位玩樂過後的遊人輕鬆一下，而旁邊則有數間餐廳及小店，可以吃到伊豆半島的海鮮丼和拉麵。

足湯處可容納十多人

MAP 別冊 **M02 B-2**

地	靜岡縣伊東市富戶1090
時	平日 10:00-17:00；星期六日及公眾假期 10:00-18:00
網	granpalport.com
電	(81)0557-51-1158
交	伊豆高原站乘東海巴士約9分鐘

13

14

15

WOW! MAP

149

沼津

就算在移動途中都可欣賞到美景

16 欣賞全伊豆半島的美景
大室山登山觀光吊車

這個外觀猶如碗型的大室山是一個推介大家一來的景點，山頂高 580 米，頂的中央口深約 70 米，直徑有 300 米，火山口周遭是遊步道，走完一圈約要半小時，四面綠草如茵，可飽覽天城山和伊豆高原，而山的中央口可玩射箭，大家可考考自己的眼界。坐完吊車可以到隔鄰的小賣店，內有大室山限定的相關記念品。

伊豆高原的氣氛很悠閒

伊東・伊豆高原

MAP 別冊 **M02 A-2**

→大室山造型的黑色燒餅 ￥540
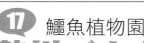

地 伊東市富戶先原1317-5
時 3月-9月 09:00-17:00 10月-2月 09:00-16:00
金 來回吊車乘車券：成人￥1,000；小童￥500
網 https://omuroyama.com/
電 (81)0557-51-0258
交 伊豆高原站乘東海巴士約21分鐘，登山リフト下車。

17 鱷魚植物園
熱川バナナワニ園

伊豆熱川以溫泉著名，伊豆熱川香蕉鱷魚園利用溫泉熱能建立熱帶植物園、鱷魚園和果樹園。除了可欣賞罕見的熱帶植物外，這裡飼養了超過 200 條瀕臨絕種的鱷魚，種類多達 22 種，種類之多是世界首屈一指的鱷魚園。此外，還可找到可愛小貓熊的身影。

→小貓熊公仔十分可愛，售￥1,728。

河津・修善寺

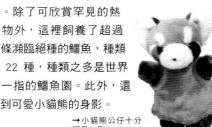

↑ 童裝Q版鱷魚 T-shirt ￥1,000

MAP 別冊 **M02 D-2**

地 靜岡県賀茂郡東伊豆町奈良本1253-10
時 09:00-17:00 (最終入園16:30)
金 大人￥2,000、小童￥1,000
網 bananawani.jp
電 (81)0557-23-1105
交 伊豆急行線伊豆熱川站步行3分鐘

16　17

河津・修善寺

Kawazu・Shuzenji

必見！
河津櫻

河 津是日本全國櫻花最早盛放的地方，每年的二月至三月盛開的河津櫻吸引國內外數十萬遊人到來，兩旁綻放的粉紅櫻花，沿路有數十個臨時屋台，形形式式熱鬧非常，是遊人在河津櫻季節一定要到的景點。修善寺是一個謐靜的溫泉小區，不少遊人都會到來作一天遊。

往來河津・修善寺交通

JR伊豆高原站	🚌	伊豆急行線伊豆急下田行 約29分鐘 ¥870		JR河津站
JR熱海站	🚌	JR東海道新幹線 約約7分鐘¥330	三島站 ┄ 伊豆箱根駿豆線 約35分鐘¥550	JR修善寺站
JR修善寺站	🚌	東海巴士 約8分鐘 ¥260		修善寺溫泉

↑河岸的小紅橋和美景很搭配

↓盛放的櫻花和油菜花田謀殺了不少菲林

① 一百萬人參與的櫻盛會
河津桜祭り

每年的二月河津站就會舉行河津櫻祭。河津是日本最早盛開的有名櫻花,多達八千株的河津櫻會壯觀地在河津川兩旁綻放。由河津站走到跟著櫻花的足跡走,一直可以走到峰大橋那邊,長約 3.5 公里的櫻花路,不時也會看見盛放的、金黃色的油菜花。

↑紅黃交錯的花田是遊人的必影位

路旁也很熱鬧,數十多間屋台小店售賣著伊豆的特產:粉紅色的鯛魚燒餅、期間限定的櫻花雪糕、櫻花蝦餅、少不了的是河津產的海鮮燒。如果要看特別一點的櫻花景,特定時間設有夜間亮燈,在昏黃燈光映照下,別有一番美態。

屋台小店一字排開各有特色

←這是其中一間人氣店:櫻花鯛魚燒餅,很受女孩歡迎

→烤海鮮的屋台很受歡迎

MAP 別冊 M05 A-2
地 河津站周邊
時 每年二月中至三旬上旬(每年略有不同)
交 JR河津站步行約5分鐘

←↓這裡的動物都是沒有攻擊性的

② 日本首間體感型另類動物園
iZoo

這間是全日本第一間可以讓小朋友親身接觸的動物園，這裡的動物園大多是奇珍異獸和爬蟲類：超大隻蜥蜴、樹蛙、變色龍、黃金蟒蛇和巨型象龜等等，牠們的樣子雖然有點不討好，可是其實也很友善，可以和大家和平共處，小朋友都樂於摸摸牠們，甚至坐在象龜身上拍照。

↑小朋友鼓起勇氣摸小蜥蝪

↑小朋友也可以試試騎象龜！

MAP 別冊 **M05 B-2**

地 静岡県賀茂郡河津町浜406-2
時 09:00-17:00(最後入園16:30)
金 大人￥2,500、小童￥1,500
網 www.izoo.co.jp/
電 (81)0558-34-0003
交 河津站乘東海巴士約5分鐘，菖蒲站下車；伊豆急行線河津站駕車前往5分鐘。

↑館外有快餐車提供美味小食，遊人休息時可嚐嚐。

③ 伊豆舞孃
河津七滝－初景滝

初景滝是河津七滝中最受遊人歡迎的，它全因為諾貝爾文學獎得主川端康成電影《伊豆舞孃》而為人所熟悉，這裡曾是電影中的場景，所以在初景滝前放了伊豆舞孃的石像。

初景滝高約十米

河津七滝 初景滝

MAP 別冊 **M05 A-1**

地 静岡県賀茂郡河津町七滝温泉　交 河津站乘巴士約30分鐘，初景滝入口下車，步行約8分鐘。

2　　3

WOW! MAP

153

沼津

伊東・伊豆高原

河津・修善寺

4 噴出三十米高的溫泉水
峰溫泉大噴湯公園

大噴湯公園，一天有七次的溫泉大爆發上演，三十米高的溫泉會由地下噴上半空，高達一百度，這裡是一個自噴溫泉，每分鐘可以噴出大約六百公升的溫泉，是大自然一大奇景。

MAP 別冊 **M05 A-1**

地 静岡県賀茂郡河津町峰446-1
時 09:00-16:00　休 星期二五及年末年始
網 www.kawazu-onsen.com/sightseeing/20
電 (81)0558-34-0311
交 河津站乘巴士約5分鐘，在峰溫泉下車，步行1分鐘；河津站駕車前往約6分鐘

露天溫泉可看到河津櫻

5 日歸泡溫泉好地方
踊り子溫泉會館

如果只來河津一天遊而又想泡泡有名的河津溫泉的話，建議大家來這個踊り子溫泉會館，館內可以一邊泡溫泉，一邊賞河津櫻。

MAP 別冊 **M05 A-1**

地 静岡県賀茂郡河津町峰457-1　時 10:00-21:00
休 星期二　　　　　　　　　　金 ￥1,000
網 kankou.town.kawazu.shizuoka.jp/attraction/132/
電 (81)0558-32-2626
交 河津站乘巴士約12分鐘，踊り子溫泉會館前下車；河津站駕車前往約9分鐘

6 中途休息站 七滝茶屋

茶屋內是傳統的裝修

店內有名且期間限定的士多啤梨甜品，當天點了一個士多啤梨的新地，滿瀉的士多啤梨果醬和著士多啤梨肉和啫喱，味道清新，還有甜甜的忌廉，真的是一道邪惡的甜品！

→クラッシュド・ストロベリー
￥680

MAP 別冊 **M05 A-1**

地 静岡県賀茂郡河津町梨本363-4
時 10:00- 17:00(L.O.16:30)
休 不定休
電 (81)0558-36-8070
交 河津站乘巴士約30分鐘，大滝入口下車，步行約3分鐘

WOW! MAP

4　　5　　6

7 站前品味咖啡店
café Kirinkan

河津站旁的小café，門外開滿河津櫻。店內提供咖啡和多士等輕食。是日作者很幸運遇上特別供應的山葵丼，飽滿飯粒鋪上鰹魚絲和紫魚碎，面上有大大舊新鮮的山葵，灑上醬油混和了山葵，不刺鼻卻有新鮮的薄荷味，再配上店家的漬物，非常開胃。

不少遊人都來一試這裡的招牌菜わさび丼

←山葵丼配上自家製漬物，味道很搭配。

MAP 別冊 **M05 B-2**

地 靜岡縣賀茂郡河津町浜160-3
時 10:30-17:00
休 星期三
電 (81)0558-32-0007
交 河津站步行1分鐘

---

8 吃盡駿河灣海鮮
伊豆海鮮
どんぶりや

店內貼滿曾光顧的名人簽名相

這間小小的海鮮店座位不多，可是在當地是十分有名的，遊客亦頗多，新鮮的魚獲多來自駿河灣，店內推介的是駿河海鮮丼，碗內的白飯半滿，可是卻鋪滿肥美的白飯魚、晶瑩剔透的櫻花蝦和明太子，味道鮮味滿分。

好食 編者推介

MAP 別冊 **M05 B-2**

地 靜岡縣賀茂郡河津町浜163-1
時 11:00-21:00(15:00-17:00休息)
休 不定休
網 izukaisendonburiya.com/
電 (81)0558-32-0339
交 河津站步行2分鐘

駿河海鮮丼 ¥1,848

WOW! MAP

修善寺

修善寺溫泉距離修善寺站只有 8 分鐘車程，這個溫泉鄉位於桂川兩旁，是伊豆半島中歷史最悠久的溫泉，據說早在平安時代已發現源泉。區內的溫泉街有多間 café 和足湯，景點集中且大多可徒步而到，遊人可以細細體味這個溫泉鄉。

沼津

9 寒櫻盛開地的溫泉發源地

修善寺

修善寺是位於溫泉街的中心，它是溫泉的發源地，據說早在八世紀已被高僧夕法大師發現。境內很是謐靜，每年冬天都會吸引不少遊人到來欣賞盛放的寒櫻。

↑秋天的修善寺亦可看到紅葉紛飛

MAP 別冊 **M05 A-3**

地 靜岡縣伊豆市修善寺964
網 www.shuzenji-temple.jp/
交 伊豆箱根鉄道駿豆線修善寺站乘巴士約8分鐘，終點下車，步行約3分鐘。

時 08:30-16:00
電 (81)0558-72-0053

伊東・伊豆高原

不少遊人都會趁朝早時份到來散步

↓竹林的正中央有一張大圓椅供大家坐坐

10 感受寧靜的竹林世界

竹林小徑

沿著桂川走，走過獨鈷之湯和桂橋，就會走到竹林小徑，這條風景優美，片片竹林的小徑是遊人很喜歡的地方，因為如果早上到來，可在寧靜的竹林下散步，聞到陣陣的竹香，傾耳細聽還有竹子的婆娑聲。

MAP 別冊 **M05 A-4**

地 靜岡縣伊豆市修善寺3463-1
交 修善寺步行3分鐘

河津・修善寺

WOW! MAP
9   10

沼津

伊東・伊豆高原

河津・修善寺

11 充滿野趣的café
竹の里水ぐち

想充份體會修善寺那份寧靜的美，並不是逛逛就可以感受到，如果想真的慢慢體味，來這間位於桂川旁竹の里水ぐち溫泉酒店內的甜品小店，坐在桂川旁，一邊聽著那潺潺流水聲，放眼盡是綠油油的一片，放鬆心情的一刻再來一客甜品，真是人間一大享受。

あんみつ ¥1,000
鋪在上面的紅豆蓉很香甜

小店的座位設有數個如涼亭般的座席

望著小橋流水是一種很好視覺享受

MAP 別冊 **M05 A-4**
地 靜岡縣伊豆市修善寺3463-17
時 9:00-日落
休 不定休
電 (81)0558-72-2029
交 修善寺步行4分鐘

12 戀愛之橋 桂橋

這道紅色的小橋，有溫泉區內是很有名的，因為據說這是戀愛之橋，只要一同和戀人走過就會幸福快樂，而如果紅葉季節站在橋上，可欣賞到絕美的溫泉街紅葉景色。

MAP 別冊 **M05 A-4**
地 靜岡縣伊豆市修善寺　　交 修善寺步行2分鐘

13 位處水中央的溫泉
獨鈷之湯

在桂川河畔的獨鈷之湯，有治療神經痛、婦人病、創傷等功效，這裡亦是修善寺的地標。

獨鈷之湯佇立在桂川中央

MAP 別冊 **M05 A-4**
地 獨鈷之湯　　交 修善寺步行1分鐘

11

12

13

WOW! MAP

沼津

伊東・伊豆高原

河津・修善寺

14 吃過甜品有個好心情
Café Hirono

座落在獨鈷之湯旁的弘乃咖啡店裝修簡約明亮,推介黑米豆腐湯,紅豆軟腍,豆腐嫩滑,味道清新。

↑店內設有卡位,就算一人光顧亦不覺尷尬。

黑米豆腐湯 ¥500

MAP 別冊 **M05 A-4**

地 静岡県伊豆市修善寺971-1
時 10:00-16:00
休 星期三
電 (81)0558-72-8856
交 修善寺步行1分鐘

---

15 溫泉街小店 源樂

同樣位於溫泉街的小店,就在修善寺旁,內有國內產的蘿蔔漬物、有名的山葵漬物、修善寺的和菓子和靜岡茶造的甜撻,而店內最有名的是黑色的溫泉饅頭,價錢親民,如果到訪修善寺後可以買來試試。

店內的貨品種類繁多

MAP 別冊 **M05 A-3**

地 静岡県伊豆市修善寺967
時 9:30-16:30
網 gen-raku.com
電 (81)0558-73-2224
交 修善寺旁

↑山葵脆脆很香口
¥380

→櫻湯是櫻花季限定的溫泉湯花
¥320

---

16 手信手湯新設施
墨客の小径

小徑的開首有介紹它的歷史

修善寺旁有一條手信街叫「墨客の小径」,這裡前身是建於1924年的甘泉樓已登錄為有形文化財產。小徑有數間手信店可以買到中伊豆的特產及手信。而店的前方更設有溫泉手湯,在寒冬季節可帶來溫暖。

↑手信店是一線貫通的,遊人可慢慢逛。

←手湯的溫度剛剛好

MAP 別冊 **M05 A-3**

地 静岡県伊豆市修善寺968-3
時 10:00-17:00
休 不定休
電 (81)0558-72-7255
交 修善寺步行1分鐘

WOW! MAP

14　　15　　16

↑全園都是很歐陸的感覺

🐻17 花和草的遊戲空間 虹の鄉 親子

鄰近修善寺溫泉的虹之鄉，每到周末及假期就會吸引遊人到來，全園共分八個主題區：像莎士比亞農村小屋的英國村、設有伊豆名產及手信的伊豆村、江戶時代風情的匠之村和和修善寺締結做姊妹城市的加拿大村等，四周都瀰漫著異國情調。由於園內的面積較大，要走完整個公園最少也要大半天，如果帶著小朋友的話，大家可以乘坐穿梭加拿大村和英國村的小火車，慢遊公園。

英國村的小屋令人想起鄉郊的半退休生活

超大隻的可愛啤熊是打卡位

泊在路旁的雙層巴士

MAP 別冊 M05 A-3

地	靜岡県伊豆市修善寺4279-3
時	4月-9月10:00-17:00；10月-3月 10:00-16:00
休	不定休
金	大人￥1,220；4歲至小學生￥610
網	www.nijinosato.com
電話	(81)0558-72-7111
交	建議出發前上網詢是否休息日 修善寺站乘東海巴士6號約20分鐘，虹の鄉下車。

↑小火車雖然是龜速，可是在這裡要急什麼呢？

洗滌心靈之地

KAnAGAwA KEN

神奈川縣

神奈川的大自然環境優美，有山川、海岸、溫泉等，其中有遊人熟悉的溫泉鄉：箱根、湯河原，也有適合2日1夜小旅行的鎌倉、江之島，縣內有特色的交通工具：登山纜車、觀光船、江之電電鐵等沿途風光明媚，大家不妨放慢腳步，來個慢活之旅。

神奈川縣旅遊資料

往來神奈川的交通

由於神奈川縣距離東京市較近，大約1小時就可以由市中心到達了。

■JR

如果由新宿站乘JR箱根湯本行，只要約1小時47分鐘，成人單程￥2,461，就可以到箱根湯本站；而到小田原站，則只要1小時20分鐘，成人單程￥1,901。

■高速巴士

遊人如果由羽田空港出發，可以乘小田急箱根高速巴士，經橫濱到達箱根湯本站，全程約2小時，成人單程￥2,600；如果由新宿高速巴士總站出發的話，會經由御殿場站、仙石高原、箱根桃源台（箱根海賊船）和箱根園等，總站為箱根小田急山之酒店，而不會經過箱根湯本，全程約2小時30分，成人單程￥2,240。 網 odakyu-highway.jp/express/hakone/

旅遊資訊

●箱根觀光網站

有日文及英文的介紹箱根的觀光景點、美食、住宿和日歸溫泉資料。

🌐 www.hakonenavi.jp/index.html

■神奈川節日

時間	節日	內容	地點
7月31日	湖水祭	有傳統的撒紅豆糯米祭祀傳說的神明九頭龍，接著有煙花大會。	蘆之湖及箱根神社
7月31日至8月5日	蘆之湖夏祭	箱根最熱鬧及最盛大的祭祀，會舉行神社祭祀、煙花大會及「鳥居燒祭祀」。	箱根神社、駒形神社、箱根園湖、元箱根湖及湖尻湖大平台溫泉鄉
8月11日	箱根大平台溫泉夏祭	文藝表演、如草裙舞、鼓樂表演，也有傳統盃蘭盆會舞。	石原公園
8月16日	強羅大文字燒	舉行煙花大會，並會在山嶺上築成「大」字，以撫慰先人。	明星岳山頂
11月3日	箱根大名行列	過百名參加者打扮成古代武士，與樂隊沿著溫泉街前進，還有藝妓表演。	湯本溫泉街

■ 酒店/旅館

箱根

箱根ホテル 小涌園飯店

Hakone Hotel是一間既舒適又經濟的飯店，共有220間房間。飯店前身為一家別墅三井集團商業家族所擁有，並由一個超過10,000平方米的花園包圍著，體現古代的傳統魅力和優雅的日本。

MAP 別冊 M11 B-2

地 神奈川県足柄下郡箱根町二平1297
金 二人一室￥21,450起
網 www.hakone-hotelkowakien.jp/tw/
電 (81)046-082-4111
交 從箱根登山電車小涌谷站步行20分鐘

ホテル 仙景

Hotel Senkei位於須雲川沿岸，鄰近大自然，洋溢著溫泉的氣息，共15間房間，有3種不同的房間可供選擇。

地 神奈川県足柄下郡箱根町湯本592
金 二一泊二食每人￥20,610起
網 senkei.net/
電 (81)0460-85-5500
交 箱根湯本站步行15分鐘

■ 鎌倉實用交通PASS

江之島・鎌倉周遊券

由小田急電鐵推出的江之島・鎌倉周遊券（從新宿出發：大人：￥1,640、小童￥430），包含鎌倉地區部分景點折扣券。

- 一天內可搭乘新宿站至藤澤站之間的小田急普通列車來回各一趟
- 一天內任搭江之電全線、藤澤至片瀨江之島之間的小田急普通列車

地 小田急線沿線車站自動售票機
網 www.odakyu.jp/tc/passes/enoshima_kamakura/

江之電1日乘車券のりおりくん

由江之電推出的江之電一日券，售價￥800，包含鎌倉、江之島等地景點及餐廳。

- 一日內任搭江之電全線

地 江之電各站售票機
網 enokama.jp/tc/ticket02/

箱根交通TIPS

箱根區內及周邊的交通很多樣，遊人可參考以下的詳細介紹。

Part 1： 到箱根遊玩除了享受溫泉外，其實在旅途中乘搭多樣化的交通工具，亦是一個很有趣的體驗！以下是各式交通工具及Pass的介紹，希望各位好好運用呢！

箱根登山鐵道（持有箱根自由乘車Pass可免費利用）

行駛於箱根湯本至強羅之間，全程約需35分鐘，單程費用為約￥740；10到20分鐘就有一班車，是日本唯一的一款登山電車。每到六月至七月間會有紫陽花沿軌道盛開，夜間更會打上燈光，是一趟很受遊人歡迎的賞花之旅。

網 www.hakone-tozan.co.jp/

箱根湯本　塔ノ沢　大平台　宮ノ下
強羅　彫刻の森　小涌谷

箱根登山纜車（持有箱根自由乘車Pass可免費利用）

遊走於強羅至早雲山之間，只有約10分鐘的車程，長約1.2公里的路段，每個小時約有三班，單程為￥430；途中會有急陡的路面，紅葉季節尤其美麗。

網 www.hakone-tozan.co.jp/

強羅　公園下　公園上　中強羅
早雲山　上強羅

箱根纜車（持有箱根自由乘車Pass可免費利用）

由早雲山至桃源台之間，共四個站，全程約24分鐘，單程為￥1,500，可中途下車，可欣賞到富士山及芦之湖美景；要留意由於大涌谷附近不時受火山影響，建議出發前於網上查清楚。

網 www.hakoneropeway.co.jp/

早雲站　大涌谷站　姥子站
桃源台站

箱根海賊船（持有箱根自由乘車Pass可免費利用）

遊人可於桃源台港、元箱根港和箱根町港乘搭特色的海賊船；由桃源台港乘至元箱根港及箱根町港，都一樣需時30分鐘，單程￥1,200；而元箱根港至箱根町港則只要10分鐘，單程只要￥420。

網 www.hakone-kankosen.co.jp/

桃源台港　元箱根港
箱根町港

箱根芦之湖遊覽船

它和箱根海賊船差不多，都是遊覽芦之湖的觀光船，除了有各港口的定期航路等，另有四程周遊行程可以選擇：箱根關所的30分鐘遊、元箱根港的30分鐘遊、箱根園港的40分鐘遊和最長的湖尻港70分鐘遊，費用￥1,080起。

網 www.izuhakone.co.jp/hakone-yuransen/

Part 2： 大家如果想用便宜的方法乘搭特色交通工具遊覽箱根的話，建議買箱根FREE PASS。

箱根的Free Pass有分二天及三天兩種，由新宿出發的話，包了由新宿的小田急列車至箱根湯本、箱根登山電車、箱根登山纜車、箱根空中纜車、海賊觀光船、箱根登山巴士（指定區域）、小田急箱根高速巴士（指定區域）、沼津登山東海巴士（指定區域）和觀光景點巡遊巴士（指定區域）。成人2天Free Pass費用為￥6,100，小童為￥1,100；如果3天成人則為￥6,500，小童為￥1,350，期間不限次數也可乘搭以上交通工具，遊人可以在乘車日前一個月開始，在小田急原線的站購買，如果在新宿站購買的話，折扣會更多。另值得一提的是持有效的Free Pass更有多達五十個觀光設施的優惠呢，大家記得看一看交通工具及觀光設施有沒有貼上這個「啄木鳥」標記。

網 www.hakonenavi.jp/transportation/ticket/freepass/

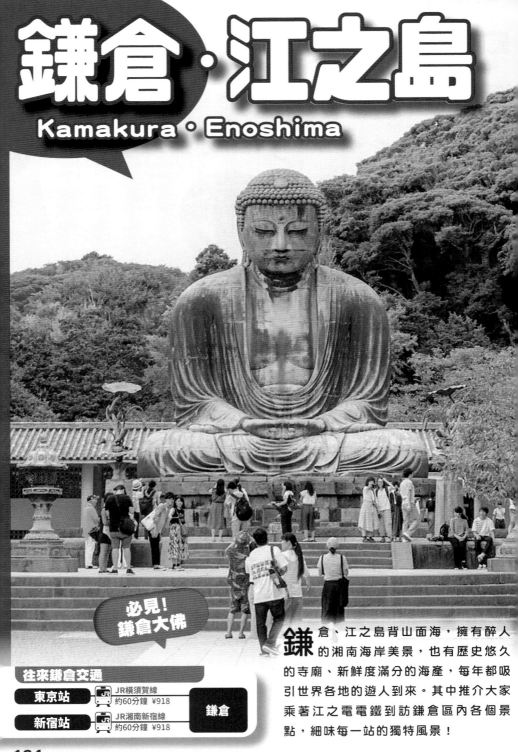

鎌倉・江之島
Kamakura・Enoshima

必見！
鎌倉大佛

鎌倉、江之島背山面海，擁有醉人的湘南海岸美景，也有歷史悠久的寺廟、新鮮度滿分的海產，每年都吸引世界各地的遊人到來。其中推介大家乘著江之電電鐵到訪鎌倉區內各個景點，細味每一站的獨特風景！

往來鎌倉交通

| 東京站 | JR横須賀線 約60分鐘 ¥918 | 鎌倉 |
| 新宿站 | JR湘南新宿線 約60分鐘 ¥918 | |

海豚海獅表演十分受歡迎，所以建議預早留座位。

→海獅如小朋友般撒嬌，非常可愛。

① 走入夢幻海底世界　親子
新江ノ島水族館

新江ノ島水族館內分為12個展區，展示了相模灣的多元豐富海洋生態：「相模灣大水槽」、超夢幻的「水母廳」、極具人氣「企鵝海豹館」、以及可與海洋生物近距離接觸的「體驗學習館」，當然少不了多場精彩的海豚海獅演出，不論大小朋友都可以度過充實又愉快的一天！

↑展廳中央有一個球形的水槽，猶如水母行星般，非常特別。

MAP 別冊 **M09 A-3**

地　神奈川県藤沢市片瀬海岸2-19-1
時　10:00-17:00(1月27日-2月29日)
　　09:00-17:00(星期一至六)　08:30-17:00(星期日)
金　大人¥2,100、高中生¥1,500、
　　初中生/小學生¥1,000、3歲以上小童¥600
網　www.enosui.com　☎(81)0466-29-9960
交　江之電江之島駅步行10分鐘

↑每日上演6場的海月の宇宙，帶給大家視覺新體驗。

WOW! MAP

↑燒海螺 ¥1,600

↑陣陣的燒海鮮氣味，非常誘人。

↑燒魷魚 ¥950

MAP 別冊 **M09 A-4**

地時	神奈川県藤沢市江ノ島1-3-20
	星期一至五及假期前夕：10:30-21:00
	；星期六日及公眾假期：09:30-21:30
網	enoshima-kaisaku.owst.jp/
電	(81)0466-22-3759
交	江之島站步行15分鐘

② 即燒美味海鮮
貝作

過了江ノ島橋口就望到樓高3層的貝作，是日式餐廳兼土產店，在一樓店前出售磯燒海鮮，有肥美脹爆的魷魚、超大粒海蜆、彈牙肉厚的海螺和清甜粟米，全部即叫即燒。點一份燒海鮮配冷凍的啤酒，坐在戶外的位置，吹著海風大啖鮮美的海產，人生一大樂事也！

③ 江之島名物
あさひ 本店

朝日堂是江之島上的名店，店前總是排著長長人龍，為的是其人氣海鮮仙貝，有龍蝦、八爪魚、水母3種口味，將原隻的海鮮加入麵糊，再利用機器高溫高壓烘烤而成，香噴噴又熱辣辣的仙貝就此出爐，香脆可口，味道有點似新鮮的蝦餅。

→八爪魚仙貝 ¥500

MAP 別冊 **M09 A-4**

地	神奈川県藤沢市江ノ島1-4-10
時	09:00-18:00
休	星期四
網	www.murasaki-imo.com/
電	(81)0466-23-1775
交	江之島站步行約19分鐘

↑朝日堂即點即製，用料新鮮。

神奈川縣

神奈川縣資料

鎌倉・江の島

箱根湯本・強羅

芦ノ湖

小田原・湯河原

↑部分坐位設於戶外，一邊吹著海風一邊大嘆美食，份外寫意。

↓海鮮丼 ¥1,980
海鮮丼包括甜蝦、魷魚、鯛魚、章魚、吞拿魚、生熟白飯魚等配料，非常豐富。

江之島亭佇立在高處❶ 窗邊坐位可眺望遼闊的海景。❷

← 生・釜揚げしらす ¥1,320
由於1月至3月是禁漁期，所以當地沒有生白飯魚供應。

4 必食生白飯魚料理
江ノ島亭

來到鎌倉、江之島不能錯過的美食一定是白飯魚，在日本只有湘南海岸和淡路島等少數地方才可食到，而且由漁船直送餐廳，江之島亭是其中一間有供應白飯魚的日式餐廳，主打各種新鮮海鮮丼，尤以生白飯魚(生しらす)最為特別，生白飯魚的口感非常滑溜，沒有腥味，推介大家一定要試下！

MAP 別冊 M09 A-4

地	神奈川県藤沢市江ノ島2-6-5
時	平日10:30-18:00（L.O.17:30）、星期六日及公眾假期10:30-19:00(L.O.)
休	不定休
網	www.enoshimatei.com/
電	(81)0466-22-9111
交	江之島站步行約23分鐘

5 休閒在地品牌
SUNDAY BEACH CRUISER

SUNDAY BEACH CRUISER是當地的自創品牌，主打休閒舒適的服飾和各種尺寸的實用布袋，以湘南地區風景為圖案設計的靈感，如笑臉、衝浪、單車、貓咪等，款式多樣，買想點當地特色商品，不妨一逛。

↑店內面積不大，商品款式卻非常多。

收納布包 ¥1,200

↑貓咪布袋 ¥1,600/個

MAP 別冊 M09 A-4

地	神奈川県藤沢市江ノ島2-3-37
時	11:00至日落
休	星期二、三（如當日為假期則照常營業）
網	www.sundaybeachcruiser.com/?mode=f4
電	(81)0466-47-6408
交	極樂寺站步行約8分鐘

WOW! MAP

4   5

167

中津宮是許多女性祈求容貌變美的地方，還有只有這裡才買得到的「美人御守(よくばり美人守り)」和「美肌祈願」的繪馬。

⑥ 江之島的信仰中心
江島神社

沿朱紅色的鳥居拾級而上，就可到達江之島的信仰中心－江島神社。相傳神社建於522年，當時拜祭海運、漁業和交通的3位守護女神，分別是神社內邊津宮供奉的「田寸津比賣命」、中津宮供奉的「市寸島比賣命」，以及奧津宮供奉的「多記理比賣命」。此外，神社亦內供奉著日本著名的三大弁財天之一，弁財天是掌管文藝的神明，顧此吸引眾多文藝人士前來參拜。

↑在三個主殿之中，邊津宮最為人所熟悉，宮旁設有錢洗白龍王，善信只需以小竹籃盛載金錢放進水池清洗，就能夠帶來好運。

⑥a 江之島電梯

不論是前往江島神社，還是去江ノ島展望台等景點，都需要經過一條又一條長長的樓梯，自問體力不足者，可以選擇乘搭江之島電梯，一共分為3段，貫穿不同的景點，由地下到上山頂只需5分鐘時間，非常方便！

↑由山下拾級而上，需要經過多條長樓梯才可到達神社。

時 08:50-19:05
金 全区間:大人¥360、小童¥180
網 enoshima-seacandle.com/facilities/escar.html

信眾在銀杏樹下紛紛掛上祈求戀愛運的繪馬

6

↑弁財天御守 ¥700/個

MAP 別冊 **M09 A-4**

地 神奈川県藤沢市江ノ島2-3-8
時 08:30-17:00
網 enoshimajinja.or.jp/
電 (81)0466-22-4020
交 江之島站步行約22分鐘

神奈川縣

神奈川縣資料

鎌倉・江の島

箱根湯本・強羅

芦ノ湖

小田原・湯河原

藍天碧海與山下筆直的江之島弁天橋，形成一幅美麗的風景。

↑江ノ島展望灯台於山繆克金花園(Samuel Cocking Garden)內，花園四季盛開不同的花卉，美不勝收。

❼ 360度海岸美景
江ノ島展望燈台

如果想飽覽周邊美麗的海岸景色，最佳位置便是登上高達60米的江之島展望燈台，踏出展望台一望無際的片瀨海岸美景盡收眼底，天氣晴朗天更有機會望到橫檳地標塔、東京晴空塔和富士山。每當夜幕低垂，燈台更會亮起燈光，根據四季而變換顏色，呈現與日間截然不同的風景，氣氛好不浪漫。

MAP 別冊 **M09 A-4**

地：神奈川県藤沢市江ノ島2-3
時：09:00-20:00（最終入場 19:30）
金：大人￥500(庭院￥200+灯台￥300)、小童￥250 （庭院￥100+灯台￥150）
網：enoshima-seacandle.com/
電：(81)0466-23-2444
交：江之島站步行約28分鐘

---

❽ 人氣No.1美味法式吐司
LONCAFE湘南
江ノ島本店

以美味法式吐司聞名的LONCAFE，開設於江之島Samuel cocking Garden內的本店，擁有超高人氣，景觀非常開揚，面向相模灣的美麗海景，令人身心全放鬆。特別推介店內的招牌Crema Brulee，蛋香十足的法式吐司上舖上焦糖布丁，外層微脆內層軟綿，又香又甜，非常好味！

↑環境佈置大走休閒度假風，半開放式的設計，坐在露天位置，將美麗的海岸線盡收眼底。

↑ Crema Brulee set ￥1,480

↑LONCAFE對出有一個展覽台，可以眺望相模灣的景色。

MAP 別冊 **M09 A-4**

地：神奈川県藤沢市江の島 2-3-38 江の島サムエルコッキング苑內
時：平日11:00-20:00(L.o.19:30)(星期六日10:00開始營業)
網：loncafe.jp/index.html
電：(81)0466-28-3636
交：江之島站步行約27分鐘

↑日本電影《向陽處的她》曾在此取景，令這裡的浪漫氣氛更加升溫。

↑鎖頭可於島上的商店內購買

9 戀人必到
龍戀の鐘

在江之島上著名的戀人聖地－龍恋の鐘，傳說島上曾經有一條作惡多端的五頭龍，於是天神派了天女下凡對付牠，沒想到五頭龍對天女一見鍾情並改邪歸正，最終與仙女有情人終成眷屬。龍恋の鐘就是紀念他們的愛情故事。至此之後，相傳只要和戀人一起敲響鐘聲3下，邊敲邊叫着對方的名字，就會得到祝福可以永遠幸福在一起，吸引不少情侶慕名而來。

MAP 別冊 **M09 A-4**

地交 神奈川県藤沢市江ノ島2-5
江之島站步行約22分鐘

↑除了敲鐘，亦會將兩個寫上名字的鎖扣在四圍的鐵欄上，象徵著與愛侶永不分開。

10 日式甜品茶室
島の茶屋

位於龍恋の鐘附近的油屋商店，是一間提供日式甜點的傳統茶室，不論是優美的小庭園，還是古意油然的日式建築，都非常引人入勝。甜點方面，選擇亦非常多，由わらび餅（蕨餅）、白玉あんみつ（白玉丸子餡蜜）、刨冰、雪糕都一應俱全，路過的遊人不妨進來小憩一下，品嚐店家特製的美味甜品。

→戶外的小庭園種植了不少花草植物，配上幾把紅紙傘，陣陣日式風情。

←宇治金時
¥700
來一口紅豆抹茶刨冰暑氣全消，非常透心涼。

←貓咪名信片
¥150

MAP 別冊 **M09 A-4**

地 神奈川県藤沢市江ノ島2-5-8
時 10:00-18:00
休 星期二及天氣惡劣
網 aburaya.cafe
電 (81)0466-50-6180
交 江之島站步行約30分鐘

WOW! MAP

9　　10

神奈川縣

神奈川縣資料

鎌倉・江の島

箱根湯本・強羅

芦ノ湖

小田原・湯河原

由洞穴可望出海面，日落時分景色非常美麗。

↑ 洞穴的兩旁展出了關於五頭龍與洞穴的相關資料。

↑ 江之島自古以來相傳著關於神龍的傳說，洞穴的深處有一頭龍石像，加上不同的燈光效果，感覺頗陰森恐怖。

⑪ 天然洞穴探險記
江ノ島岩屋

江ノ島岩屋經過長年累月海浪侵蝕而形成巨型的自然岩洞，分為第一岩屋和第二岩屋，壁上有不少浮世繪，石像和神秘石遍佈在不同的角落，洞內環境陰暗潮濕，充滿神像感，途中服務處可免費借用燭台，拿著蠟燭走入洞穴深處，就像展開一場探險之旅。據說弘法大師到此修行時遇見弁財天女神顯身，岩洞因而廣為人們所崇仰。

MAP 別冊 **M09 A-4**

地	神奈川県藤沢市江ノ島2丁目
時	3月至10月09:00-17:00(夏天延長至18:00)、11月至2月 09:00-16:00
金	大人¥500、小童¥200
網	www.fujisawa-kanko.jp/spot/enoshimaiwaya.html
交	江之島站步行約34分鐘

↑兩個洞穴之間由走行橋連接著

⑪ᵃ 江之島遊覽船

べんてん丸是連接江の島弁天橋中段與江之島稚児ヶ淵的遊覽船，只需10分鐘船程，可以為遊人省下不少腳骨力，建議在遊人回程時再乘船。

→在稚児ヶ淵上的乘船處上船

MAP 別冊 **M09 A-4**

時	10:30-16:00 (15分鐘一班)
休	不定休及惡劣天氣
金	大人¥400、6歲以上¥200
電	(81)0466-24-4141 (片瀬江の島観光案内所)

WOW! MAP

12 職人手作帆布袋
白帆鎌倉

2003年創立的鎌倉帆布巾,只有一間專門店,就熱鬧的小町通上。由職人手製出品的帆布袋,使用100%純棉製成的帆布,質料厚實耐用,透氣性高,而且手工別緻精細,染上柔和的色調,設計新潮,部分款式更加上金屬鏈扣,十分特別。

↑帆布袋之外,店內亦可找到和風設計的零錢包、化妝袋和口金包等。

↑軍綠色帆布手提袋 ¥8,000

↑粉紅手提袋 ¥3,950

MAP 別冊 M09 B-1

地 神奈川県鎌倉市小町2-8-4
時 09:30-18:00　休 不定休
網 shirahokamakura.jp/
電 (81) 0467-23-8982
交 鎌倉站步行4分鐘

13 鎌倉特色土產
鎌倉八座

走進鎌倉八座立即被店內琳瑯滿目的可愛雜貨所吸引,如Q版的鎌倉大佛,八幡神宮的神聖鴿子、祈願的小達摩等鎌倉地元特色小擺設,還有湘南手捺染的鎌倉限定「鳩菱紋」系列布藝商品,湘南藍染布袋和襟針,款款都得意又充滿鎌倉色彩,令遊人忍不住想通通帶回家。

↑藍染圖案襟章 ¥500/個

MAP 別冊 M09 B-2

地 鎌倉市小町1-7-3
時 10:00-18:00
網 www.kamakurahachiza.jp/
電 (81)0467-84-7766
交 鎌倉站步行3分鐘

←富士山刺繡收納包 ¥1,500

↑Q版招財貓 ¥400、Q版富士山 ¥400,小擺設入面有籤文紙,Q版造型非常可愛。

⑭ 古都和服體驗
レンタル着物
小袖 鎌倉店

和服體驗是不少遊人去日本旅遊的必做清單之一。レンタル着物的小袖位於鎌倉站商店街「小町通り」上，提供精緻和服、浴衣的租借服務，款式選擇甚多，官網更不時有折扣優惠。

↑レンタル着物の小袖採網上預約方式，遊人亦可當日到店內租借，但店家會以預約客人優先，因此有長時間等候風險。

↑如果需要髮型服務，需加￥1,000起。

MAP 別冊 **M09 B-1**

地	神奈川縣鎌倉市小町2-7-31
時	09:30-18:00 (17:30前歸還和服)
網	www.kosode.co.jp
電	(81)0467-38-5043
註	浴衣體驗：￥5,500起
交	鎌倉站步行4分鐘

しらすたらこ ￥1,500
如果不敢食溜滑滑的生白飯魚，店內亦有多款熟白飯魚釜飯供選擇。

MAP 別冊 **M09 B-2**

地	神奈川縣鎌倉市小町2-11-8
時	平日11:00-17:00、星期六日及公眾假期11:00-22:00(L.O.21:00)
休	星期三
網	www.kamakama.jp/
電	(81)0467-25-3590
交	鎌倉站步行5分鐘

⑮ 人氣海鮮釜飯
鎌倉釜飯
かまかま本店

這間當地甚有名氣的釜飯專門店，選用當地沿海即日捕獲的海產，以傳統的煮法炮製美味的釜飯，口味多達30種。推介當地名物白飯魚三色釜飯(生しらす三色)，熱烘烘的飯上鋪滿了白飯魚、三文魚子和北海道海膽，陣陣海鮮甘甜在口中擴散，十分滿足！

↑生しらす三色
￥2,000

→店內坐位不多，加上在最旺的商店街小町通內，建議避開午飯時段，2點左右就可以不用等位。

WOW! MAP

14　15

16 鎌倉人氣美食
鎌倉 六弥太

店主在京都學習廚藝之後，在鎌倉開了餐廳六弥太，主打自家製的豆腐漢堡扒，使用鎌倉豆腐老店出品的嫩滑豆腐，以及嚴選的國產雞肉和豬肉手工製成，再以秘製醬汁烹調，不但較一般的漢堡扒健康，而且色香味俱全，令人一試難忘！

↑鎌倉六弥太設有英文菜單，方便遊人點餐。

←豆腐漢堡扒以50%豆腐加入50%雞肉和豬肉製成，即叫即製，確保新鮮。

↑鎌倉バーグ(割り醬油)
¥900、水蜜桃酒 ¥600
剛剛煎好的鎌倉バーグ香氣迎面而來，口感柔軟鬆散，豆香濃郁，滋味十足！

MAP 別冊 M09 B-2

地 神奈川県鎌倉市御成町13-38
時 11:00-17:00 (L.O.16:00)；17:00-21:00(L.O.20:30)
休 星期二（如當日為假期會延至翌日休假）
網 kamakurarokuyata.com
電 (81)0467-61-0680
交 鎌倉站步行4分鐘

17 令人回味無窮的玉子燒
玉子燒きおざわ

藏身在小町通り後方的小巷之內，低調到連招牌也沒有，卻吸引大量食客專程來光顧，為的是一嚐其美味的招牌玉子燒，往往愈簡單的料理愈可以試到廚師的真功夫，望落相當厚實的玉子，入口卻有如茶碗蒸般柔軟的口感，而且微甜又帶有鮮味的蛋汁在口中散開，好味到令人不停追食。

MAP 別冊 M09 B-2

地 神奈川県鎌倉市小町2-9-6 アルカディアビル 2F
時 11:30-17:00(售完即止)
休 星期日及公眾假期
電 (81)0467-23-5024
交 鎌倉站步行5分鐘

↑玉子燒御膳
¥1,500
玉子燒御膳包括有香菇味噌湯、玉子燒和明太子白飯。

←採訪當日避開了繁忙時段，但店內仍有不少客人，受歡迎程度可想而知。

神奈川縣

神奈川縣資料

鎌倉‧江の島

箱根湯本‧強羅

芦ノ湖

小田原‧湯河原

18 鎌倉原創品牌
Pacific Ocean Blue 鎌倉店

2005於湘南創立的Pacific Ocean Blue，以衝浪、鎌倉大佛、鎌倉地圖等當地元素作為設計靈感，出品一系列鎌倉主題插畫商品，印製成T-shirt、布袋、鴨舌帽、人字拖和貼紙，全部日本製造，不但品質有保證，價錢合理，而且買兩件以上就有折扣優惠。

↑Pacific Ocean Blue不時推出T-shirt新款，買兩件有8折買三件以上有7折。

MAP 別冊 M09 B-2

地 神奈川縣鎌倉市小町1-4-25
時 11:00-17:00
休 星期一
網 www.p-o-b.net/
電 (81)0467-53-7920
交 鎌倉站步行3分鐘

↑牛仔布收納袋 ¥1,200

← 鎌倉束口布包 ¥500

19 特色文具雜貨店
Kotori

如果你是文具控，一定要來Kotori逛逛！遠離了熱鬧的小通町，由幾位文具設計師所開的可愛文具雜貨店，麻雀雖小五臟俱全，面積不大的Kotori販售各種設計精美的日本文具，有新潮實用的，亦有懷舊復古的，不但花色選擇多，更可找以鎌倉地元特色為概念的限定商品。

↑自1898年成功研發出澱粉漿糊，可愛的動物漿糊便成了明星商品，廣泛被使用於日本的幼稚園及小學。

→Kotori店面小小的，文具雜貨非常多。

←Q版鎌倉大佛名信片 ¥150

→貓貓膠紙座 ¥929

MAP 別冊 M08 C-2

地 鎌倉市大町2-1-11
時 11:00-18:00
休 星期一及不定休
網 www.kamakura-kotori.com/
電 (81)0467-40-4913
交 鎌倉站步行7分鐘

WOW! MAP

 18
 19

神奈川縣

神奈川縣資料

鎌倉·江の島

箱根湯本·強羅

芦ノ湖

小田原·湯河原

⑳ 古都重要神社
鶴岡八幡宮 SNAP

作為鎌倉最重要的神社，鶴岡八幡宮建於1063年，後來在1180年由鎌倉幕府的創始人源賴朝擴建搬遷至現址，至今已有800多年歷史，仍然保持著當時的原貌，充滿著歷史悠久的氣息。神社供奉著八幡，一直被視為源氏家族和一般武士的守護神。事至今日，每年吸引絡繹不絕的善信前來祈求事業、戀愛和學業運。此外，一年四季還能欣賞到櫻花、蓮花、牡丹花和紅葉美景，景緻宜人。

↑太鼓橋旁右邊的源氏池和左邊的源平池，合稱為源平池，春夏兩季分別有櫻花和蓮花盛放。

↑銀杏樹是鶴岡八幡宮的標記，繪馬也是銀杏樹葉的形狀，¥1,000/個。

MAP 別冊 M09 B-1

地 神奈川県鎌倉市雪ノ下2-1-31
時 10月至3月 06:00-21:00；4月至9月 05:00-21:00
網 www.hachimangu.or.jp/
電 (81)0467-22-0315
交 鎌倉站步行10分鐘

→步上這條長樓梯就到達本宮，供奉著八幡，建築已被列入國家指定的重要文化財。

㉑ 和風手帕
くるり 鎌倉店

日式手帕和布巾專門店，款式豐富多元化，不論是傳統設計還是新潮款式都一應俱全，而且用途多多，更可用作環境裝飾和包裝送禮。此外，還有各式各樣可愛的日本雜貨小物，令人愛不釋手！

→柴犬手巾 ¥1,200

↑小熊貓收納包 ¥500

くるり鎌倉店在淺草也有分店

MAP 別冊 M09 B-2

地 神奈川県鎌倉市小町2-7-35
時 10:00-19:00
網 jidaiya-kururi.shopinfo.jp
電 (81)0467-61-2002
交 鎌倉站步行約4分鐘

WOW! MAP

20 21

神奈川縣

神奈川縣資料

鎌倉・江之島

箱根湯本・強羅

芦之湖

小田原・湯河原

22 鎌倉名物
arbre noir Yukumi

位於鶴岡八幡宮前商店街上的arbre noir，以招牌鎌倉燒作招徠，由宇治抹茶與日本國產雞蛋製作而成的鬆軟外皮，包著滿滿的黑芝麻餡料，芝麻香濃而不甜膩，味道不錯，值得一試！此外，arbre noir特製有各種功效的6種調味料，如增進食欲的柚子胡椒。

MAP 別冊 **M09 B-1**

地 神奈川県鎌倉市雪ノ下1-8-39
時 10:00-18:00
網 www.arbrenoir.com/
　 kamakurayaki.html
電 (81)0467-53-8210
交 鎌倉站步行8分鐘

鎌倉燒 ¥60

↑ さるそば
¥970

→ わらび餅
¥600

23 Q彈又美味的蕨餅
段葛 こ寿々

日式古民家建築古色古香的氛圍，就正是鎌倉古都風格的寫照，段葛こ寿々主打自家製蕎麥麵，麵質爽口帶有淡淡蕎麥香，配搭多種不同配料和醬汁，清爽美味。此外，店內亦以わらび餅(蕨餅)聞名，淋上黑糖、撒上黃豆粉的蕨餅，口感Q彈又煙韌，既有黑糖的甜香，亦有黃豆粉香味，讓人不知不覺食完一整碟。

MAP 別冊 **M09 B-1**

地 鎌倉市小町2-13-4
時 11:30-18:00（L.O.17:30）；星期六及公眾假
　 期：11:30-19:00（L.O.18:30）
休 星期一、每月第一及第三個星期二
　 （如當日為假期會順延翌日休假）
網 www.kamakuratoday.com/meiten/kosuzu.html
電 (81)0467-25-6210　　交 鎌倉站步行7分鐘

WOW! MAP

22　　23

24 大正時代浪漫復古café
Milk Hall
ミルクホール

以日本大正時代為主題的懷舊咖啡廳，Milk Hall內一枱一木都散發著歷史的歲月行跡，所使用的傢俬器具全都是骨董，喜歡懷舊的朋友必定會愛上這裡。還有不得不提的是Milk Hall招牌焦糖布甸和cheese cake都非常好味，不能錯過！

→Pudding with tea
¥1,000、Natural
Cheese Cake ¥1,200
Cheese cake入口柔滑如絲，芝士味又香又濃，配搭酸甜的藍莓果醬，好食而不膩。

↑復刻Milk Hall 瓷碟 ¥850

↑Milk Hall的甜品非常有名氣，還提供應牛肉燴飯、咖喱飯、蛋包飯、炸雞薯條等料理。

MAP 別冊 **M09 B-2**

地 神奈川県鎌倉市小町2-3-8
時 11:00-18:30；星期六日及公眾假期 11:00-19:00
休 不定休
網 www.milkhall.co.jp
電 (81) 0467-22-1179
交 鎌倉站步行4分鐘

📷 SNAP

↑休耕庵是竹林內的唯一一間茶室，坐位面向竹林。休耕庵的抹茶券必須在竹林入口處購買，連同竹林門券¥500。

25 竹林美景
報國寺

建於1334年的報國寺，別名有「竹寺」之美譽，寺院主殿的後遍植了過千棵翠綠挺拔的孟宗竹，形成洗滌心靈的夢幻竹林景緻。步入竹林的深處有一間茶屋，遊人可以在此一邊享用抹茶和菓子，一邊欣賞竹林的光影變化，度過一個不被打擾的寧靜午后時光。

MAP 別冊 **M08 C-2**

地 鎌倉市浄明寺2-7-4
時 09:00-16:00（茶室至15:30）
休 12/29-1/3
金 ¥200、付抹茶菓子¥500
網 www.houkokuji.or.jp/
電 (81)0467-22-0762
交 鎌倉站乘的士約7分鐘

WOW! MAP
24   25

㉖ 金錢運up!
錢洗弁財天宇賀福神社

據說鎌倉地區內的水特別乾淨，這裡的湧泉被選為「鎌倉五名水」之一。

在鎌倉總多的神社廟宇之中，錢洗弁財天宇賀福神社有著特別的地位，傳說創立鎌倉幕府的源賴朝，在夢中得到宇賀福神托夢，告訴他使用西北山谷湧泉供養給神明，這樣就可天下太平。於是源賴朝在這裡建造神社，直至1257年擔任鎌倉幕府官員的北條時賴（ほうじょう ときより）曾經用這裡的水洗錢，祈求繁盛，因而衍生用這裡的泉水洗錢，就會變得富有的傳說，在日本傳開之後，每年吸引大批善眾前來合法「洗錢」。

→ 御寶錢 ¥300
社務所販賣的御寶錢，仿照江戶時代的古錢樣子，放入錢包內可以提升財運的人氣御守。

↑穿過山洞就來到錢洗弁財天宇賀神社，有種別有洞天的感覺。

MAP 別冊 M09 A-1

地 神奈川縣鎌倉市佐助2-25-16
時 社務所08:00-16:30
交 鎌倉站西口步行25分鐘

☎ (81)0467-25-1081

洗乾淨囉～

洗錢step

1. 進入神社之後，首先用手水舍的清水潔淨雙手及漱口。

2. 於社務所購買一份線香和蠟燭¥100並租用一個竹籃。

3. 本社旁邊有一個蠟燭櫃，點著手上的蠟燭並插在蠟燭櫃內。

4. 然後點著香並插在香爐之中

完成!

6. 前往旁邊的洞窟，將錢放在竹籃之中，舀這邊湧出的聖水洗錢，洗完之後把錢抹乾收起就完成參拜。

5. 接著來到本社前進行「二禮、二拍、一禮」的參拜方式。

WOW! MAP

神奈川縣

神奈川縣資料

鎌倉・江の島

箱根湯本・強羅

芦ノ湖

小田原・湯河原

THE BANK門口上仍然可見由比个濱出張所的字樣

27 古蹟銀行酒吧
THE BANK

前身是鎌倉銀行一由比个濱出張所，建於1928年的歷史建築，經歷了戰爭，經歷近百年的歲月洗歷，仍然屹立在由比ガ浜的交叉路口之上。於2000年由日本知名設計師渡邊かをる接手，與建築師片山正通合力將這棟被人遺忘的古跡，化身一間名為THE BANK的酒吧，不但保持了建築的本身特色，並打造成雅緻又舒適的環境，令人沉醉在THE BANK的獨特魅力之中。

← 每人入場最低消費 ¥500（附橄欖一小碟）
THE BANK分為RUM、紅酒、伏特加、威士忌等不同的酒底，調製各種特色雞尾酒，價格由¥1,000起。

←THE BANK樓高兩層，一樓設有吧枱，二樓設有坐位區。

MAP 別冊 **M08 C-2**

地 神奈川県鎌倉市由比ガ浜3-1-1
時 星期二至五17:00-翌1:00、星期六日15:00-翌1:00
休 星期一及第3、4個星期二
網 wonder-wall.com/project/337/
電 (81)0467-40-5090
交 和田塚站步行3分鐘

28 過百年糕點老舖 **力餅家**

深啡色的木造老房子前掛著寫上老舖力餅屋的白色捲簾，由建築可見其歲月的行跡，這是一間創業有300年歷史的日式糕店老店，販售肥力餅、權五郎力餅、夫婦饅頭、福面饅頭等傳統糕點，由於保鮮期有限，建議遊人可以買一個來嚐鮮。

→ 這裡是日劇《倒數第二次戀愛》的場景之一，吸引劇迷到鎌倉也要順道來力餅家。

MAP 別冊 **M08 B-2**

地 神奈川県鎌倉市坂ノ下18-18
時 09:00-18:00
休 星期三及第三個星期二
網 www.chikaramochiya.com/
電 (81)0467-22-0513
交 江之電長谷站步行4分鐘

權五郎力餅・¥100
權五郎力餅是由紅豆餡包著麻糬的糕點，味道偏甜。

WOW! MAP

27

28

神奈川縣

神奈川縣資料

鎌倉・江の島

箱根湯本・強羅

芦ノ湖

小田原・湯河原

29 必到鎌倉名勝景點
鎌倉大仏

高德院內的鎌倉大佛，是鎌倉地區唯一被指定為國寶級的佛像。高13.35米，重達121噸的青銅造巨大阿彌陀如來佛像，原本是置於室內的大佛，後來因天災而破壞了木造佛殿，而變成如今露天的大佛。佛像入面是中空的結構，更開放遊人參觀。

MAP 別冊 **M08 B-2**

地 神奈川県鎌倉市長谷4丁目2番28号
時 4月至9月08:00-17:30、10月至3月08:00-17:00(閉門前15分鐘入場)；大佛內參觀08:00-16:30(閉門前10分鐘入場)
金 大人¥300、小童¥150、大佛內參觀¥50
網 www.kotoku-in.jp/
電 (81)0467-22-0703
交 江之電長谷站步行8分鐘

↑遊人只要付¥50就可以進入佛像內，非常新奇。

30 海旁的溫馨民宿
海宿食堂 グッドモーニング材木座

去旅行不一定要住酒店，有時溫馨的當地民宿更深得人心。位於海邊的Good Morning材木座，坐擁一望無際的海景，彷彿與大海零距離，非常治癒。

↑民宿早上供應的日式早餐，非常有住家feel。

→民宿主人坂口先生親切友善，樂於與遊人分享當地的旅遊資訊。

窗外就是無敵大海景

MAP 別冊 **M08 C-2**

地 神奈川県鎌倉市材木座5-8-25
金 包早餐，每人¥11,000晚/起
網 zaimokuza-goodmorning.com/
電 (81)070-9229-1346
交 鎌倉站步行20分鐘

↑每年6月是繡球花季，長谷寺有接近2,500株繡球花綻放，場面十分壯觀，吸引大批遊客前來觀賞。

↑可愛的3尊「良緣地藏」，據說可為參拜者帶來好姻緣。

來到長谷寺高處可眺望相模灣的遼闊海景

31 四季花寺 長谷寺

長谷寺又名為「花寺」，一年四季有不同的花卉盛開，寺內可欣賞到繡球花、櫻花、菖蒲、牡丹、梅花、紅葉等植物，被花朵包圍之下的古寺建築，份外美麗。建於736年的長谷寺，寺內供奉著多位神明，有日本最大級別的木雕觀音、阿彌陀如來佛和七福神，吸引絡繹不絕的遊人前來參拜和賞花。此外，庭院內有不少面露微笑的可愛地藏，是大家手相前來拍照的景點。

←保佑健康、開運和交通安全的西瓜御守，售¥600。

MAP 別冊 M08 B-2

地/時 神奈川縣鎌倉市長谷 3-11-2
08:00-16:30(閉山17:00)；
4月至6月 08:00-17:00(閉山17:30)
金/電 大人¥400、小學生¥200
(81)0467-22-6300
網/交 www.hasedera.jp/
江之電長谷站步行6分鐘

32 人氣古民家Café sacanosita

café是傳統的木造建築室內佈置卻充滿西洋的復古感，環境舒適又富有慵懶的氣氛。食物方面以鬆餅為主，有原味、香蕉、抹茶和可可等多種口味，小記當天點了原味鬆餅，熱烘烘的鬆餅配上鮮奶油和雲呢嗱雪糕，味道不錯。

抹茶スイーツ

MAP 別冊 M08 B-2

地/時 神奈川縣鎌倉市坂ノ下21-15
10:00-17:00(L.O.16:00)、
星期六日10:00-18:00(L.O.17:00)
休 星期二
網 instagram.com/sacanosita_2115/
電 (81)467-81-3361
交 江之電長谷站步行6分鐘

WOW! MAP

31　32

神奈川縣

神奈川縣資料

鎌倉・江の島

箱根湯本・強羅

芦ノ湖

小田原・湯河原

珊瑚礁戶外的坐位，最受遊人歡迎，經常一位難求。

(33) 無敵海景餐廳
珊瑚礁 モアナマカイ店

座落於海邊的珊瑚礁，擁有無敵大海景，不論室內外座位都同樣能欣賞到一望無際的海岸景觀，黃昏的時份更可看到超美的日落美景，坐在面海的露天坐位吹著海風非常舒服！餐廳以特製的美味咖喱作招徠，風味濃厚又香又滑，佐飯一流！此外，還有豐富的海鮮料理和cocktail飲品供選擇。絕佳景觀，加上食物都是水準之上，難怪深受食客歡迎。

MAP 別冊 **M08 B-2**

地 神奈川縣鎌倉市七里濱 1-3-22
時 10:30-20:00
休 星期四（如當日為假期會延至翌日休息）
網 www.sangosho.net/
電 (81) 0467-31-5040
交 江之電七里ヶ浜站步行1分鐘

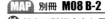

茄子肉碎咖喱飯 ¥1,350
珊瑚礁的特製咖喱非常香濃，令人一試難忘！

Hula-Hula ¥1,000
珊瑚礁提供種類豐富的調酒，這杯名為Hula-Hula的cocktail，味道帶點酸甜，在女性當中人氣No.1。

seafood salad ¥2,000

---

(34) 動漫迷朝聖地
鎌倉高校前 平交道

《男兒當入樽》陪著一眾動漫迷成長，相信大家對於鎌倉高校前平交道都熟悉不過。當中晴子和櫻木花道相遇的平交道更是經典場景，一直以來吸引大批粉絲前來這裡拍攝留意，追尋過去的青春回憶。

MAP 別冊 **M08 B-2**

地 鎌倉高校前駅　交 江之電鎌倉高校前駅出站即達

33　34

WOW! MAP

183

箱根湯本・強羅

Hakoneyumoto・Gora

必見！
彫刻の森
美術館

箱根，一個熟悉不過的名字。距離東京不過兩個多小時，卻儼如另一個世界。來到這裡，可以泡溫泉，可以賞富士，可以探望小王子，可以去看莫內，甚至到仙石原去看滿山芒花。對於旅人來說，絕對是東京的美麗後花園。

往來箱根湯本・強羅交通

新宿站	小田急特急 箱根湯本行 約1小時28分鐘 ¥2,461	箱根湯本站

JR東京站	JR東海道本線 約1.5小時 ¥1,518	小田原	箱根登山鉄道線 約15分鐘 ¥360	JR箱根湯本站

① 有別傳統溫泉街
箱根湯本溫泉街

有別於傳統寧靜的溫泉街,位於箱根湯本站外的溫泉街是每天都遊人如鯽,街上有數十間售賣箱根手信的小店和餐廳,同時由於交通方便的關係,是每個遊人都必到的地方。

MAP 別冊 **M12 B-1**

- 地 神奈川県足柄下郡箱根町湯本
- 電 (81)0460-85-7751(箱根湯本観光協会)
- 交 箱根湯本站步行1分鐘

⓵ 地元溫馨咖啡店
café Timuny

在箱根湯本站附近有一間溫馨又舒適的 café Timuny,

店內由地板、木枱、木椅以至書櫃,全部都是同一色系的棕色木製成,充滿木質的溫暖感。沿著樓梯步上 2 樓,陽光透過大窗戶灑入室內,坐在窗邊的位置靜靜地欣賞河川的自然景色,置身其中彷彿時間過得特別慢,讓人暫時忘卻了旅途中的辛勞。食物方面,Timuny 提供三文治、熱狗、沙律等輕食,更不能錯過自家製的甜品蛋糕,還有手沖咖啡、茶類和啤酒等飲品。

↑ 2樓設有多個梳化座位,舒適到讓人不捨得離開。

MAP 別冊 **M12 B-1**

- 地 神奈川県足柄下郡箱根町湯本706-32
- 時 10:00-19:00(L.O.18:30)
- 休 星期三
- 網 www.timuny.net/
- 電 (81)0460-85-7810
- 交 小田急電鐵箱根湯本站步行3分鐘

lunch set ¥1,000
タルタルのせテリセキチキン
丼蛋黃醬燒雞飯。香脆開胃。

遊人要先於1樓櫃台點餐再自找坐位

↑男女分開的見晴湯都很有亭園味道，左圖為女湯，右圖為男湯。

1b 日歸溫泉首選
箱根湯寮

來到箱根無論如何不能少了泡溫泉這一環節。就在箱根湯本駅附近，溫泉旅館林立，這家以日本古老民宅為設計主題的箱根湯寮，有露天大眾溫泉池外更有十九間私人獨立湯屋。

MAP 別冊 **M12 A-1**

地 神奈川県足柄下郡箱根町塔之澤4
時 平日 10:00-20:00 (最後入場19:00)；星期六日10:00-21:00 (最後入場20:00)
金 大浴場：成人 ¥1,600、小學生 ¥900；星期六日及公眾假期 成人 ¥1,900
網 www.hakoneyuryo.jp/
電 (81)0460-85-8411　泊 有
交 箱根湯本站乘搭免費接駁巴士約3分鐘

1c 藤原豆腐店200年版
萩野豆腐処

由箱根湯本 JR 駅步行約 10 分鐘，便會走到湯本橋。過了湯本橋，拐個彎，就會發現在靜巷角落，有一家儼如《頭文字D》裡的小豆腐店。綠色簷篷，極不起眼。不說不知，它是箱根的 200 年名店，萩野豆腐処，它非常簡樸，只做豆腐，且豆腐全使用 100% 日本國產大豆及附近玉廉之滝的天然泉水製造。其滑其香，不問而知。

原味豆花 ¥280 / 芝麻味豆花 ¥380 木桶

非常家常的店

MAP 別冊 **M12 A-2**

地 神奈川県足柄下郡箱根町湯本607
時 09:00-17:00
休 星期三
網 www.hagino-tofu.com/
電 (81)0460-85-5271
交 箱根湯本站步行6分鐘

WOW! MAP
1b　1c

1d 梅干專門店

村上二郎商店

村上二郎商店是當地人極力推介的梅製品專賣店，店內除了有種類豐富的梅干，還有梅子茶和梅酒等商品，出售的梅商品都是選用紀州和歌山出產優質梅所製成。此外，店家更貼心地標明每款梅干的鹽度、偏甜或偏酸口味，讓客人一目了然，歡迎大家試食。

↓梅被日本人視為健康食品，其營養價值極高，常出現在日本料理之中。

MAP 別冊 **M12 A-1**

- 地 神奈川県足柄下郡箱根町湯本702
- 時 08:30-17:00　休 星期一及二
- 網 www.ajipittari.com/
- 電 (81)0460-85-6171
- 交 箱根登山鉄道箱根湯本站步行5分鐘

わさび漬け ¥780/150g
芥末和沙律醬 1:1 比例的芥末漬物，日本人會抹在餅乾或吐司食。

店內集中了箱根的手信

1e 站前最後衝刺點

箱根の市

位於站前的手信店箱根の市，可算是溫泉街中比較夜關門的手信店，在其他店舖都在黃昏左右關門的時候，它仍營業至晚上八時，店內有數百款箱根的特產：溫泉蛋、魚板、梅干和一夜干等，價錢合理，很適合大家臨走前作最後衝刺！

↑箱根燻製雞蛋(右)和梅干(左)

→切合季節推出了櫻花饅頭

MAP 別冊 **M12 B-1**

- 地 神奈川県足柄下郡箱根町湯本707（箱根湯本站內）
- 時 09:00-20:00
- 網 www.hakone-tozan.co.jp/goods/souvenir_1.html
- 電 (81)0460-85-7428
- 交 箱根登山鉄道箱根湯本站前

1d

1e

WOW! MAP

1f 箱根名物「咖喱麵包」

Picot

Picot 其實是箱根富士屋酒店內的餐廳，最有名是它的咖喱麵包，香濃咖喱與麵包甜味完美融合，是旅人必嚐的箱根美食。而這一家 Picot，是富士屋酒店的小分店。對於無緣到富士屋酒店一遊的朋友來說，在駅前買個咖喱麵包，亦算是補回了失去的緣份。

咖喱麵包 ¥350

別看箱根湯本駅前的這一間 Picot 像是一間普通麵包店似的，它的麵包可是大大的有名

MAP 別冊 **M12 B-1**

地 神奈川県足柄下郡箱根町湯本256-1
時 10:00-16:30（12月-2月至16:00）
網 www.fujiyahotel.jp/restaurant/picot/
電 (81)0460-85-6111
交 箱根湯本站步行3分鐘

1g 手信最後補給名單

籠屋清次郎

旅人們，如果在臨離開箱根之際，才發現手信未買夠，極建議到湯本大街上的籠屋清次郎走一趟。這一家不一樣的大型手信店，除了什麼類型的手信都齊備外，尚可以找到不少有趣的富士限定版手信。進籠屋清次郎走一趟，就等於再重新檢視一次箱根的手信名單。

↑小田原城立體紙模型

→Hello Kitty X 唐如人六吉電話殼

↑富士山特別版布丁蛋糕

↑ One Piece 富士山限定版手帕

←↑赤色富士朱古力

MAP 別冊 **M12 A-1**

地 神奈川県足柄下郡箱根町湯本702
時 09:00-18:00（星期六日及公眾假期至19:00）
休 星期三
網 kagosei.co.jp/shoplist/07_mitsuki.html
電 (81)0460-83-8411
交 箱根湯本站步行約1分鐘

WOW! MAP
1f 1g

1h 蜂蜜蛋糕箱根饅頭 菊川商店

驟眼看，菊川就像是一家普通的手信店。可是門口那一台巨大的機器及那位默默地工作的老師傅卻叫人忍不住稍一駐足。咦，老師傅在做的，原來就是箱根名物之一的小蜂蜜蛋糕。菊川的蜂蜜蛋糕即叫即做，小小的一件蛋糕，用的是每天由小田原取得的新鮮雞蛋，配合北海道的小麥粉，做出一種輕盈淺甜的好滋味。一件小小的蜂蜜蛋糕，竟讓人心底泛下陣陣感動！

正在認真做蜂蜜蛋糕的老師傅

↑蜂蜜蛋糕
¥80/個

MAP 別冊 M12 B-1
地 神奈川県足柄下郡箱根町湯本706-17
時 09:00-18:00(星期五、六、日至20:00)
休 星期四(如遇假日，可能會有變動)
電 (81)0460-85-5036
交 箱根湯本站步行1分鐘

1i 堅好食的堅果餅乾 箱根Sagamiya

就在箱根湯本駅前的長途巴士站，有一間白色牆藍色簷篷的法式風味小餅店，叫 Sagamiya。走進去，會發現各式麵包的樣子都非常吸引，但其中必定是店內的名產堅果餅乾（ナッツ ヴェセル）最引人注目。這塊厚厚的堅果餅乾，非常足料，是以 7 種不同的在地果仁塗上厚厚的焦糖而製成的。而堅果餅乾（ナッツ ヴェセル）更被當地美食店評為五星級的美食。

堅果餅乾
¥583/105g

除了堅果餅乾外，店內尚有極多的麵包餅乾。

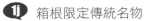

MAP 別冊 M12 B-1
地 神奈川県足柄下郡箱根町湯本706-35
時 平日 09:30-16:30；星期六及日09:00-17:00
網 sagamiya-honten.co.jp
電 (81)0460-85-6610
交 箱根湯本站步行1分鐘

1j 箱根限定傳統名物 湯もち本舗 ちもと

湯本大街上最有代表性的名物，必定是只限箱根有售的和菓子湯もち（湯糕）！是以日本本地產的糯米磨成的白玉粉，混入蜜柑及羊羹做成的白色小糕。而在湯本大街上，近湯本橋的這一家ちもと，是做湯糕的 50 年老字號。店裡的湯糕，由開始至今連包裝都沒有更改過，非常古色古香。揭開包裝的葉紙，細嚐一口，更會發現湯糕有一股淡淡的柑香，絕對是日式和菓子清淡雅緻的精品代表。

除了湯糕，店內其實尚有很多不同種類的和菓子出售。

湯もち¥248/個

MAP 別冊 M12 A-1
地 神奈川県足柄下郡箱根町湯本690
時 09:00-17:00
網 yumochi.com/
電 (81)0460-85-5632
交 箱根湯本站步行5分鐘

1h

1i

1j

WOW! MAP

店內販賣各款寄木細工的小物。

1k 土產細尋寄木細工工藝品
藤屋商店

就在熱鬧的湯本大街上，忽然有一家非常古樸的小店出現在眼前，它叫藤屋。藤屋販賣的主要是箱根有名的寄木細工工藝品，當中不乏在畑宿亦找不到的獨特設計。遊完箱根愛上了寄木細工的旅人固然不可錯過，沒有時間一訪畑宿的旅人亦可在藤屋裡見識到寄木細工之美。

← 造工非常精緻的寄木細工時鐘

MAP 別冊 M12 A-1

地 神奈川県足柄下郡箱根町湯本690-5
時 08:30-17:00
休 不定休
電 (81)0460-85-5248
交 箱根湯本站步行4分鐘

1l 月亮似的溫泉饅頭
まんじゅう屋・菜の花

既來到箱根，少不了泡溫泉。既泡溫泉，又怎少得泡溫泉的最佳伴侶溫泉饅頭呢？在湯本大街上，會發現最火紅的一間溫泉饅頭店，叫菜之花。黑色的一幢大樓，非常容易認。菜之花的溫泉饅頭，除了包裝極精美外，又因饅頭以崎玉的麵粉配德島的三盆蜜糖及沖繩黑糖作外皮，又以箱根的泉水蒸煮北海道有機紅豆作內餡而成，因而口感比較彈牙，與一般的溫泉饅頭非常不一樣。

↑ 黑芝蔴/原味兩粒裝

↑ 溫泉饅頭
¥2,180/8個裝
溫泉饅頭是不錯的手信，但須注意饅頭只能存放3至4天。

溫泉饅頭有兩款口味，一款是紅豆餡，一款是栗小餡。

MAP 別冊 M12 A-1

地 神奈川県足柄下郡箱根町湯本705
時 08:30-17:30(星期六、日及公眾假期到18:00)
休 不定休
網 www.nanohana.co.jp
電 (81)0460-85-7737
交 箱根湯本站步行1分鐘

WOW! MAP
1k   1l

Evangelion Store 面積不大，但貨架上的產品真的叫人喜愛不釋手，不知不覺就會在店中消磨好一段時間。

1m 歡迎來到EVA「第三新東京市」

えゔぁ屋 (Evangelion Store)

遊箱根，溫泉與富士山是重點！可是，對 EVA 迷來說，箱根本身就是一個朝聖之地。只因，《新世紀福音戰士》這套漫畫中，所有故事都是由箱根這個「第三新東京市」開始。遊箱根，對 EVA 迷來說就是實地到訪故事場景。而事實上，就在旅人遊箱根的第一站箱根湯本駅前，就有一間 Evangelion Store，門口前是穿著浴衣的綾波麗，店內賣的是數之不盡的 Eva 箱根限定版設計和產品。Eva 迷們，請準備好荷包大出血吧！

門口是激罕版微笑著的浴衣綾波麗

←綾波麗 / 明日香浴鹽

→其實就算不是 Eva 迷，走進此店也會忍不住興起購物的念頭，因為不少產品實在太可愛。

MAP 別冊 M12 B-1

地 神奈川県足柄下郡箱根町湯本字白石下707-1(箱根湯本駅地下舖)
時 09:00-18:00
休 不定休
電 www.evastore2.jp/eva-ya/
網 (81)0460-85-9881
交 箱根湯本站內

西瓜饅頭 ¥1,050

1n 絕世腐皮蓋飯

湯葉丼 直吉

箱根，由於水質好，所以連味道與水息息相關的豆腐及豆腐類製品，也成為了箱根的名物。除了萩野豆腐處，這一家湯葉丼直吉，也是以豆腐而聞名的。所謂的「湯葉」，指是原來是腐皮。直吉的腐皮乃以箱根大平台名水「姬之水」所製，因此口感是無可比擬的嫩滑。到箱根，預留一餐給直吉的湯葉丼御膳，方算不枉此行！

↑湯葉丼是不少日本人都非常讚譽的箱根名店

MAP 別冊 M12 A-1

地 神奈川県足柄下郡箱根町湯本696
時 11:00-18:00 休 星期二
電 (81)0460-85-5148
交 箱根湯本站步行3分鐘

湯葉丼 ¥1,200

1m

1n

WOW! MAP

2 用溫泉水做的燉肉麵包
Watanabe Bakery

這一家在富士屋酒店附近的 Watanabe Bakery，店小小的，頗有歐洲風味，卻是附近的名店，是因為店內的名物溫泉燉牛肉湯麵包。這一款湯麵包，最特別的地方是以天然的溫泉水來燉牛肉湯而成的，味道特別香濃。走進店內，會發現小小的店內擺放著幾張桌子，總是高朋滿座。而每一位顧客，點的都是這款湯麵包，而且個個吃得津津有味。據說，由於店內桌椅不多，客人落單後不可以再補點其他食物來霸佔座位。如此有格，仍然客似雲來，食物質素之高必有保證。

↑ Watanabe Bakery 也賣其他麵包。沒有閒情坐下來吃個溫泉麵包的旅人至少買個麵包吧！

時令水果果醬 ¥690
Watanabe Bakery 亦有推出箱根水果果醬

溫泉燉牛肉湯麵包 ¥680
湯麵包以蘿蔔、牛肉與天然溫泉水燉成，味道濃郁。而麵包本身又非常鬆脆，沾湯來吃，是最佳食法。

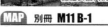

MAP 別冊 M11 C-2

地 神奈川県足柄下郡箱根町宮之下343-3
時 09:30-17:00
休 星期三及每月第1、3、5個星期二（有可能休息）
網 watanabebakery.jp/
電 (81)0460-82-2127
交 宮ノ下駅出口步行7分鐘

LET'S TRY!

3 逛公園做手工
強羅公園

距離強羅駅不到 10 分鐘路程的強羅公園建於 1912 年，歷史超過一百年！這個公園是當年上流社會人士的後花園，建築非常西化，例如園裡的噴水池、溫室和花園都充滿法式風情。但同時公園旁又種滿櫻花和杜鵑花，加上公園內的白雲洞茶苑，竟又揉合了點點日本風情。

Crafthouse

更有趣的是公園內的 Crafthouse，有各種手工藝工作坊可供參加，十分好玩。

強羅公園內的 Crafthouse

MAP 別冊 M11 B-1

地 神奈川県足柄下郡箱根町強羅1300
時 09:00-17:00(最後入場16:30)；cafe 09:30-17:00
金 大人 ¥650、小童免費
網 www.hakone-tozan.co.jp/gorapark/
電 (81)0460-82-2825
交 箱根湯本站乘搭登山電車到強羅站

↑甚至可以參與陶藝班

WOW! MAP

2

3

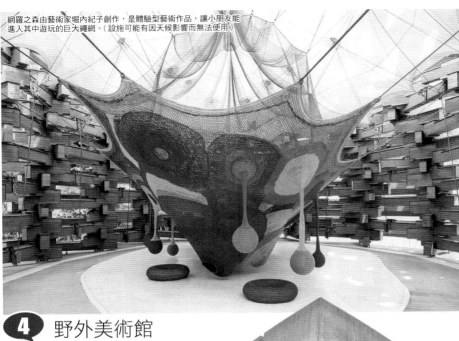

網羅之森由藝術家堀內紀子創作，是體驗型藝術作品，讓小朋友能進入其中遊玩的巨大繩網。(設施可能有因天候影響而無法使用)

④ 野外美術館
彫刻の森美術館

雕刻之森美術館於1969年開館，是日本國內首間野外美術館，面積達7萬平方米。在廣闊的草原上放置了不同藝術家的作品，總數近120件，可以一邊在草原散步，一邊欣賞豎立在四周的雕塑作品，是一個十分有趣的體驗。而除了室外會有展品展出外，彫刻の森亦設有5個室內展示場及廣場展示300多件藝術品，當中最受矚目的當然是畢加索館！館內展示了畢加索近200件的展品，有多幅不同時期的畫作及陶瓷作品，全由畢加索的長女捐出，展品更會定期更換，畢加索的粉絲一定不可錯過！

←發揮你的想像力，猜猜這是什麼？

畢加索館

MAP 別冊 **M11 C-2**

地 神奈川県足柄下郡箱根町二ノ平
時 09:00-17:00
金 大人￥2,000、65歲以上/大學生及高中生
　 ￥1,600、初中生及小學生￥800
網 www.hakone-oam.or.jp
電 (81)0460-82-1161
交 箱根湯本站乘搭登山電車到雕刻の森站

由明治年間屹立至今

↑ 1978 年時替 John Lennon 一家拍的照片

5 懷舊照相館
嶋写真店

在富士屋酒店附近，有一家有名的寫真店。創於明治十一年的照相館，歷史固然非常悠久，更特別的是，瞄瞄它的櫥窗，會發現擺滿了各式名人的相片，例如 John Lennon 與富士屋酒店的合照。而旅人們到此，亦可進內，即時拍一張懷舊相片。嶋寫真店提供郵寄服務，在相片曬好後可寄回。

MAP 別冊 **M11 C-2**

地 神奈川県足柄下郡箱根町宮ノ下372
時 10:00-18:00
休 不定休
網 www.miyanoshita.com/i/shima
電 (81)0460-82-3329
交 箱根登山鐵道強羅站步行1分鐘

6 遊走於地獄間
大涌谷

↑黑玉子：用高溫硫磺泉水煮熟的雞蛋，傳說每吃一個就可延壽7年，售 ￥500/6個，講究養生之道者不容錯過。

自駕遊 **MAPCODE** 57 242 710

大涌谷是因箱根山於 3 千年前的火山活動而形成的自然景觀，曾被稱為大地獄，於明治 6 年 (1873) 正式更名為大涌谷。當中會不斷噴白煙、可以感受到火山活動帶來的震撼感的「噴煙地」、助人解決煩惱十分靈驗的「延命地藏」都是大涌谷的看點。而在這裡亦可以遠眺富士山，記得不要忘記一試這裡的特產「黑玉子」。

↑ 大涌谷是在箱根火山最後一次爆發時形成的，現在還不斷有水蒸氣及硫磺在山的表面冒出，散發陣陣硫磺氣味。
←工作人員用吊櫃將黑玉子運送到觀光中心。

MAP 別冊 **M10 A-1**

地 神奈川県足柄下郡箱根町仙石原1251
時 09:00-16:15
電 (81)046-532-2205
交 箱根湯本站乘登山電車到強羅站，轉乘登山纜車到早雲山，再乘空中纜車到大涌谷站。

7 溫泉主題樂園
箱根小涌園ユネッサン(Yunessun)

這是一個把溫泉變成主題樂園的地方。在小涌園中，共有大大小小接近 100 種的室內及露天溫泉。以地中海為主題的樂園，更將不同溫泉區打造出不同的感覺，讓旅人有點置身羅馬浴場的滋味。此外，更特別的一點是小涌園容許旅人們穿著泳衣泡溫泉。對於嬌羞的女士們來說，更能盡情享受溫泉樂！

MAP 別冊 **M11 B-2**

地 神奈川縣足柄下郡箱根町二ノ平1297
時 Yunessun 09:00-19:00；森之湯 11:00-20:00
金 Yunessun大人￥2,500、小童￥1,400；元湯「森之湯」大人￥1,500、小童￥1,000
網 www.yunessun.com
電 (81)0460-82-4126
交 箱根湯本站乘搭循環巴士於「小涌園」站下車

WOW! MAP

5　　6　　7

8 人在箱根，看梵谷
ポーラ美術館

這一家隱蔽在樹林之間的 Pola Museum of Art，卻認真地叫人驚喜無限。以玻璃作幕牆的 Pola，驟眼看有點像一座溫室，與附近的綠林甚為相襯，原來這一家由日本化妝品公司贊助建立的美術館本來就是希望予人一種在森林中欣賞感受藝術品的感覺。走進去，會發現 Pola Museum 的藏品非常驚人，竟然有一些國際級畫家如莫內、梵谷的作品。

←懂得欣賞畫的人都知道，看畫一定要把握機會看真跡。這裡可是有梵谷的向日葵系列，如何可以入寶山空手回！

→ Pola Museum 內藏有莫內睡蓮系列的其中一些畫作。

MAP 別冊 **M10 A-1**

地 神奈川県足柄下郡箱根町仙石原小塚山1285
時 09:00-17:00(最後入場16:30) 休 展覽更替期
金 大人￥1,800、大學及高中生￥1,300、中小學生免費
網 www.polamuseum.or.jp
電 (81)0460-84-2111
交 強羅站乘搭濕生花園方向設施巡迴巴士約13分鐘

如童話般的美景

9 浪漫到不行的玻璃樹下
ガラスの森美術館

這一個名為 Venetian Glass Museum 的玻璃之森美術館，最讓人印象深刻的必然是其門口處那幾棵以小玻璃球造成的玻璃樹。美術館內，分「威尼斯玻璃美術館」及「現代玻璃美術館」兩部份，分別展示上超過 100 件 15 至 18 世紀的珍貴玻璃工藝品及非常具創意的現代玻璃設計。而旅人若時間充裕，更可參加美術館內的工作坊，即場自製玻璃作品帶回家作手信。

MAP 別冊 **M10 A-1**

地 神奈川県足柄下郡箱根町仙石原940-48號
時 09:00-17:30 (最後入場17:00)
金 大人￥1,800、大學及高中生￥1,300、中小學生￥600
網 www.ciao3.com 電 (81)0460-86-3111
交 箱根湯本駅乘箱根登山纜車至俵石・箱根ガラスの森前直達

↑有興趣又有時間的旅人，不妨在玻璃之森自製小玻璃工藝品。

WOW! MAP

8　　9

芦ノ湖

Ashinoko

必見！
箱根海賊觀光船

以富士山為背景的蘆之湖是遊人必到的景點，不論大家在觀光船，還是在岸邊，只要是在晴天的日子就可拍到富士山的美景。其實這裡很適合和小朋友同來，因為有箱根園水族館和登山纜車等玩樂設施，同時亦有購物商場，玩樂購物一整天沒有難度！

往來芦ノ湖交通

湯本箱根	箱根登山巴士 約40分鐘 ¥1,080	箱根町港
湯本箱根	伊豆箱根巴士 約1小時5分鐘 ¥1,330	箱根園

LET'S TRY!

① 箱根名物 寄木細工
畑宿寄木会館

對於箱根來說，「寄木細工」可謂箱根獨一無二的工藝名物，是一門木工藝術。這門藝術，於江戶時代起於箱根，由石川仁兵所設計，是以各種有不同顏色紋路的天然木材拼湊出不同幾何圖案的手工藝。過程中，工匠會先挑選木材，做好圖案，將木材黏好再以特殊的刨子將木材刨成極薄的「木紙」，再將「木紙」貼在箱子等物上，非常考功夫。來到今天，這門著名的箱根工藝仍然保存良好，就在畑宿這個地方，就有一家可以看到工匠親自示範如何做寄木細工的畑宿寄木會館，甚至可以即場在會館體驗做寄木細工，讓旅人可親眼見識得到寄木細工之美之妙。

↑老師傅會即場示範製造寄木細工的步驟

↑店內售賣各式寄木細工設計

←寄工細工小陀螺
¥630

↓甚至可以寄木細工，做模型。

步驟1：找來不同顏色紋路的木材。

步驟2：將木材切細，再根據不同木材的顏色形狀等，開始著手拼湊圖案。

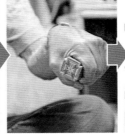

步驟3：就是靠著木材的深淺顏色，先做出小小的幾何圖案。

步驟4：再由一個一個小圖案，拼出更大的圖案。

完成

步驟5：設計好圖案後，就用刨子將拼好的木刨薄，成為木紙。牆上展示著一些寄木細工最經典又最基本的圖案。

MAP 別冊 **M10 B-2**

地 神奈川県足柄下郡箱根町畑宿103
時 09:30-16:00
休 星期一及年底年初
網 www.hakoneyumoto.com/exp/1
電 (81)0460-85-8170
交 箱根湯本乘搭箱根登山巴士至「畑宿站」下車步行約3分鐘

WOW! MAP

197

② 看富士山體驗變幻無常的天氣
駒ヶ岳ロープウェイー

就在箱根園水族館旁的駒ヶ岳纜車是另一個人氣的觀光點。纜車最多可乘載差不多一百人，只要7分鐘就可以到達海拔1,300米的山頂，好天氣時可以看到芦之湖、伊豆半島和駿河灣，還有主角富士山。提一提各位就算是初春時間，登到山頂亦有可能大雪紛飛，大家要留意。

↑ 上山頂的途中已可看到富士山
↓ 纜車的體積較大，可容納百人。

MAP 別冊 **M12 C-1**

- 地 神奈川県足柄下郡箱根町元箱根139
- 時 06:00-17:00（因應各季節有所不同，請參閱官網）
- 休 天氣不佳時
- 金 大人￥2,030、小童￥1,010
- 網 www.chuo-alps.com
- 電 (81)0460-83-1151（箱根園內）
- 交 箱根湯本站乘伊豆箱根巴士約1小時5分鐘，箱根園下車；箱根湯本駕車約25分鐘。

③ 買手信必到
箱根園購物廣場

來箱根園遊樂過後，大家可以順道到隔鄰專為遊客而設的購物廣場買手信。這裡約有十間的小店，內有水族館的公仔、海豹曲奇、富士山造型的杯、海苔漬物和溫泉饅頭等。

→ 可以買富士山湯花回家

MAP 別冊 **M12 C-1**

- 地 神奈川県足柄下郡箱根町元箱根139
- 時 頭班次開出20分鐘前至最終出發時間
- 休 各店略有不同
- 網 www.chuo-alps.com/shop/
- 交 箱根園水族館旁

④ 日本傳統公路賽跑博物館
箱根駅伝ミュージアム

箱根駅伝就是日本當地傳統的公路賽跑比賽，參賽者是要由東京跑到這裡！館內有介紹箱根駅伝的歷史，透過第一次舉行的箱根駅伝的相片，紀錄了昔日到現今的珍貴風景和時刻，亦有在比賽期間用的獎盃和旗幟等，令遊人更了解相關的箱根駅伝傳統。

←館內亦有售賣運動員穿著的賽衣

MAP 別冊 **M10 A-2**

- 地 神奈川県足柄下郡箱根町箱根167
- 時 平日10:00-16:30、星期六日及公眾假期09:30-17:00（閉館前30分鐘最後入場）
- 金 大人￥650、中小學生￥450
- 網 www.hakoneekidenmuseum.jp/index.html
- 電 (81)0460-83-7511
- 交 箱根湯本站乘箱根登山巴士約35分鐘，於箱根町下車；箱根湯本站駕車前往約20分鐘。

2

3

4

⑤ 海豹也浸溫泉？
箱根園水族館 〔親子〕

於 1979 年的箱根園水族館，分為貝加爾海廣場、海水館、淡水館 3 個分館，飼養了 0 種約 32,000 隻海洋生物。在海水館的中設置了 7 公尺高的露天大水槽，遊人可以欣到各式各樣的魚兒活潑悠遊的樣子，更會有水員水中餵魚的表演上演。而最愛旅客歡迎莫過於貝加爾海豹表演，由 4 隻活潑可愛的豹為大家帶來精彩又有趣的表演！

→色彩繽紛的熱帶魚
生不同的燈光投影下，水顯得夢幻又唯美。

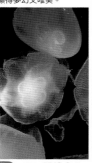

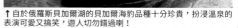

↑自於俄羅斯貝加爾湖的貝加爾海豹品種十分珍貴，扮浸溫泉的表演可愛又搞笑，遊人切勿錯過喇！

↑箱根園水族館雖然規模不大，但規劃良好，吸引日本家庭來遊玩。

AP 別冊 **M12 C-1**

神奈川県足柄下郡箱根町元箱根139
09:00-17:00(最後入館16:20)
大人￥1,500、4歲至小學生￥750
www.princehotels.co.jp/amuse/hakone-en/suizokukan/
(81)0460-83-1151
箱根湯本站乘伊豆箱根巴士約1小時5分鐘，箱根園下車；箱根湯本駕車約25分鐘。

199

5

↑ 在湖畔展望館 到的富士美景,被 為「關東富士見 景」之一。

←恩賜箱根公園的 畔展望館屹立在蘆 湖畔,是看富士山 絕佳處。

6 看蘆之湖,也看富士山
恩賜函根公園 (恩賜箱根公園)

這個位於箱根的恩賜箱根公園,從前是明治天皇的離宮,二次大戰後,經整理就變成開放給人們參觀的大公園。在林蔭處處的公園內,草木都修剪得非常整齊,甚有皇室公園遺風,作為散步的公園,算是不錯!但旅人到此,要記得到公園內的湖畔展望館去看看,在展望館的2樓,可以同時盡收蘆之湖與富士山之景色於眼下,絕對是一個觀景好地方。

MAP 別冊 **M10 A-2**

地 神奈川県足柄下郡箱根町元箱根17
時 湖畔展望館09:00-16:30、茶処緑賜庵10:00-15
網 www.kanagawa-park.or.jp/onsisite
電 (81)046-083-7484
交 箱根湯本站乘搭箱根登山公車,
「恩賜公園前」站下車,車程約1小時

7 環湖賞美景
箱根海賊觀光船

裝扮成海盜船模樣的觀光船,在桃源台及箱根町、元箱根之間運行,船程約30分鐘。一般來說,湖上的風浪不會太大,大可趁此機會竭息一下,順道欣賞一下蘆ノ湖及四周的自然景緻。

MAP 別冊 **M10 A-2**

地 神奈川県足柄下郡箱根町元箱根6-40
時 09:00-17:00
金 單程大人￥420起、小童￥210起
網 www.hakone-kankosen.co.jp/ 電 (81)046-083-6325
交 箱根湯本乘搭箱根登山巴士約40分鐘

8 重要文化遺產
箱根神社

建於奈良時代的箱根神社位於元箱根蘆之畔,內有關東最古老的雕像,以及被譽為日重要文化遺產的「箱根權現緣起繪卷」。其物殿已有千年歷史,其中一些古物更被日府列為重要文化財產。

MAP 別冊 **M10 A-2**

地 神奈川県足柄下郡箱根町元箱根80-1
時 寶物殿 09:00-16:30 (最終入館 16:00)
金 大人(中學生以上)￥500、小學生￥300
網 hakonejinja.or.jp/ 電 (81)0460-83-7123
交 箱根湯本站乘搭元箱根町方向箱根登山巴士約40
鐘,於元箱根港下車步行10分鐘。

WOW! MAP

6　　　7　　　8

9 此美景實在令人陶醉
成川美術館

成川美術館建於丘陵之上，被茂密的綠樹所環抱。在欣賞作品的間隙，還可從美術館正面的玻璃門走到戶外，在庭園中漫步。您可以在此盡情眺望箱根絕佳的美景。

有空的可以品嚐點小吃再欣賞美景

MAP 別冊 **M10 A-2**

地 神奈川県足柄下郡箱根町元箱根570
時 09:00-17:00
金 大人￥1,500、大學生及高中生￥1,000、中小學生￥500
網 www.narukawamuseum.co.jp/
電 (81)0460-83-6828
交 箱根湯本站乘搭箱根登山巴士至元箱根港步行5分鐘

此資料館展覽了很多江戶時代的通行證及刑具，令人更深入了解箱根關所的歷史。

10 文化遺產
箱根関所資料館

箱根關所設於江戶時代元和5年（公元1619年），當時全國都對「入鐵炮」及「出女」（即槍械及女性）管制甚嚴，此關所的主要功能為管制女性及軍器的出入口，以防範諸侯造反。

MAP 別冊 **M10 A-2**

地 神奈川県足柄下郡箱根町箱根1
時 3月至11月 09:00-17:00、12月至2月 09:00-16:30
金 大人￥500、小童￥250
網 www.hakonesekisyo.jp/
電 (81)0460-83-6635
交 小田原站搭乘巴士，在「關所遺跡入口」下車，徒步2分鐘可抵達。

9　　10

WOW! MAP

小田原・湯河原
Odawara・Yugawara

必見！
小田原城址公園

小田原和湯河原都是遊人進入伊豆半島的必經之路，小田原市內面積不大，可是站的周邊都有熱鬧的商店街和食肆，而其中最有名的要算是小田原城址公園；而湯河原早在日本最古的歌集《萬葉集》已有它的歌頌，它遠眺相模灣，是一個擁有獨特地型的溫泉區，而每年冬天的梅園，更是遊人如鯽的旅遊景點。

往來小田原・湯河原交通

| 新宿站 | 🚆 | 小田急小田原線
約1小時9分鐘 ¥1,901 | 小田原站 |
| 小田原站 | 🚆 JR | JR東海道本線熱海方向
約17分鐘 ¥330 | JR湯河原站 |

小斜坡上遊人都忙於拍照

① 冬季梅之盛宴
湯河原梅林

每年的二月至三月上旬，這個位於幕山公園的梅林都有超過四千株的紅梅和白梅盛開，公園期間會有十數間的小店，售賣縣內小吃和農產品，亦有特色的梅味雪糕，難怪吸引各地遊客到來。

MAP 別冊 M02 D-1

神奈川県足柄下郡湯河原町鍛冶屋
「梅の宴」期間入場￥200
(81)0465-63-2111
有
建議於「梅の宴」期間前往湯河原乘巴士於森下公園下車，步行25分鐘；於梅之宴盛開期間會有接駁巴士由湯河原站直接到幕山公園。

→味道酸甜的梅花軟雪糕 ￥300
←花海下野餐，好不浪漫。

② 大伙兒的最佳食堂
湘南大眾橫丁

小田原駅其實算是頗為繁華的大車站，因此在駅旁也是食店林立。其中這一家湘南大眾橫丁是一家十分熱鬧的食店，有點像在居酒屋，氣氛熱鬧，非常適合一群吵鬧的朋友同往。地方頗大，沒有一般居酒屋偏向擠逼的缺點。而橫丁內亦有刺身、燒物等不同類型的食物可供選擇，食物質素亦不錯！

↓富士宮炒麵
即叫即炒鑊氣十足

↑駿河灣產
生白飯魚飯

MAP 別冊 M11 A-2

神奈川県小田原市栄町2-4-33
平日15:00-23:00(星期五至00:00)
星期六日及公眾假期 12:00-23:00
odawara-izakaya.jp/sty
(81)0465-20-3917
小田原站東口步行1分鐘

1

WOW! MAP
2

203

❸ 攻不破的城 🌸

小田原城址公園

這一個被選為「日本歷史公園百選」之一的小田原城址公園，在中世紀曾經是日本最大的城郭，更被譽為關東地區最難破之城。公園內亦種滿了近 350 株櫻花及紫籐花，遇上春暖花開時景色非常美。

MAP 別冊 **M11 A-2**

地 神奈川縣小田原市城內6-1
時 09:00-17:00（最終入館16:30）
休 12月第二個星期三及12月31至1月1日
金 天守閣大人￥510、中小學生￥200
網 www.city.odawara.kanagawa.jp/kanko/odawaracastle/
電 (81)0465-23-1373
交 小田原站步行10分鐘

❹ 在路邊食海鮮BBQ 抵食 編者推介

小田原さかなセンター

小田原魚市場的新鮮魚獲每天都是來自隔鄰的小田原漁港，當地的市民習慣一早就會逛魚市場，若是遊客的話就算海鮮帶不走，亦推介大家來過海鮮燒烤。每枱可坐四人，就可以即席有燒烤爐、醬油、餐具、燒烤夾等，至於食物，客人則可以自由在旁邊的鮮魚店購買，價錢合理，有海鮮之餘，亦有牛肉、野菜、雞及豚肉等，很推介給喜歡海鮮的朋友！

↑ 在秋冬時份在路邊來個海鮮BBQ，暖笠笠！

→ 推介味噌蟹膏

↑ 燒烤爐其實二人用剛剛好

← 燒烤枱旁就有數間的海鮮和魚店

MAP 別冊 **M10 C-1**

地 神奈川縣小田原市早川1-6-1
時 平日10:00-15:00（BBQ L.O. 14:00）；星期六日及公眾假期 10:00-14:00（BBQ L.O.15:00）
金 ￥3,300起；開爐費￥1,100（90分鐘）
網 www.sakana.co.jp
電 (81)0465-23-1077
交 箱根登山鐵道箱根板橋站步行11分鐘

WOW! MAP

3 4

4a 周邊魚店

魚市場內有數間賣海鮮的小店，客人大多都是從這裡買各式的海產作燒烤，有超大條的新鮮鯛魚、生蠔、帆立貝和蜆等，亦有自家製的一夜干和漬物等。

連殼生蠔 ¥400

海鮮只是百多円起，買少量亦可。

市場外亦有賣乾物的小店

連殼帆立貝¥400

4b 寿司定食 いこい

吃完海鮮 BBQ 的還想吃海鮮丼？到市場的食堂いこい豪氣地來客海鮮丼吧！店內只有數十個座位，有各類的壽司和刺身，亦有超鮮甜的鮑魚刺身，只要 ¥500。當天點了一客三色丼定食，飽滿的三文魚籽配上鹹鮮的白飯魚，真是鮮味滿分！

↑ 店前放滿新鮮的海產

←三色海鮮丼 ¥1,760
還奉送兩件炸魚。

→鮑魚刺身，
新鮮活跳 ¥500

時 09:30-17:00
電 (81)0465-21-6006

館內陳列了多組大型的恐龍骸骨模型，場面十分壯觀，歡迎大家隨意參觀拍照。

⑤ 認識地球的奧秘
神奈川県立生命の星地球博物館

以「生命之星・地球」的誕生到現今為止的 46 億年期間為展覽主題的地球博物館，按照時間的前後，將地球的歷史進程，用簡單易懂的方式呈現大家眼前。館內更展出細小如豆粒般的昆蟲，大到巨型恐龍骸骨和隕石等，大約有 1 萬個實物標本，讓大家了解地球的生命發展的奧妙。除了常設展覽以外，博物館也從事關於自然調查、研究、資料收集等活動，並定期開設講座及觀察會等，進行各種的學習支援活動。

步入博物館內，一抬頭發現天花板上有一個小地球，非常美麗。

自然方解石結晶

博物館圖書室內收藏了豐富的自然學科書籍和雜誌。

←在巨大書籍展示室中，有一整排高 2.5 米並滿載了許多實物標本的立體百科全書共 27 冊，十分有趣。

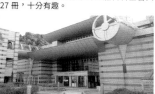

MAP 別冊 **M10 C-1**

地 神奈川県小田原市入生田499
時 09:00-16:30(最後入館16:00)
休 星期一、年末年始、每月第2個星期二及12月1至2月星期二
金 大人￥520、中學生以下免費
網 nh.kanagawa-museum.jp
電 (81)0465-21-1515
交 箱根登山鉄道入生田站步行4分鐘

WOW! MAP

⑥ 鈴廣蒲鉾本店
鈴なり市場

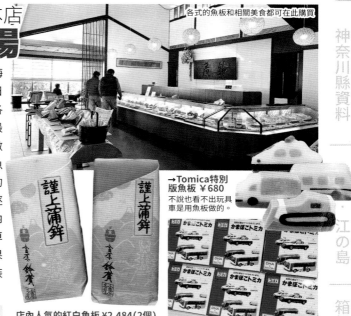

各式的魚板和相關美食都可在此購買

小田原是有名的沿海城市，海產魚獲也是首屈一指的，昔日以來亦是漁業重鎮，所以有各類相關的海鮮出產，而其中最重要的要算是魚板。店內有數百款不同味道及原料製造的魚板：金目鯛、海鮮雜錦、有的加上蔥花的等等，大家可以逐一試食，喜歡的才購買，店內亦有專為小朋友而設的小車型、色彩繽紛的小魚板；如果要送禮的話，有設計成禮盒裝及包裝精美的手信。

→Tomica特別版魚板 ¥680
不說也看不出玩具車是用魚板做的。

店內人氣的紅白魚板 ¥2,484(2個)

MAP 別冊 **M10 C-1**

地 神奈川県小田原市風祭245
時 09:00-18:00
網 www.kamaboko.com/sato
電 (81)0465-22-3191
交 箱根登山鉄道風祭站步行2分鐘

日本各地有名的魚板

と伝統の蒲鉾

⑥a 鈴廣魚板博物館

走到百米外，就可以看到這間體驗型的「鈴廣魚板博物館」。館內介紹了相關魚板的知識：適合做魚板的魚類、製作過程，也有提及有趣的冷知識；於二樓的展覽中，可看到有關魚板及海洋的畫作和相片。遊人可以參觀製作魚板的過程，有興趣的朋友亦可報名參加製作魚板，在師傅的教導下親手製作魚板。

↑小朋友可參加體驗教室，製作完還可以即席享用。

時 09:00-17:00
電 (81)0465-24-6262

→館內特定時間會有魚板製作

WOW! MAP

6

● 避暑度假地

長野縣

nagano ken

往來軽井沢交通

JR池袋站(東口)	→	西武高速巴士 約3小時16分鐘 ¥2,600	軽井沢
JR東京站	→	JR長野新幹線 約1小時17分鐘 ¥5,490	JR軽井沢

長野縣位於日本的中部內陸，縣內有高低起伏的山巒，同時亦有廣闊平緩的高原，大自然景觀豐富，一年四季都遊人不絕，其中最受遊人歡迎的要算是景點眾多的輕井沢。輕井沢位處海拔一千米的高原，夏季天氣清涼，有茂盛的白樺樹和落葉松，風景優美，是日本國內有名的避暑勝地。

長野縣旅遊資料

來往長野縣的交通

最方便來往輕井沢的交通是由東京出發，大約 1 小時的新幹線就可以到達了。

■ JR / 新幹線

遊人亦可在東京駅或上野駅乘坐 JR 長野新幹線至輕井沢，約 1 小時 17 分鐘，單程費用為 ¥5,490。

■ 高速巴士

遊人可在 JR 池袋站東口乘西武高速巴士 (輕井沢線) 去輕井沢，車程約 3 小時 16 分，單程 ¥2,600，可以直達輕井沢。而另一個方法就是草津和輕井沢同遊，若果由草津到輕井沢，則只要乘草輕巴士，約 75 分鐘，成人單程 ¥2,240 就可以了。

網 www.kkkg.co.jp/

輕井沢

長野縣資料

軽井沢

軽井沢市內交通

■景點周遊巴士

自遊人可以乘坐市內的循環巴士，共 3 個方向，從軽井沢站北口開始，途經軽井沢美術館協議會所屬的各大美術館及旅遊點，如六本辻・雲場池、風越公園等。

🌐 時刻表可參考：karuizawa-kankokyokai.jp/access/bus/

■租單車遊軽井沢

軽井沢富歐洲色彩，踏自行車是不錯的體驗。部分旅館和民宿提供單車租賃服務，也可到單車店，價錢約￥200/ 小時、￥1,000/ 天。

■ 軽井沢節日

時間	節日	內容	地點
4月下旬至6月上旬	若葉祭	熊野皇大神社舉行的春祭、Road Race、軽井沢國際女子網球大會、植樹祭等	町內各所
5月中旬	嬬恋自行車比賽大會	有輕騎和穿梭於森林的路線，非一般競賽類型的自行車活動，猶如一個嘉年華。	軽井沢王子滑雪場起點
8月上旬	Lake Newtown 花火大會	有精彩的煙花表演	Lake Newtown
8月中旬	水中花火大會	有精彩的連發煙花表演	矢ヶ崎公園
10月上旬至11月上旬	紅葉祭	雲場池長滿紅葉、同時亦有一系列的活動，如秋天祭典、紅葉祭網球大賽等。	雲場池、熊野皇大神社等
12月1日至2月中旬	冬祭	有煙花及全市燈飾點亮儀式、蠟燭點燃儀式、吹奏樂團舉行聖誕音樂會	町內各所

旅遊資訊

軽井沢觀光網站

有日文、中文和英文介紹區內的觀光點、美食、交通及住宿資料等。

🌐 karuizawa-kankokyokai.jp

■ 酒店/旅館

軽井沢

アパホテル

大型連鎖飯店APA HOTEL，距離於軽井沢駅只有2分鐘路程，是很多人遊軽井沢遊的首選飯店，附近更有商場Prince Shopping Plaza。

MAP 別冊 M23 B-2

- 地 長野県北佐久郡軽井沢街大字軽井沢1178-1135
- 金 單人房包早餐，每人￥7,000起
- 網 www.apahotel.com/hotel/koshinetsu/nagano/karuizawa-ekimae/
- 電 (81)026-741-1511
- 泊 有
- 交 從軽井沢站北出口向東步行約2分鐘

チサンイン軽井沢

軽井沢Chisun Inn飯店共90間房間，價格便宜的簡單商務旅館，鄰近軽井沢王子購物廣場、雲場池及銀座購物區。

- 地 長野県北佐久郡軽井沢町長倉6-47
- 金 單人房￥6,000起
- 網 www.solarehotels.com/hotel/nagano/chisuninn-karuizawa/guestroom.html
- 電 (81)026-748-5311
- 泊 有
- 交 從軽井沢站乘車約5分鐘

軽井沢

Karuizawa

必見！旧三笠ホテル

軽井沢，一個浪漫的名字，總叫人有戀愛的遐想，星羅滿佈的亮麗教堂：軽井沢高原教會、石之教會等，一步一感動的西式婚禮場地，再加上 John Lennon 和其太太小野洋子和日皇伉儷等名人效應，令軽井沢成為眾多遊人的目的地。

由於早期有歐洲的傳士曾居於此，所以處處有極為講究的西洋建築和別墅；櫻花季和紅葉期的雲場池和見晴台，更吸引大量遊人……的確這裡是一個令人憧憬的地方，不妨來印下你們浪漫的回憶。

往來軽井沢交通

出發地	交通方式	時間/費用	目的地
JR東京站	JR新幹線	1小時20分鐘 ¥5,490	軽井沢
JR池袋站(東口)	西武バス	約3小時16分鐘 ¥2,600	
新宿站	自駕	2小時30分鐘 ¥3,550	

① 慢活細逛的小街
旧軽井沢銀座通り

銀座通是一條約六百米長的小街，只有寧靜的遊人和優美的景致。

MAP 別冊 **M22 C-2**

地 長野県北佐久郡軽井沢町大字軽井沢739
時 10:00-18:00（各店不同）
網 karuizawa-kankokyokai.jp/spot/30092/
休 各店不同
交 JR軽井澤站北口往舊軽井澤方向步行約25分鐘

↑除了醬汁和漬物，也有新鮮的果醬

用上國產牛的三笠酒店咖喱

① 軽井沢芳光

有如一個農產品的小型超市，內裡有芝士、調味品、即食料理、蛋糕、禮盒包裝色彩繽紛的漬物、用上縣內牛做的三笠酒店咖喱等等，價錢不太貴，買作手信很合適。

MAP 別冊 **M22 D-1**

地 長野県北佐久郡軽
井沢町軽井沢780
時 10:00-18:00；
冬季10:00-17:00
休 冬季有不定休
電 (81)0267-41-0884

① ちもと總本店

位於街上的人氣甜品店ちもと總本店，是創業300年的和菓子店，店內傳統的町家裝修，給人懷舊的感覺。在秋天的時份最適合來一各栗子紅豆湯，溫熱的湯味道甘甜，紅豆煮得軟腍，麵團是一整塊的，很煙靭。

→栗ぜんざい ¥920

↑早上到來，店內很寧靜。

MAP 別冊 **M22 D-1**

地 長野県北佐久郡軽井沢町軽井沢691-4
時 10:00-18:00；8月9:00-21:00
休 冬季有不定休
網 chimoto-sohonten.com
電 (81)0267-42-2860

WOW! MAP

1

1a

1b

🅒 PARLEY

一間很有性格的手作皮革店，它用上天然的皮革加上傳統日本的製皮技術，製作出別幟一格的包包、銀包、平底鞋和文件袋等，尤其手製的皮鞋，質地輕柔，手感柔軟，穿上腳時貼合腳型，感覺舒適。

全店的產品都是日本製作的

→粉紅系的皮製平底鞋

↑卡其色斜孭袋

MAP	別冊 M22 D-1
地	長野縣北佐久郡輕井沢町輕井沢657-1-A
時	10:00-17:00
網	shop-parley.com
電	(81)0267-41-0317

秋季在湖上划船看紅葉，很浪漫。

② 賞美景的散步好地方
軽井沢タリアセン・塩沢湖

輕井沢 Taliesin 是一個很適合悠閒散步的地方，公園圍繞著塩沢湖，有美術館、餐廳、戶外活動、公園，天朗氣清時，遊人會到來划船、散步、放狗，亦可順道參觀睡鳩莊和深沢紅子野の花美術館。

→睡鳩莊是昭和初期三越社長朝吹常吉的別墅

MAP	別冊 M23 A-2
地	長野縣北佐久郡輕井沢町大字長倉217
時	09:00-17:00 休 不定休
金	大人￥900；中小學生￥400
網	www.karuizawataliesin.com/
電	(81)0267-46-6161
交	JR中輕井澤乘車約10分鐘

1c

2

WOW! MAP

③ 滿滿大自然氣息的個性小區
榆樹街小鎮ハルニレテラス

這個被大自然包圍的小區是星野集團旗下的榆樹街小鎮商店街；而當中的個性小店和餐廳就仿佛與周邊的景致渾然天成，形成一種悠閒的感覺；秋天到來更會看到滿佈紅葉的步道呢！

MAP 別冊 M23 A-1

地 長野縣北佐久郡輕井沢町長倉2148
時 10:00-18:00；餐廳11:00-22:00（L.O.21:00）
休 各店不同
網 www.hoshino-area.jp/
電 (81)0267-44-3580（星野温泉 トンボの湯）
交 JR中輕井澤站步行約17分鐘；輕井澤站乘車約15分鐘

③a 我蘭憧

一間很精緻細膩的木製家具專門店，店內有來自歐洲的小家品、生活雜貨、文具和玩具；不只設計品外表討好，很多還有實際用途，是一些生活的小智慧。

店內的小品越看越想買

↑ 木製牙簽座

時 10:00-17:00
　（星期五六日至18:00）
電 (81)0267-31-0036

小店賣的貨品有點像無印良品

↑ café 當天客人不多，感覺寧靜

→ 可以去角質的檸檬味香皂

③b Sajito Café

混合了 café 和雜貨觀念的小店，門前售賣衣飾和小家具；純白的陶瓷碟、茶杯、玻璃瓶子、木製的鉆板、淨色的長袖恤衫等，給人舒適溫馨的感覺；而店後就是一間小小的 café，木枱子襯著小木椅，小小的吊燈很柔和。

時 11:00-19:00、餐廳11:00-15:00；17:00-21:00 (L.O.20:00)
網 sajilocafe.jp
電 (81)0267-46-8191

WOW! MAP

熟成酵母做的麵包很煙韌

↑信州產豚バラ肉とほうれん草のクリームソース ¥1,600（限定午餐）

餐廳內的裝修很舒適

3c SAWAMURA 好食編者推介

這間主打麵包和西式料理的餐廳在區內是很人氣的，它用上熟成的酵母加上輕井澤的小麥，每日都焙製出新鮮的麵包。午餐時間，點了一客信州豚肉配菠菜長通粉，切絲的豚肉很嫩滑，creamy 醬汁配上菠菜，健康清新，最欣賞的還是那微熱香脆的麵包，外層鬆脆，內裡綿密柔軟，沾上橄欖油和海鹽吃一流！

時 07:00-22:00(L.O.21:00)
12月-2月 08:00-22:00(L.O.21:00)
網 b-sawamura.com/shop/118/
電 (81)0267-31-0144

4 美肌之湯 トンボの湯

蜻蜓之湯在大正4年（1915）正式開始啟用，是一棟幽靜的複合式會館，設有室內/戶外溫泉浴池、冷泉和桑拿室；泉質屬弱鹼性，有美肌之效，浸完皮膚變得滑溜溜！

MAP 別冊 M23 A-1

地 長野縣北佐久郡輕井沢町長倉2148
時 10:00-22:00(最後入場21:15)
金 成人￥1,350、3歲至小學生￥800
網 hoshino-area.jp 電 (81)0267-44-3580
交 JR中輕井澤站乘車約6分鐘

⑤ 中西美食匯聚
味の街軽井沢

位於 JR 站對面的美食街，街上約有二十間店舖，和食、西餐、café、燒肉和中餐等，是區內人氣的美食街，由於鄰近 outlet 和 JR 站，每到午餐時份就會十分熱鬧。

MAP 別冊 **M23 B-2**

地 長野縣北佐久郡軽井沢町軽井沢味の街
時 10:00-20:00（各店不同）
休 各店不同
交 JR軽井澤南口對面

熟成和牛カルビ ¥1,655

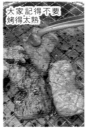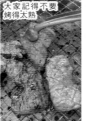
大家記得不要烤得太熟

晚餐時份客人很多

5a 黑毛和牛燒肉店
Aging Beef

好食 編者推介

店內提供熟成和牛、黑毛和牛、就連稀少部位都有，由於是經過風乾處理的熟成牛，肉味更加集中，保持了嫩度和多汁，點了一客熟成和牛カルビ和ハラミ，牛肉的厚薄剛好，稍稍放在爐上燒一兩分鐘，已經牛油味四溢，口感軟嫩多汁，美味非常。

MAP 別冊 **M23 B-2**

時 11:00-21:00 (L.O.20:00)
網 agingbeef.jp/ab_karuizawa
電 (81)0267-46-8581

5b 御曹司
きよやす庵 軽井沢

這間專門吃上等和牛及信州牛的食店，全用上國產的上等信州牛肉、豚肉，晚餐點了一客鐵板燒牛扒和炸信州米豚肉餅，再配一飯，牛肉多汁嫩滑，而信州豚酥脆可口，是一個完美的配搭。

↑ 店內裝修是一間典型的日式食堂

時 11:00-20:00
電 (81)0267-31-0048

牛肉配香草牛油上，在鐵板上散發出牛肉香。

WOW! MAP

5

每日中午12時樂園的主題公仔都會帶領小朋友又跳又唱，跳著跳著小朋友們都會情不自禁走出去和公仔一齊跳。

⑥ 0歲至99歲都樂而忘返
軽井沢おもちゃ王国

玩具王國的宗旨是搜羅世界上所有玩具，把遊樂場變成一個大型的玩具博物館。遊樂場分室內及室外兩部分，室內有 Tomica Plarail Land、玩具城、Licca House、PINOCCHIO 館、角色扮演屋等 8 個館，適合年紀較小的小朋友。戶外的遊樂園設有多個機動遊戲：摩天輪、Choo Choo 小火車、旋轉木馬等。

↑ リンドバーグ ￥500
算是園內較為刺激的設施，適合喜歡速度感的小朋友。

←摩天輪 ￥600
從最高處 65 米處可以飽覽淺間山及樂園全景，加 ￥200 更可選擇坐全透明車箱，飽覽輕井澤美麗的大自然。

MAP 別冊 **M22 A-1**

地時 群馬県吾妻郡嬬恋村大前細原2277
平日10:00-17:00（11月至16:30）、星期六日09:30至17:00
（11月至16:30）
休金 11月27日至2月22日
大人￥1,300、小童￥1,000
網 www.omochaoukoku.com/karuizawa/index.html
地 (81)0279-86-3515
交 輕井澤站北口乘接駁巴士45分鐘(需預約)

⑦ 天皇也從這裡取水泡茶
雲場池

自駕遊**MAPCODE** 292 645 647

雲場池又被稱為天鵝湖，因明治天皇曾用這裡的湖水泡茶，所以又被稱為御膳水。湖邊種滿松樹及紅葉的樹，樹木的顏色會因應季節改變，是個可以觀賞一片大紅或大綠的好地方。

MAP 別冊 **M23 B-1**

地 長野県北佐久郡軽井沢町軽井沢
交 碓氷軽井沢IC駕車12分鐘；JR軽井沢站步行25分鐘。

❽ 住進歷史建築物
万平ホテル

在明治時代開業至今已有100年以上的歷史，店內擺放了明治、大正、昭和時期輕井沢的照片。除了照片之外，亦可以買到印有以前輕井沢的樣貌的明信片，有寄明信片習慣的話記得入貨！

万平酒店名物「藍莓撻」

→這座鋼琴在大正15年(1926)購入，已有88年歷史，John Lennon亦曾用這部鋼琴彈奏樂曲，更曾表示想擁有這座鋼琴。

MAP 別冊 **M23 B-1**

地 軽井沢町鹽沢925
金 雙人房￥38,000起/晚
網 mampei.co.jp
電 (81)0267-42-1234
交 軽井沢站乘的士5分鐘；軽井沢 IC駕車20分鐘

❾ 絲絲細水
白糸の滝

自駕遊MAPCODE 728 201 17*32

白糸瀑布位於軽井沢的北部，落差3米，寬度長達70米，猶如一張大水簾般，絲絲細水衝擊水面壯觀又優美。

MAP 別冊 **M22 B-2**

地 北佐久郡軽井沢町長倉
交 碓氷軽井沢IC駕車25分鐘；JR軽井沢站乘搭巴士於白絲瀑布下車，步行5分鐘。

淺間山觀音堂，即東叡山寛永寺的別院，用作為於昭和33年時在火山爆發中的犧牲者祈福之用。

❿ 熔岩公園
鬼押出し園

鬼押出し園位於鬼押出し附近，是當地的國立公園，園內熔岩隨處可見，讓人類直接感受到大自然的威力，是國內非常珍貴的設施。除了有多間寺廟之外，亦設有數條自然遊步道，非常值得逗留拍照。

MAP 別冊 **M22 A-1**

地 群馬県吾妻郡嬬恋村鎌原1053
時 08:00-17:00(最後入園16:30)
金 大人￥700起、小童￥500起
網 www.princehotels.co.jp/amuse/onioshidashi
電 (81)027-986-4141
交 碓氷軽井沢I.C.駕車45分鐘

⑪ 不一樣的豬排丼飯
押立茶房

這間 Cafe 已開業超過 40 年，必點的除了有炭燒咖啡之外，一定要試豬排丼飯！吉列豬排的外層十分薄，一咬之下十分酥脆卻充滿肉汁，豬排下放的是一絲絲的紫菜，吸收了甜甜的豬排醬汁，味道十分濃厚！

←牆上貼滿發黃的照片，每一刻都記載著店主的點點滴滴。

ソースカツ重套餐 ¥1,500

MAP 別冊 **M23 B-2**

地 長野県北佐久郡軽井沢町南軽井沢1
時 08:00-15:00
休 星期三
電 (81)0267-48-1160
交 碓氷軽井沢IC駕車10分鐘；
JR軽井沢站乘搭巴士10分鐘。

⑫ 親手製作玻璃製品
軽井沢ガラス工房

LET'S TRY!

想玩玻璃體驗，不一定要去北海道小樽，軽井沢都有呢！走進店內，便會看見工人正埋首燒製玻璃。架上亦放滿各式各樣的玻璃瓶及玻璃製品，如首飾、電話繩等，可供自遊人選購。自遊人亦可以參加各種體驗，如製作戒指、相架、風鈴等，製作一個獨一無二的玻璃製品。

←手製鳥擺設 ¥5,000   ↑正在燒製玻璃的工人

MAP 別冊 **M23 A-2**

地 長野県軽井沢町塩沢664-9
時 10:00-18:00
休 不定休
網 www.karuizawaglassstudio.com/
電 (81)0267-48-0881
交 JR軽井沢站乘車7分鐘

WOW! MAP

11   12

長野縣資料

←展示館
博物館分了3個展示室，每年都會有3個不同的展覽展出。除了木製的玩具，亦會展出德國玩具村的歷史、模型等等，在欣賞模型之餘亦可多多了解這條玩具村的背景。

⑬ 歡迎來到童話世界
ムーゼの森 親子

被稱為女神之森的 Forest of Muze，位於馬路兩旁有 2 片大森林，佔地 2 萬平方米，在森林之內有 2 座美術館：愛爾茲玩具博物館、輕井澤繪本之森美術館。兩間美術館被森林包圍，隨著四季的轉變樹林會展現不同的色彩。

MAP	別冊 **M23 A-2**
地	長野県北佐久郡軽井沢町長倉182及193
時	5-10月 09:30-17:00、3-4月、11-1月 10:00-16:00
金	輕井澤繪本之森美術館 成人￥1,000、中學生￥700、小學生￥500；愛爾茲玩具博物館 成人￥800、中學生￥550、小學生￥400
網	museen.org/
休	星期二 (7月至9月無休)
電	(81)026-748-3340
註	愛爾茲玩具博物館＋輕井澤繪本之森美術館2館共通票 成人￥1,500、中學生￥1,000、小學生￥700
交	輕井澤站乘的士8分鐘

⑬a 胡桃夾子的世界
エルツおもちゃ博物館

這間博物館其實是位於德國賽芬村內的玩具博物館的姊妹館，賽芬村以製作木製玩具聞名，村內 3 分 1 的村民都是製作玩具的職人，所製作的玩具手工都非常精細。而這間博物館就把這些胡桃夾子等木製玩具帶到輕井澤展出。

⑬b 繪本森林
軽井沢絵本の森美術館

參觀完玩具博物館後，記得不要錯過這間超過 15,000 平方米的博物館。館內除了以展出繪本的歷史及文化為主的第 1 展示館及以傳承童謠、童話等作主題的第 2 展示館外，繪本圖書館更收藏了 1,800 本從 300 百多年前的西洋繪本至近代的日本繪本！

WOW! MAP

LET'S TRY!

⑭ DIYとんぼ玉體驗
軽井沢ARMS玻璃工房

「とんぼ玉」是一種玻璃珠，中間通空，加上繩子可作頸飾。來到輕井澤的這間 ARMS 工房，大家可以親手做各式各樣的彩色玻璃珠，就算不諳日文也應付得來。而這種漂亮的「とんぼ玉」，更有一個很動聽的名字叫「蜻蛉玉」。看似簡單的體驗卻要膽大心細，因為要把握玻璃剛溶化的那刻勾出漂亮的花紋呢！

店內的玻璃飾物
令人愛不釋手（￥2,000起）

MAP 別冊 **M23 A-2**

地 長野縣北佐久郡輕井澤町長倉塩沢664-6
時 09:00-18:00（12月至2月至17:00）
休 年末年始，其他日子不定休
金 ￥2,200起
網 karuizawa-arms.com
郵 可電郵預約：arms.karuizawa@gmail.com
電 (81)0267-48-3255
交 JR輕井澤駕車約5分鐘；或輕井澤玩具博物館步行約15分鐘。

STEP 1
先揀選喜歡的玻璃棒。

STEP 2
在導師指導下用高溫將之燒溶。

STEP 3
趁高溫之際勾出花紋及顏色，確定花紋後，再重覆修整外型，直至內外皆晶瑩剔透為止。

STEP 4
完成勾畫後，讓它慢慢降溫就可。

展品來自世界各地

⑮ 全新角度欣賞藝術
軽井沢New Art Museum

這間感覺新穎摩登的 New Art Museum 將戰後至現今的藝術品輪流展出，每期都有不同的主題，以新的角度介紹給遊人，參觀當天的主題為 Art is Science，展品以嶄新的科學角度把藝術呈現出來，令遊人反思現今世代兩者的角色，印象深刻。

↓ 參觀完可到手信店買有趣的文具

MAP 別冊 **M23 B-2**

地 長野縣北佐久郡輕井澤町輕井沢1151-5
時 10:00-17:00；7-9月至18:00
休 星期一；另有不定休
金 成人￥2,000；高中及大學生￥1,000；中小學生￥500（各展覽略有不同）
網 knam.jp/exhibitions/
電 (81)0267-46-8691
交 JR輕井澤站步行8分鐘

WOW! MAP

14   15

♡軽井沢♡
浪漫之地

⑯ アネーリ軽井沢

ANELLI 軽井沢是軽井沢內有名的結婚場地，擁有獨立教堂「St. Gimmel Chape」，四周被一片杉木圍繞，隨著四季轉變，教堂四周的環境都會以不同面貌迎接一對新人。

MAP 別冊 **M23 B-2**
地 長野県北佐久郡軽井沢
網 町長倉20-123
電 https://anelli-wedding.
交 com/anelli-k/
(81)0267-41-4411
JR軽井沢站駕車8分鐘

⑰ 軽井沢高原教会

巨大的三角形屋頂是這間教堂的特色，教堂的花園春天一片翠綠,秋天時則會變成一片橙紅,簡單地參觀一下教堂都會被它的莊嚴美麗所感動。

MAP 別冊 **M23 A-1**
地 軽井沢町星野21-4-4
網 www.karuizawachurch.org
電 (81)0267-45-3333
交 JR軽井沢站駕車15分鐘

⑲ ホテル音羽ノ森

酒店內建有白色浪漫小教堂「軽井沢禮拜堂」，環境幽靜古色古香。

MAP 別冊 **M23 B-1**
地 軽井沢町軽井沢1323-980
電 (81)0267-41-1181
交 JR軽井沢站步行12分鐘

⑱ 軽井沢聖パウロ カトリック教会

又高又斜的三角形屋頂被視為軽井沢的地標。走入教堂,可以清楚看到屋頂「X」形的結構,氣氛莊嚴。

MAP 別冊 **M22 C-1**
地 長野県北佐久郡軽井沢町軽井沢179
電 (81)026-742-2429
交 JR軽井沢站乘搭草輕交通舊軽井沢方向巴士，於舊軽井沢下車步行6分鐘

WOW! MAP

16

17

18

19

222

⑳ 内村鑑三記念堂

教堂最大特色是將大自然的元素融合其中，除了整間都以石頭建成、插滿蕨葉外，教堂內更有細水長流，環境舒服夢幻。

MAP 別冊 **M23 A-1**

地 軽井沢星野
網 www.stonechurch.jp
電 (81)0267-45-2288
交 JR軽井沢站駕車15分鐘

㉑

軽井沢南教会

在1987年創立的軽井沢南教堂原本是一個加拿大傳教士的別墅，後來因為越來越多傳教士來到這個地方傳教而正式成為一間教堂。

MAP 別冊 **M23 B-2**

地 長野県軽井沢町発地296
電 (81)026-748-3193
交 JR軽井沢站乘搭軽井沢町循環巴士於New Town站下車

VillasDes Mariages軽井沢

㉒ 環境高貴典雅浪漫到極點，被一片綠色圍繞著的教堂。

MAP 別冊 **M23 B-2**

地 長野県北佐久郡軽井沢町軽井沢雲場2200
網 https://villasdesmariages.com/
電 (81)0267-42-4122
交 JR軽井沢站步行25分鐘；雲場池步行3分鐘

日本聖公会・ショー記念礼拝堂

㉓ 已有127年歷史，是軽井沢歷史最悠久的教堂。

MAP 別冊 **M23 B-1**

地 長野県北佐久郡軽井沢町軽井沢645
電 (81)026-742-4740
交 JR軽井沢站乘搭舊軽井沢方向巴士，於舊軽井沢站步行20分鐘

20

21

22

23

長野縣資料

軽井沢

24 歐美風OUTLET
Prince Shopping Plaza

輕井澤 Prince Shopping Plaza 是一個大型的歐美風 OUTLET，主要分為 East、New East、New East Garden Mall、West、New West 5 大區，內有接近 150 間店鋪，規模十分龐大，慢慢逛的話可以逛上大半天！

MAP 別冊 **M23 B-2**

- 地 長野縣北佐久郡輕井澤町
- 時 10:00-19:00(因應季節變化)
- 網 www.karuizawa-psp.jp
- 電 (81)0267-42-5211
- 交 JR輕井澤站南口步行3分鐘

24a 童心玩物
LEGO Clickbrick [NE-33]

←十分可愛的 LEGO 背包！

在男生們專注於 STAR WARS 系列的同時，女生們亦可以看看 Friends 系列。

眾所周知 LEGO 店內一定會充斥著一大堆 LEGO 積木。輕井澤 OUTLET 店最特別的地方是除了一大堆積木之外，還可以買到已停產的商品、Star Wars 系列積木、LEGO 的文具、T恤及雜貨，說不定來這裡走一趟，可以找到曾幾何時在街店心大心細想買又沒買的心頭好。

24b 生活的藝術 Better living [W-15]

以售賣便當盒等餐具及廚房用具等生活用品為主，亦有售賣色彩繽紛的雜貨，產品充滿設計感，一點不乏味，東看看西找找，一定可以找到可為生活添上半點色彩的有趣小物。

↑ 簡單時尚的設計卻令料理在視覺上變得高級可口幾倍。

↑ 小時候常吃的糖竟然在這裡也找到呢！

WOW! MAP
24

店內不只貨品以黑色為主，連裝潢都以黑色為主，有一份高貴的感覺。

24c 名牌潮聖
ARMANI FACTORY STORE [GM-19]

店內有齊 Armani Collezioni、Armani Junior、Armani Jeans、Emporio Armani、Giorgio Armani 各品牌貨品，從黑色系的西裝到 T 恤及牛仔褲，不論是男裝女裝還是童裝都十分齊備。

→ 女裝鞋 ¥25,000 店內貨品最高提供半價優惠

長野縣資料

24d 日系風格
UNITED ARROWS [GM-20]

店內有各式風格服裝，可愛風、簡約風、生活風的男女裝都可以在這裡找到，更不時會推出 4 折等超震撼折扣。

簡單的配襯可穿出莊嚴卻不失年輕的感覺。

24e 潮人必到
A BATHING APE [NE-07]

店內售賣 T 恤、褲、帽、皮帶等，不定期推出的限定 T 恤是大家必搶 item，而福袋亦是血拼人士的另一焦點，因為 ¥10,500 和 ¥21,000 的福袋分別裝有 5 萬及 10 萬日圓的 item，超賺！

輕井沢

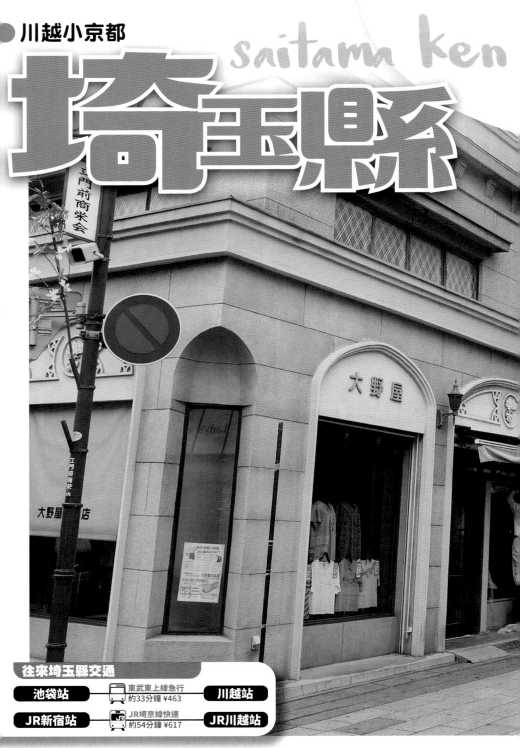

往來埼玉縣交通

| 池袋站 | 🚌 東武東上線急行
約33分鐘 ¥463 | 川越站 |
| JR新宿站 | 🚉 JR埼京線快速
約54分鐘 ¥617 | JR川越站 |

埼玉縣緊鄰東京都，縣內最有名的可算是被稱為小江戶的川越，市內有眾多的神社、寺院和歷史建築，當然最人氣的還是那條懷舊菓子街，大小朋友都雀躍地買下昔日的駄菓子；如果要看小江戶的美，就要到一番街，那裡的「土藏」都散發著昔日的古老味道。

川越

埼玉縣旅遊資料

來往埼玉的交通

由於川越距離東京市較近，大約半小時就可以由市中心到達了。

■ JR
如果由池袋站乘 JR 東武東上線急行，只要約 33 分鐘 ¥481，就可以到川越站。

■ 高速巴士
遊人由市中心去川越的話，多乘 JR，可是如果由羽田空港出發，就可以乘空港連絡巴士，約 1 小時 35 分鐘，單程 ¥2,200，可以直達川越站西口。

227

埼玉縣資料

川越

川越市內交通

川越面積不大，可乘搭「小江戶巡迴巴士」及「景點周遊巴士」作主要交通工具。旅遊區集中在草津巴士總站附近一帶，遊人基本上輕鬆步行已經能到達景點。

■ 小江戶巡迴巴士

路線：川越市內的JR、東武、西武等各鐵道車站（川越站、本川越站、川越市站），以及喜多院、本丸御殿、菓子屋橫丁等市內16處觀光景點

時間：每30分鐘1班，繞行市區一周約需1小時

費用：大人￥200；1日周遊券￥500，可不限次數搭乘。 網 eaglebus.group/co-edo/unchin/

■ 景點周遊巴士

路線：巡迴JR川越站～喜多院、博物館前、傳統建築（藏造）老街等主要街區。

時間：每50分鐘1班，車程約40分鐘，週末假日每15至30分鐘1班

費用：1日周遊券￥400

網 www.tobu-bus.com/pc/area/koedo.html

租單車遊川越
CYCLE CENTER SHIMO

川越每一個景點都相距不遠，有不少旅客都會選擇以自行車代步。SHIMO距離本川越站只有2分鐘距離，地點方便，除了有多款大人車款供選擇外，亦有兒童車款，適合一家大小一起踏單車遊川越。

↑ 店內有多種車款，自遊人可因應需要選擇。

地 埼玉県川越市仲町1-22-1
時 10:00-19:00
休 星期三
金 ¥700/日
網 www.c-c-shimo.com
電 (81)049-222-3737
交 本川越站步行2分鐘

■ 埼玉縣節日

時間	節日	內容	地點
1月3日	首次大師	攤販林立，有販賣不倒翁的市場。	喜多院
1月1至7日	小江戶川越七福神巡遊	一起步行逛小江戶川越七福神地區，起點為川越站。	川越市內站
3月末至5月中旬	小江戶川越春之祭	春之祭市民舞蹈大會	市內各町
7月中旬	小江戶川越煙火大會	煙火大會	每年不同
7月下旬	川越百萬燈夏之祭	遊行、手工神轎繞境、同樂森巴。	川越站到一號街
10月第3個星期六及日	川越祭	十輛神轎於川越市政府前遊街，並有日本傳統舞蹈表演。	川越市政府前
11月	小江戶川越大茶會	體驗茶道	蓮馨寺（本堂、客殿）、中院、成田山川越別院、川越城本丸御殿

觀光資訊

小江戶越觀光協會

小江戶川越觀光協會網站，提供中英文的介紹，有川越的觀光點、住宿、食店等資訊。

網 www.koedo.or.jp

■ 酒店/旅館

湯遊ランド・三光ホテル

酒店鄰近大正浪漫夢通，住客可免費享用2樓大浴場中9個溫泉外，最特別的是可以邊品嚐傳統日本料理邊欣賞淺草大眾演劇。

MAP 別冊 M24 A-2

地 埼玉県川越市新富町1-9-1
金 一泊二食¥9,900起/人
網 kawagoe-yuyu.com
電 (81)049-226-2641
交 酒店於川越站東口、川越市站設有免費接駁巴士，詳情可參考官網。

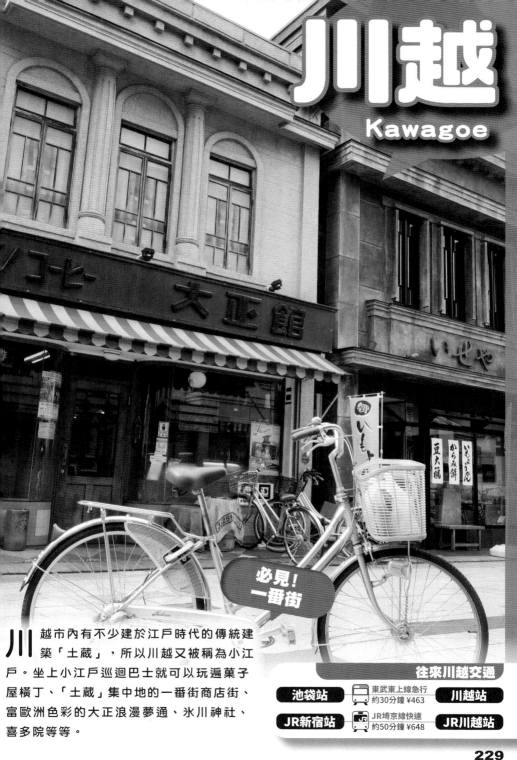

川越

Kawagoe

必見！
一番街

川越市內有不少建於江戶時代的傳統建築「土蔵」，所以川越又被稱為小江戶。坐上小江戶巡迴巴士就可以玩遍菓子屋橫丁、「土蔵」集中地的一番街商店街、富歐洲色彩的大正浪漫夢通、氷川神社、喜多院等等。

往來川越交通

| 池袋站 | 東武東上線急行 約30分鐘 ¥463 | 川越站 |
| JR新宿站 | JR埼京線快速 約50分鐘 ¥648 | JR川越站 |

❶ 回到日本的江戶時代
川越一番街商店街

步入一番街就覺得這裡有一種特別的古早味道，就如返回古代的日本。這條街有約 70 間日本的傳統建築「土藏」，大部份都建於江湖時代，有相當的歷史，因此一番街亦被稱為小江戶。

MAP 別冊 **M24 A-1**

地 埼玉縣川越市一番街
網 kawagoe-ichibangai.com/
交 川越站西口乘搭小江戶巡迴巴士於蔵の街站下車直達

↑ 這條老街外表雖然散發著濃濃的傳統氣息，但小賣店、理髮店、美容店、觀光協會、銀行、食店，甚至是藝術館都應有盡有，多姿多彩。

←街內有人力車接載遊客遊覽

❶a 川越まつり会館

川越市每年最具代表性的要數 10 月第 3 個星期六及日的「川越祭り」。想了解更多川越祭？推介你去看看「川越まつり会館」。館內分了 9 個區域，除了詳細介紹了川越祭及彩車的相關資訊之外，還有大型屏幕播放令人熱血沸騰的祭典實況，更有展示廳展出 2 台大彩車。

MAP 別冊 **M24 B-3**

地 埼玉縣川越市一番街10
時 4月至9月09:30-18:30(最後入館18:00)/10月至3月09:30-17:30(最後入館17:00)
休 第2及第4個星期三及12月29日至1月1日
金 大人￥300、中小學生￥100
網 kawagoematsuri.jp/atsurimuseum/
電 (81)049-225-2727

↑ 指定時間會有嘴子表演，全程約 20 分鐘，不容錯過！

→ 在館內可以近距離欣賞華麗的山車，一台的重量重達數頓。

❶b はるり Kinumo

走在川越這個充滿古昔味道的小城市，很容易就被這間時尚雜貨店吸引，店內的有很多主題有趣的 print Tee、手織的民族手袋、門前像掃帚般的稻草人裝飾，逛一圈很容易就會愛上它。

MAP 別冊 **M24 B-3**

地 埼玉県川越市元町二丁目1-25
時 11:00-18:00
網 www.haruri.jp/kinumo/index.html
電 (81)049-223-7174

↑可愛的小雜貨

←超人印花Tee
￥4,200

WOW! MAP

1   1a   1b

↑館內的氣氛充滿江戶色彩
←早川薯仔¥180/袋

1c 菓寮 花小路

花林糖是類似桃哈多的非油炸小食，用180度的高溫令小麥粉膨脹，比油炸的小食健康得多。花小路就是賣這種菓子的專門店，以黑糖味為主，亦不時會推出新口味，採訪當天就剛好推出宇治金時味。

MAP 別冊 **M24 B-3**

地 埼玉県川越市幸町8-2
時 4月至12月10:00-17:00；
　 1月至3月10:00-16:00
電 (81)049-223-7112

1d 時の鐘

時之鐘是川越的地標，以木建成，從寬永年間創建到現在已有350年的歷史，經歷多場大火後在明治27年(1894)被重建，但仍保持著江戶時代的味道。現在的鐘樓樓高3層，高16.2米，每日都會在凌晨5時、中午12時、下午3時、傍晚6時準時無誤地敲響4次，為藏造商家建築的街道報時。

→ 高16.2米的鐘樓在矮小的土藏群中十分突出，是一番街的地標，環繞鐘樓附近有不少特色小店。

MAP 別冊 **M24 B-3**

地 埼玉県川越市幸町15-7

1e 福呂屋

由高柳金太郎於明治8年創業，是一間日式和菓子店。除了售賣即製日式小丸子外，店內亦有售賣傳統及包裝精美的和菓子。此外亦有提供日式傳統糖水，也有刨冰、冰淇淋等，不趕行程的自遊人，不妨進內品嚐甜品。

MAP 別冊 **M24 B-3**

地 埼玉県川越市幸町15-1
時 10:00-18:00
休 星期一
網 kawagoe-fukuroya.com
電 (81)049-222-1305

軟糖 ¥580

↑和三金糖 ¥60/個

1c

1d

1e

WOW! MAP

⑪ 漬物專門店
河村屋

整體感覺像一間雜貨店，清一色只賣漬物，有很多選擇，如梅子、蘿蔔、茄子、姜等，有些漬物的保存限期只有 10 天，自遊人在購買時多加留意，也可即場品嚐醃製青瓜。

← 醬油味洋蔥漬物

MAP 別冊 **M24 B-3**

地 埼玉県川越市幸町5-3
時 10:00-18:00
網 www.kawamuraya.co.jp
電 (81)049-226-8378

---

⑲ 甘味茶屋 かすが

甘味茶屋是已有 120 年歷史的甜品屋，是蔵造通第一家設堂食的店舖。店內提供的都是自家製的原創料理，被日本人稱為「只此一家的味道」。喜歡綠茶的必點「茶ソバの冷つけめんセット」（￥950），綠茶沾麵加上綠茶凍飲，吃完滿口綠茶香。

↑ 除了堂食之外店外亦有即燒醬油丸子，煙煙韌韌熱辣辣，適合邊行邊食。

MAP 別冊 **M24 B-3**

地 埼玉県川越市幸町6-1
時 10:30-18:00
休 不定休
電 (81)049-226-2392

---

⑪ 時の鐘・藥師神社

藥師神社是位於時之鐘下的神社，隨著川越大火與時之鐘一起被燒毀，再於翌年重建。聽說在這間神社求五穀豐收、家運亨通、身體健康都頗為靈驗，特別是眼部疾病。

↑ 入神社前可先在右邊的水屋潔淨雙手

↑ 把願望寫在繪馬上可望願望成真

MAP 別冊 **M24 B-3**

地 埼玉県川越市幸町15-8

WOW! MAP

1f　　1g　　1h

② 租和服逛川越 美々庵

來到小江戶川越,當然想穿上和服在街上邊感受江戶氣息邊拍照留念。美々庵位於時之鐘及菓子橫町附近,換上和服可馬上融入美景拍照,十分方便。店內的和服款式多達數百款,只要選好心水款式,工作人員就會為你配搭腰帶等,即使是第一次穿和服的自遊人都不用怕配搭得不好看。

MAP 別冊 **M24 B-3**

地 埼玉縣川越市幸町14-5
時 10:00-17:00(星期日營業至18:00) 休 星期二
金 街道步行￥3,300起(費用已包括和服、腰帶、木屐、襪、內襯衣、手袋、頭飾)
網 www.coedovivian.com
電 (81)090-352-48979
交 川越站西口乘搭小江戶巡迴巴士於大手門站下車,步行3分鐘。

③ 川越珍貴文化遺產展覽
川越歷史博物館

博物館位於距離喜多院3分鐘的地方,是於川越城築城530週年時所建。博物館共設4層,分別展出燈具、陶瓷器、古鏡等昔日川越藩所使用的工具。對歷史不太感興趣的話建議直上3樓,3樓展出古時的武器、盔甲、髮簪、忍者的手裏劍,有趣!

↑ 單單是忍者的手裏劍就已經有10款不同的形狀,真的大開眼界!
→ 古時煮食用的火爐及用具模型
↓ 剛巧碰到不常駐場的師傅示範刀面雕刻

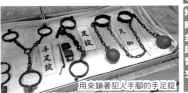
用來鎖著犯人手腳的手足錠

MAP 別冊 **M24 B-2**

地 埼玉縣川越市久保町11-8
時 10:00-17:00
金 大人￥500、小童￥300
網 www.kawagoe-rekishi.com/
電 (81)049-226-0766
交 乘搭小江戶巡迴巴士於喜多院下車步行2分鐘

2 3

WOW! MAP

↑伯伯你畫得很美呢！

④ 一番街旁的歐洲大街
大正浪漫夢通り

短短的大正浪漫通就在一番街旁，以大正時代的歐式建築為主，一街之隔卻是兩種截然不同的氣氛！街內有不少特色小舖，是拍照及買特色手信的好地方。

MAP 別冊 **M24 A-2**
地 埼玉県川越市連雀町14-1
交 本川越駅步行15分鐘

↑不但店內裝潢懷舊，店員及顧客的年齡層亦偏高，不由得放慢生活節奏。

MAP 別冊 **M24 A-2**
地 埼玉県川越市連雀町13-7
時 08:00-19:00
網 www.koedo.com/taisyoukan/
電 (81)049-225-7680

④a シマノコーヒー大正館

咖啡館成立於大正時代，位於大正浪漫夢通，兩層建築外表已經感覺非常懷舊，推開門更彷彿回到昔日的日本。室內裝潢以木色為主，除咖啡等飲品外亦提供三文治、吐司、蛋糕等輕食，所有咖啡及蛋糕都是自家煎焙自家烤製，悠閒的氣氛可以讓你呆上一個下午。

←モーニングセット
¥630

⑤ 品嚐自家製麵條
三ツ矢堂製麵

三ツ矢堂製麵在全日本有28家店，麵條使用了日本產的特級菓子用小麥粉製作，所以滑得來十分煙韌有咬口。麵條是於店內即席製作。除了麵條特別，店內的點餐模式也特別過人，沾麵的麵條提供了4種溫度讓客人自行選擇。

←ゆず風味つけめん
三ツ矢堂的招牌「柚子風味沾麵」，濃稠味帶酸，配合店家自家製的彈牙麵條，完全不覺得膩口。

MAP 別冊 **M24 A-2**
地 埼玉県川越市新富町2-12-6
時 11:00-23:30（L.O.23:00）
網 idc-mitsuyado.com
電 (81)049-298-3222
交 本川越站步行4分鐘

↑店內環境寬闊舒適，牆上貼滿不同雜誌的報導。

WOW! MAP
4　　4a　　5

⑥ 川越特產和菓子
紋蔵庵

1865 年開業，售賣日式和菓子，散裝和禮盒裝皆有，有川越最出名的芋頭蛋糕、栗子燒等，其中蕃薯餅外層酥餅，入面包裹蕃薯，淡淡甜味卻不膩。室外和室內都有休憩的地方，自遊人可以先買幾款和菓子慢慢品嚐，再把喜歡的口味買回家與親友和朋友分享。

→芋頭蛋糕 ¥1,555/6個

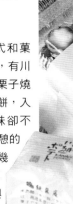

栗子燒 ¥615/4個

↑丸子 ¥300/3串
→栗子羊羹 ¥682

MAP 別冊 **M24 A-3**

地 埼玉県川越市小仙波町1-19-1
時 09:30-18:00　休 星期一、二
網 monzouan.com
電 (81)049-226-2727
交 川越站步行13分鐘

玉子燒御膳 ¥1,500
難得厚切的玉子中間還保持鮮嫩多汁，蕨餅則是甜點

⑦ 吃過地道的玉子燒
小江戶オハナ

玉子燒可以幾好味？這間專賣蛋料理的平民美食 Ohanah 早已在川越聞名，點了一道玉子燒御膳，玉子燒厚厚的一片，有很香濃的蛋味，甜甜的，雖是厚切，可以一口咬下去，口感軟嫩，中間還有蛋汁流出，沾上柚子胡椒吃很特別呢！而另一個親子丼，蓋在上面的半生熟蛋混著鮮嫩的雞肉吃，和著粒粒飽滿的飯粒，雞肉吸收了香甜的蛋汁，味道真的令人一吃上癮！

→極上親子丼 ¥1,350
雞肉多汁而雞味重
↓未到午飯時已坐滿客人

MAP 別冊 **M24 B-3**

地 埼玉県川越市仲町2-2
時 11:00-15:30 (星期六日至16:30)
網 coedo-ohana.co.jp
電 (81)049-225-1826
交 川越站西口乘搭小江戶巡迴巴士於大手門站下車，步行3分鐘

WOW! MAP

6　7

埼玉縣資料

⑧ 日本懷舊菓子街特集
菓子屋橫丁

專賣日本懷舊菓子的菓子屋橫丁在明治時代已經出現，在昭和初期更有多達 70 間菓子店聚集在這條街上。現在這條橫丁共有 10 多間店舖，售賣煎餅、糖果、饅頭等等懷舊日式和菓子，每一間都充滿特色，愛吃零食的一定會滿載而歸！

MAP 別冊 **M24 A-1**

地	埼玉県川越市元町2	時	10:00-17:00(各店不同)
休	各店不同	電	(81)049-222-5556
交	西武鐵道本川越站步行約20分鐘或本川越站前乘巴士(往神明町車庫方向)約5分鐘，於「札之辻」下車，步行約3分鐘		

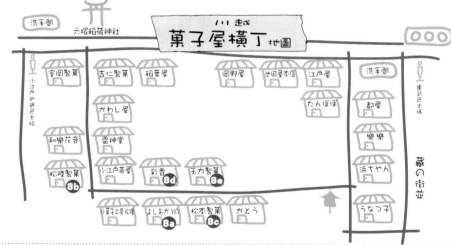

川越

⑧ᵃ よしおかや

よしおかや可以算是橫丁內最古老的一間店，走入店內發現除了糖果及和菓子之外，還可以找到日本傳統的小玩意。必買店主推介的黑芝麻甜薯蛋糕，入口先是軟糯的口感，隨之而來的是蕃薯的香味，味道天然。

↑駄菓子角，專門售賣只要 ¥10-20 等價格極低的零食，讓小朋友可以滿載而歸。

↑ 細心找找看又發現有趣小玩意！店員聲稱加水後味道很像啤酒，好奇心重的話很難忍手！

地	埼玉県川越市元町2-11-4
時	10:00-18:00
電	(81)049-222-1987

WOW! MAP

8   8a

8b 松陸製菓

蕃薯片、羊羹、糖果、煎餅等在各式各樣的零食都可以在松陸中找到,慢慢找找看的話一定會找到有趣又特別的零食,當中人人必買的是足有半個人高度的黑糖駄菓子,最長的竟有 95cm!曾經就有日本電視台因為菓子的長度專程過來報導。

→ 日本最長駄菓子,有 80cm 及 95cm 兩種,使用了沖繩的糖密黑糖製作,整條深啡色,但卻意外地不太甜。

地 埼玉県川越市元町2-11-6
時 09:00-19:00
休 星期一
電 (81)049-222-1577

8c 松本製菓

走進店舖先被一個老舊的櫃子吸引,已有 120 多年歷史的櫃子上放著多款糖果,當中推介必買充滿小江戶味道、只以小麥粉及黑砂糖製成的麥棒,簡單的味道卻是鎮店之寶。除了麥棒之外,玉桂糖、薄荷糖等等都是從 100 多年前已經開始售賣的自家製糖果。

↑ 懷舊和菓子款式多多,連小朋友都心大心細。
→ 零食大大包比較適合自用。有些為 ¥1,000 3 件,可以跟朋友一起夾份買。

地 埼玉県川越市元町2丁目11-4-12
時 10:00-17:00
休 星期一
電 (81)049-222-2337

川越

誰是製作江戶和菓子的始祖?

逢人教室

要追根究底誰是製作出江戶駄菓子的話,鈴木藤左衛門認第二一定沒有人會認第一!小江戶川越菓子屋橫丁的形成亦是因他售賣自家製的駄菓子而起。他把製作菓子的秘技傳授給弟子們,弟子們學有所成後紛紛在橫丁自立門戶。而在橫丁內的松陸製菓就是由鈴木藤左衛門的直屬弟子所開,從店舖所售賣的駄菓子就可以感受到鈴木藤左衛門秘傳的味道。

WOW! MAP

8b   8c

↑包裝十足白米，原來是甜米通，100%使用日本米製造。

←每一款漬物都有簡單說明，包括漬物的原材料及其製作方法。

8d 三代目 彩香

這間以漬物為主的店舖在 2013 年 3 月開業，提供有近 30 種漬物，幾乎每一種都可以試食。試食過後發現這間店的漬物跟一般日本超市買到的有明顯分別，味道口感清新爽口，問過店員，原來漬物選用日本最高品質的食材之餘，醃料亦講究，指定使用由沖繩海水提煉的鹽醃製，製作出純日本國產漬物。

地 埼玉県川越市元町2-7-7
時 10:00-16:00
休 不定休
電 (81)049-222-1650

8e 玉力製菓

玉力已有 90 年歷史，共有超過 50 種糖果，90 年來不但堅持選用天然材料製糖，連拉糖的技巧亦堅持百年不變，長年經驗累積，包在糖果中的花圖案精細美麗。店內設有工場即席製糖，事先預約的話更可以到工場內近距離看看製糖過程，然後你會發現過程一點也不簡單，每一種糖都有特定的溫度、濕度、加熱方法，非常考師傅功架！

→部分糖果可以試食，有時懂日文也未必知道是什麼味道，拿一粒試試看最實際！

↓只有少量糖果名字帶有漢字，不懂日文的話除了詢問店員唯有靠估，所以記者提議你，看到漂亮的就出手吧！

↑一到假日必定迫爆！想慢慢每一款都研究一下的話請選擇開日過來。除了糖果之外，店內亦有售賣芋頭煎餅、芋條等頗特別的零食。

地 埼玉県川越市元町2-7-7
時 10:00-16:00
休 星期一
電 (81)049-222-1386

WOW! MAP
8d   8e

⑨ 德川家光誕生之地
喜多院

喜多院建已有近 1,200 年的歷史，在 1638 年曾遭遇燒毀過，經重建後現已成為川越市重要的文化財產。多寶塔、慈惠堂、客殿、德川家光出生的地方、從江戶城捐贈部份建築物，每一個地方都保存得很好。喜歡熱鬧的話記得在日本特別節日過來，因為每奉 1 月 1 日、成人節、4 月的賞櫻季節、七五三、施餓鬼會、11 月賞紅葉的季節等特別日子，這裡都會變得人山人海，非常熱鬧！

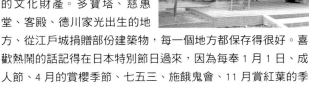
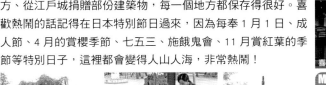

喜多院本堂

↑ 信眾們入寺前都潔淨雙手
←看不出特別之處嗎？這其實是德川家光親手種植的櫻花樹。

位於本堂右邊的多寶塔

MAP 別冊 **M24 B-2**

地	埼玉県川越市小仙波町1-20-1
時	11月24日至2月尾08:50-16:00、3月1日至11月23日08:50-16:00
休	不定休
金	大人￥400、小童￥200
網	www.kawagoe.com/kitain
電	(81)049-222-0859　　泊 有
交	川越車站下車步行15分鐘

↑ 有不少人特意前來求良緣

↑ 消除災厄御守 ￥500
運氣不太好的自遊人可以試試這一個。把御守截開兩邊，在「災厄消除」的那一塊背後寫上自己的性名，再放入旁邊的木箱中，寫著「消除災厄御守」的那一塊則可帶走。

↑ 宮內的神木「夫婦銀杏」，原本為 2 棵獨立種植的銀杏樹，卻不知不覺拼成一團長在一起。只要雙手摸著 2 棵樹誠心祈禱，就會有良緣出現！

MAP 別冊 **M24 A-2**

地	埼玉県川越市南通町19-1
時	09:00-16:30
網	kawagoe-hachimangu.net/
電	(81)049-222-1396
交	川越站步行6分鐘

⑩ 祈求良緣 八幡宮

八幡宮是祭祀八幡神的神社，全日本共有約 4 萬 4 千座。川越的八幡宮內有一棵於昭和 8 年 (1933) 種植、為了紀念明仁天皇出生的夫婦銀杏，聞說有利於良緣及夫妻情，因此有不少人特地前往參拜。

9　　10

進入氷川神社前，你會看到一個高15米的鮮紅鳥居，再經過一條綁滿繪馬的小隧道，才會來到神社前。

⑪ 求姻緣限定的赤緣筆
氷川神社

不少當地人為了求好姻緣都會一訪氷川神社，因為這裡有一種人氣品叫「赤緣筆」，只要￥300，買後會有神社巫女加持，只要你經常使用，讓筆越寫越短，姻緣就會越來越近呢！亦有很多誠心的人一早到來，為的就是可以拿到一個每天限量20個的免費姻緣玉，可惜當天早上8點多已派完了。另一特別的是「流放小人」，遊人投入了￥100後拿一張小紙人，然後對著小紙人吹三口氣，如果你膊頭痛就會著小紙人碰碰自己的膊頭，然後碎碎唸：祓えたまえ清めたまえ（音：哈啦 E 他媽 E KI 唷咩他媽 E)，再把小紙人放到人形流水由一邊漂過繩子的另邊，要小紙人成功漂過繩子才算完成，如果中途散了就要從頭開始了。

友善的陰陽師在神社門前替人祈福

↑￥100 的小紙人

↑有木牌介紹流放紙人的方法

←擁有神奇力量的赤緣筆￥300

→購買後巫女會替你施法呢！

要走過掛滿繪馬的隧道

MAP 別冊 **M24 B-1**

地：埼玉県川越市宮下町2-11-3
網：www.kawagoehikawa.jp/
電：(81)049-224-0589
交：川越站西口乘搭小江戶巡迴巴士在氷川神社前下車直達

12 古今並存的站前商場
Atre

川越一路給遊人的感覺都是帶點江戶味道的懷舊味道，其實除了老街和和菓子橫丁外，川越還是有很時尚的 shopping mall，就在本川越站直結的 Atre 是當地人買潮物的地方。商場主打青春潮物及生活雜貨，放工後不少上班族在此流連。逛完古老的川越是時候回歸現代了！

→針織白色外套上班休閒也可

↑本地品牌 Earth，主打青春氣息。

MAP 別冊 **M24 A-3**

地 埼玉県川越市脇田本町105
時 10:00-21:00；餐廳11:00-22:30 (L.O.22:00)
網 www.atre-kawagoe.com/page/
電 (81)049-226-1111
泊 附近有付費停車場
註 部份店舖營業時間不同
交 西武本川越直結

豬扒飯 ¥1,280
酥脆的表皮，包裹著鮮嫩的豬肉和肉汁，包著高麗菜同吃可以中和油膩感。

12a 和幸 [7F]

日本響噹噹的炸豬排連鎖店，品質要求極高，採用低卡路里的美國豬肉，每天新鮮製作的麵衣，麵衣的甜味提升了炸豬扒的香味，每樣食材都配合得天衣無縫。即點即炸，金黃色的外皮炸得剛好，帶著油脂的香氣，夾著高麗菜一同進食，先嚐到高麗菜的清甜，接著吃到鮮嫩的肉質，肉汁在口腔中溢出。

時 11:00-22:00(L.O. 21:30)
網 www.wako-group.co.jp/
電 (81)049-226-7056
交 西武本川越直結

13 認識120年前的酒藏
小江戶藏里

小江戶藏里是改建自酒藏的產業觀光館，已有120年歷史。館內又細分了做3個館，分別為賣手信的明治藏、可以品嚐到和風創作料理的大正藏及可以買到新鮮蔬菜及便當的昭和藏，是一個綜合型的觀光館。

MAP 別冊 **M24 A-2**

地 埼玉県川越市新富町1-10-1
時 明治藏 10:00-18:00、大正藏 11:00-15:00、17:00-22:00
(星期六日11:00-22:00)、昭和藏 10:00-19:00
網 www.machikawa.co.jp
電 (81)049-228-0855
交 川越站步行13分鐘

↑昭和藏內可買到美味的便當

→小錢箱 ¥1,000

12   13

WOW! MAP

241

走遠一點點

⑭ 縣內最大商場
AEON LAKE TOWN

說這個Aeon Lake Town為殿堂級絕不誇張,因為它是全日本最大級的購物商場,分Kaze、Mori同Outlet三部份,擁有超過700間店鋪,全場佔26公頃,即足足有26個足球場大!

→商場設有按摩椅,十分貼心。

MAP 別冊 **M24 B-3**

地 埼玉縣越谷市東町

時 Mori 10:00-21:00；美食街 11:00-22:00
Kaze 10:00-21:00；美食街 11:00-22:00
Outlet 10:00-20:00；美食街 10:00-20:00

網 www.aeon-laketown.jp/tw

電 (81)048-940-0700 (Outlet) 泊 有

交
1. 成田機場乘京成快線45分鐘至東松戶站,轉乘JR武藏野線19分鐘到越谷Lake Town站即到；
2. 新宿乘JR埼京線約29分鐘到JR武藏浦和站,轉武藏野線約17分鐘到越谷Lake Town站即到。

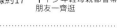

↑不少年輕母親都會帶小朋友一齊逛

Mori

Mori在日文中代表森林,商場營造出優閒的生活形態,四周以不同深淺的綠色為主調,更設有溪水流瀉的裝置,店舖以潮流時尚、運動及新生家庭區為主,令大家可以在和大自然融和的環境放鬆心情shopping。

→仿兔毛的設計很酷 ￥2,980

↑店面寬敞,逛得舒適。

⑭a Aeon Style Store [2F]

不少當地人都會光顧的潮裝店,主打簡約的OL服裝及輕便服,以棉質為主,同時也有手袋和平底鞋等,可以一次過配襯。

→豹紋雪鞋 ￥1,980

WOW! MAP
14

↑日本國內的紫芋、蓮藕茶、蘿蔔茶和黑烏龍茶等,一袋試盡人生從未試過的味道 ¥1,050

14b Aeon Body [2F]

單單是買茶的專櫃,也放了數百款有不同功效的茶品,想試新口味的朋友,必來!

而角落處更設有按摩中心,最適合各位女士逛到累來鬆弛一下。

←洗髮及護髮專用的馬油 ¥1,880

Kaze

Kaze在日文解作風,在森林中逛園街,不如來Kaze來享受下微風拂面的shopping感受。場內主要的顧客為較年青的顧客群,不只有時尚潮店,也有大型的運動用品專門店及餐飲食街。

這區集中了男女的時尚衣飾及配件

↑不論是休閒款還是上班的款式都選擇很多。

↑色彩特別的手挽袋 ¥1,500

←香港台灣少見的運動用品店

14c Outlet Murasaki [2F]

只看店名大家未必估到它其實是Asics的運動店,除了波鞋和運動衫外,也有較潮的女裝鞋賣。

Outlet

四周打造貼近大自然,在陽光、微風、花朵和樹木的點綴下,遊人有如到郊外shopping,一邊享受購物的樂趣,一邊欣賞周圍的美景,場內有Tommy Hilfiger、Coach、K+H by Katharine Hamnett、agnès b. Voyage、Wacoal和Timberland等暢貨場常客。

溫泉之鄉

群馬縣

gunma ken

往來群馬縣交通

新宿站	高速巴士上州ゆめぐり號 約2小時35分鐘 ¥3,369	伊香保站
新宿西口巴士總站	JR高速巴士 約4小時10分鐘 ¥3,400起	草津溫泉
JR東京站	JR上越新幹線 約50分鐘 ¥6,690起	JR高崎站

244

群馬縣內有超過二百所的溫泉,其中最為人所熟悉的就是位於草津的湯畑和熱之湯舞表演,溫泉區內有多間浴場和足湯;其實除了溫泉,伊香保的水沢烏冬街亦是遊人必到之處,這裡有多間百年老舖,可以吃到口感煙韌的白滑烏冬,還有榛名山那人氣髮夾灣,自駕遊的朋友又怎可不到?

群馬縣旅遊資料

往來群馬縣交通

來群馬縣遊玩,大多的遊人是由東京或新宿出發,草津溫泉因為沒有 JR 連接,所以大家只好乘高速巴士前往;而伊香保的最近 JR 站為涉川。

■ JR/ 新幹線 / 火車

由東京的上野站乘 JR 特急草津線約 1 小時 45 分鐘,便可直達最近伊香保的 JR 涉川站,成人單程為 ¥4,400,然後乘 25 分鐘巴士就到伊香保溫泉;如果要到高崎的話,則可以於東京站乘上越新幹線約 50 分鐘,成人單程為 ¥6,690 起。

■巴士

到草津溫泉唯一方便的選擇就是在新宿西口巴士總站乘 JR 高速巴士，約 4 小時 10 分鐘，成人單程 ¥3,400 起，便會到草津溫泉；若果由輕井澤到草津，則只要乘草輕巴士，約 75 分鐘，成人單程 ¥2,240 就可以了。

由新宿到伊香保溫泉，可於新宿站乘高速巴士上州ゆめぐり號，大約 2 小時 35 分鐘（成人單程 ¥3,369），便會到達伊香保溫泉。

群馬縣內交通

■草津町內巡迴巴士

另在巴士總站會有一架草綠巴士，外型很帥氣的町內巡迴巴士，每次搭乘只要 ¥100，它由巴士總站出發，共有 4 條路線，而遊人最常用的會是 A 巡迴，主要在溫泉街周邊行駛，途經西之河原露天風呂、大滝乃湯、白旗之湯和茶屋道之站等地。

時間表

時網 08:00-17:50(每日十三班)
www.town.kusatsu.gunma.jp/www/contents/1485418959224/index.html

時間	節日	內容	地點
1月下旬	草津國際滑雪場祭	滑雪場會供應豚汁粉和熱酒給大眾驅寒。在天狗山兒童廣場會舉行雪上運動會，晚上又會點起燭光，十分浪漫。	草津國際滑雪場
3月上旬	石段街祭	在櫻花盛開的時期，兩旁有手信攤檔	石段街
6月1日	冰室節	草津的旅館主人會在洞中煮自然冰塊沏茶供應給遊客。據說，吃了這冰的人一年都不會生病。	草津町我館
7月下旬	涉川肚臍祭	像北海道富良野的肚臍祭，居民會在肚皮上畫人面作巡遊	涉川市街
8月1日至3日	草津感謝祭	三大溫泉祭之一。由草津小姐扮演女神的溫泉儀式充滿神秘感，有表演噴火大鼓及草津舞蹈等傳統藝術。	湯畑的舞台
9月中旬	伊香保祭	有山車巡遊、歌舞表演	石段街
12月下旬至2月下旬	湯田燈飾	在溫泉街配置有5萬盞燈飾，創造出夢幻又繽紛多彩的景象。	湯畑周邊

旅遊資訊

群馬縣觀光局網站

提供中英文的介紹，有溫泉街的觀光點、住宿、食店等資訊，更有草津街詳細介紹。

網 www.visitgunma.jp/tcn/index.php

伊香保溫泉觀光協會的網站

提供日文及中英文的介紹，有溫泉街的觀光點、住宿、食店等資訊，更有石段街詳細介紹。

網 www.ikaho-kankou.com

■ 酒店/旅館

益成屋旅館

位於溫泉街中心，步行到各溫泉也很方便，旅館溫泉以檜木以為主，很有懷舊風味，也有數個供住客租借的私人溫泉。

MAP 別冊 M14 B-1

地 群馬県吾妻郡草津町406
金 二人一室包早晚餐，每人 ¥18,000起
網 www.ekinariya.com
電 (81)027-988-2005
交 湯畑步行約5分鐘

森秋旅館

創業於明治元年的森秋溫泉旅館，全館以和室為主，天然的溫泉大浴場「地藏之湯」為硫酸鹽泉，主治神經痛和婦人病。晚餐料理有霜降的上州牛和海鮮燒。

MAP 別冊 M14 A-3

地 群馬県渋川市伊香保町伊香保60
時 一泊二食 ¥13,750起/人
網 www.moriaki-ikaho.co.jp
電 (81)0279-72-2601
交 伊香保巴士總站步行5分鐘

草津
Kusatsu

必見!
熱乃湯

療養日本人身心靈之地，草津溫泉以90度的高溫，和有馬溫泉及下呂溫泉並列日本三大名泉，為於中心的湯畑是遊人必到的地方。入夜後，遊人穿著和服流躂躂於微涼溫泉街，蒸氣騰騰的霧氣由湯畑冒出，溫暖著遊人的身心，溫熱的感覺令人剎是感動。

往來草津交通

出發地	交通工具	時間/車資	目的地
新宿西新南口	JR高速巴士	4小時10分鐘 ¥3,400	草津溫泉
軽井沢站	草輕巴士	75分鐘 ¥2,240	
新宿站	自駕	約3小時15分鐘	

↑ 湯畑在太陽反射下散發翡翠綠

① 日本自然湧泉量第一
湯畑

草津溫泉能夠在日本的旅遊業界中的「日本溫泉 100 選」連續 10 年穩居第一，湯畑這個草津地標功不可沒，因為它每分鐘泉水湧出量超過 4,000 公升。湯畑位處溫泉中央位置，超過 90 度的溫泉隨著木製的水導傾瀉而下，猶如萬馬奔騰的瀑布。

MAP 別冊 **M14 B-1**

地 群馬縣吾妻郡草津町大字草津
交 草津溫泉巴士總站下車，步行5分鐘

② 守護草津溫泉數百年
光泉寺

爬上白旗之湯旁的長樓梯，來到日本溫泉三大藥師之一的光泉寺，沿路走到本堂會看到一個鮮紅自 1703 釋迦堂，是寺內最古老的建築物。光泉寺建於 1200 年，由草津的湯本氏建成，供奉着白根大明神。

遊人虔誠地祈願

MAP 別冊 **M14 A-1**

地 群馬縣吾妻郡草津町草津甲446
網 www.kusatsu.ne.jp/kousenji/
電 (81)027-988-2224
交 湯畑步行2分鐘

③ 自家製洋菓子 月乃井

店子櫥窗前放滿 creamy 和以水果為主的甜點，其中最人氣的芝士蛋糕，漲鼓鼓的表層，烤得金黃，散發出獨有的香濃芝士味，中間鬆軟，甜甜的味道和芝士混和，微暖的時候放在口中，幸福的感覺就這樣在舌尖上盪漾開來。

← 剛出爐的芝士蛋糕，誘人吧！

→ 全以人手製的自家品牌甜點

MAP 別冊 **M14 B-1**

地 群馬縣吾妻郡草津町大字草津112-1
時 09:00-21:00
休 星期三
網 tsukinoi.com/
電 (81)0279-89-8002
交 湯畑步行2分鐘

溫泉巡禮 草津

日本有名的溫泉鄉

自古流傳的民謠中也提到草津的溫泉除了失戀外，什麼病也可醫治，它的湧泉量每分鐘達 32,000 公升以上，如果以 2 公升的汽水樽來盛載，1 小時可裝滿 96 萬個！加上有超卓的殺菌功效，難怪成為日本三大名湯之一！草津大大小小的泉源多達百多個，由手湯、足湯、錢湯到高級溫泉宿應有盡有。

足湯

草津溫泉有百多個泉源，就算不打算住上一晚，也可在湯畑四周浸浸足湯和手湯，對遊客十分貼心。

草津溫泉
自然湧泉量為全日本第一

- **泉質** 強酸性硫磺泉
- **酸性度** PH酸性度為 2.1
- **泉色** 呈茶褐色
- **效能** 超卓的殺菌效果，也可治療皮膚病、慢性婦人病、神經痛、五十肩等
- **泉溫** 100%的天然溫泉泉溫可高達 95 度
- **足湯** 草津溫泉區共有100多個天然湧泉，方便的足湯手湯隨處可見。

湯けむり亭

位於湯畑前足湯，亦是最多遊人泡浸的足湯，各位逛完溫泉街後可以順道坐坐休息。

MAP 別冊 **M14 B-1**
地交 吾妻郡草津町大字草津 湯畑步行1分鐘

湯畑的另一邊也有一個小小的手湯池

巴士總站旁足湯

這個位於草津巴士總站的足湯是專為剛到埗和等巴士的自遊人而設，它自2010年起設置，足湯有屋頂遮蓋，就算風吹草動下雨下雪也可浸個夠。

MAP 別冊 **M14 B-2**
地交 吾妻郡草津町大字草津 湯畑步行1分鐘

遊人一路等巴士一路浸，非常舒服。

WOW! MAP

群馬縣資料

草津

伊香保

免費共同浴場

它們是專為當地居民而設的公共設施，通常由當地居民自發性打掃，所以設施也較簡單，遊人要自備毛巾及沐浴用品，同時要自律保持清潔，要留意草津的泉溫較平常的溫泉高，大家要量力而為！

⑥

MAP 別冊 **M14 B-1**

地 群馬県吾妻郡草津町大字草津
時 05:00-23:00
休 早上8:00清掃
交 湯畑步行1分鐘

白旗の湯

白旗之湯是草津溫泉中最古老的溫泉之一，傳說早在1193年由一位源賴先生在打獵途中發現。泉水呈青白色，對痛症及疲勞特別有效。

館內簡單陳設深受居民歡迎

MAP 別冊 **M14 B-1**

地 群馬県吾妻郡草津町大字草津地蔵
時 08:00-22:00
休 清掃時間停用
交 湯畑步行5分鐘

地蔵の湯

在2006年改裝後的地藏之湯，天井偏高，木造的浴池隱約還聞到新木的香味，此湯亦是出名的時間湯入浴地方之一。浴場外更設有免費足湯。

足湯新淨清潔

千代の湯

千代之湯的浴池面積較小，大約只可容納4至5人，在泉口附近有一出水口，若泉溫太高時，可自由加入冷水調節，這個溫泉最出名是時間湯入浴法。

MAP 別冊 **M14 B-1**

地 群馬県吾妻郡草津町大字草津
時 05:00-23:00
休 清掃時間停用
交 湯畑步行5分鐘

⑧

⑨

翁の湯

比較少遊人到來的共同浴場，入浴時間為24小時，全為當地人。

MAP 別冊 **M14 A-1**

地 群馬県吾妻郡草津町大字草津町
時 24小時
休 清掃時間停用(通常為早上7:30-9:00)
交 湯畑步行6分鐘

WOW! MAP

6

7

8

9

御座の湯 10

白在湯畑旁的御座之湯設施齊全，遊人浸完溫泉後還可以穿著浴衣或在寬敞的大廣間小休一會，入場費包了在大廣間休息1小時、溫泉饅頭及熱茶，各位浸完可以慢慢 Hea。

MAP 別冊 **M14 B-1**

地 群馬県吾妻郡草津町大字草津421
時 4月1日至11月30日 07:00-21:00、12月3日至3月31日 08:00-21:00(最終入館20:30)
金 大人￥600、小童￥300
網 gozanoyu.com
電 (81)0279-88-9000
交 湯畑步行1分鐘

大滝乃湯 11

大滝乃湯以「合わせ湯」的入浴法著名，客人可依照由低至高不同浴池的溫度而依次入浴，從而達到治療痛症和疲勞的功效。館內有大浴場、露天溫泉、餐廳和休息室，遊人在館內浸上大半天也很好玩。

MAP 別冊 **M14 B-1**

地 群馬県吾妻郡草津町大字草津596-13
時 09:00-21:00(最後入場20:00)
金 大人￥1,100、小童￥550
網 www.ohtakinoyu.com
電 (81)0279-88-2600
交 湯畑步行5分鐘

西の河原露天風呂 12

要體驗這個500平方米的露天溫泉，最好的時間是清晨。遊人可先穿過被山森環抱的西的河原公園，來到這可容納100人的露天溫泉，館內有可上鎖的儲物櫃和更衣室，而沐浴用品及毛巾則要自備。溫泉就在公園內，用天然的石塊砌起，男女湯用竹籬笆分開。找個靜靜的角落，輕輕地倚在石旁盡情呼吸四周清新的空氣，讓身體放鬆地泡浸在泉水中享受這個野外溫泉。

MAP 別冊 **M14 A-1**

地 群馬県吾妻郡草津町大字草津521-3
時 4月1日至11月30日 07:00-20:00、12月1日至3月31日 09:00-20:00(最終入場時間19:30)
金 大人￥800、小童￥400
網 www.sainokawara.com
電 (81)0279-88-6167
交 湯畑步行15分鐘

10　11　12

WOW! MAP

↑ 先由台上兩位和服女士隨音樂起舞而揭開序幕

LET'S TRY!

13 遊人住民打成一片的體驗

草津溫泉熱乃湯

上網睇片

要體驗草津居民的熱情，遊人務必到湯畑旁的熱の湯，和她們跳一趟搓湯舞。搓湯舞源於百多年前，居民想降低泉溫而又不想滲入冷水，於是就創造出這個精彩的舞蹈：湯もみと踊り，是草津獨有的傳統。表演者束起傳統的藍色浴衣一邊唱著草津民謠，一邊手執一條 30 厘米乘 180 厘米的長木板，跟隨小調在巨型的浴池旁攪拌熱湯來降溫。尾段會邀請遊人參與，隨著小調忘我攪著熱湯，甚至高昂地哼出曲調。

↑ 每場熱の湯都排長龍

MAP 別冊 **M14 B-1**

地時	群馬縣吾妻郡草津町草津414 09:30、10:00、10:30、15:30、16:00、16:30（一日6場）
金	大人￥700、小童￥350
網	www.kusatsu-onsen.ne.jp/netsunoyu/
電	(81)0279-88-3613
交	草津溫泉巴士總站下車，步行5分鐘；湯畑步行1分鐘。

↑穿著浴衣的嬬嬬邊跳邊進場

↑圍好浴池旁後由慢板開始左右攪動熱湯

↑小調開始變快，揚湯的速度也越加快速。

←最後尾段，嬬嬬們會改由下而上濺起熱湯，湯花四散來作結。

↑遊人體驗時都有板有眼，好不認真。

群馬縣資料

草津

伊香保

⑭ 最有溫泉街味道
西の河原通り

MAP 別冊 **M14 A-1**

地　群馬縣吾妻郡草津町草津西の河原通
時　10:00-19:00(各店略有不同)
交　湯畑步行3分鐘；草津溫泉巴士站步行10分鐘

隨着湯畑附近寫着「西の河原通」的路牌鑽進去，會發現小巷兩旁開滿手信店、玻璃工房、饅頭店和食堂等，午飯後穿上浴衣，在街上逛逛，你會被熱情的饅頭伯伯和婆婆包圍，邀請你吃一兩個暖笠的溫泉饅頭，不少還付送熱茶呢！要細味草津溫泉的熱情除了可以泡熱溫泉外，還可以到西の河原通走一趟呢！

⑭a 夢地藏

看見門前三個哈哈笑的地藏很討人喜歡，店內放滿草津手作公仔，也有自家品牌的酒品漬物等，想要正能量的朋友，務必進內看多些。

↑一排排笑口的手作地藏作手信也不錯

←寫滿日本格言的 T-shirt

MAP 別冊 **M14 A-1**

地　群馬縣吾妻郡草津町大字草津407
時　10:00-18:00
休　不定休
電　(81)027-988-5298

⑭b 松むらら饅頭

堅持用傳統木製蒸籠做溫泉饅頭的松むらら，饅頭味道清甜鬆軟，難怪人氣十足。要留意因為沒加任何防腐劑，保存期只有5天左右，大家最好當然即買即食。

↑由早上7點開始營業，很多時中午已售罄。(￥900/6個)

MAP 別冊 **M14 A-1**

地　群馬縣吾妻郡草津町大字草津389
休　星期二、三及不定休
時　08:00-17:00
電　(81)0279-88-2042

  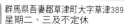

15 邊浸足湯邊嘆美食
湯畑草庵

客人一邊喝飲料，一邊泡足湯。

位於溫泉旅館草津溫泉湯畑草庵內的餐廳，2012年底開幕，餐廳以輕食沙律為主，也提供咖喱飯。餐廳內設有足湯，客人可以一邊享用美食，一邊享受足湯，能有效抒緩疲憊的心情。當晚點了一個季節限定的沙律烏冬，沙律沒有膩膩的沙律醬，客人只要輕輕把鋪面的溫泉蛋刺破，香濃而帶蛋香的蛋和醬便會和蔬菜融和，味道鮮甜。而在沙律底下的烏冬明顯浸過冷河，彈牙爽滑，和做配料的舞茸和小菇同吃，更能吃出小麥的香甜，廚師的用心你吃得出嗎？

↑溫泉饅頭 ¥650

↑溫泉蛋沙律烏冬

MAP 別冊 **M14 B-1**

地	群馬縣吾妻郡草津町大字草津118-1
時	10:00-21:00 (L.O.)
網	www.kusatsu-souan.co.jp
電	(81)0279-88-0811
交	湯畑步行2分鐘

16 草津溫泉入口必到
道の駅草津運動茶屋公園

自駕遊到草津溫泉，可以先到訪這道之站，站內匯集大量草津名產，其中最特別的是有樽裝的溫泉水，大家留意千萬不要飲用，因為它是濃縮的溫泉水，給遊人回家開水浸溫泉用！

←濃縮的溫泉水，大家可買回家泡溫泉

→明太子味道的芝士值得一試

MAP 別冊 **M14 A-2**

地	群馬縣吾妻郡草津町草津2-1
時	08:30-17:00
電	(81)0279-88-0881
泊	有
交	湯畑駕車3分鐘；步行20分鐘

15　16　WOW! MAP

↑角落有不少有趣的擺設
↓吧枱放滿咖啡豆，偶爾傳來陣陣咖啡的香味。

↑肉醬意粉的豚肉要order後才用手打出來，彈牙的豚肉味道濃郁。

17 細味一刻的寧靜
茶房ぐーてらいぜ

湯畑四周不論日夜總會帶點喧囂，如果想享有片刻寧靜的遊人，可以走數分鐘到這間茶房。店內以原木為主，帶點大自然的原始感覺，沒有嘈雜的人聲，要了一客期間限定意粉，香甜的洋蔥混合肉碎，再加上濃濃的芝士粉，原本打算竭一下的小記，竟然吃得一點也不剩。坐在窗邊，看著遠處的湯畑的裊裊輕煙，只要你願意細聽，說不定會聽到大自然的呼吸聲。

MAP 別冊 **M14 B-1**

地 群馬県吾妻郡
　 草津溫泉368
時 09:30-16:30
休 星期二
網 www.nisshinkan.
　 com/cafe/
電 (81)0279-88-6888
交 湯畑步行3分鐘

18 好吃到不能
燒肉吾妻

好食 編者推介　香港首推

晚上在湯畑附近閒晃，不其然就會來到「吾妻」，因為店前的烤爐長期飄着串燒的焦香。店內位子不多，只有小小的十枱。店員會先為你打起新潟的備長炭火爐，由最貴的黑毛和牛到普通級數的和牛也有，喜歡豚肉和雞肉的也可輕鬆點菜。其中首推的是鹽燒牛舌「タン塩」，在爐火上烤，待帶點焦香時才加上少量蔥花調味，肉質甘香，在柔軟的肉質中找到牛肉的實質感。真的好吃到不得了！

↑豚肉 ¥580起
豚肉脂肪適中，清爽帶點嚼勁，但不宜烤得過熟。

←除了燒肉可另點串燒，雞皮和雞腎也很入味。

遊人都穿着浴衣來光顧

MAP 別冊 **M14 B-1**

地 群馬県吾妻郡草津町大字草津378
時 12:00-14:00；16:30-21:00
休 星期三
網 www.kusatsu.ne.jp/agatsuma/
電 (81)0279-88-3517
交 湯畑步行1分鐘

WOW! MAP

17　　18

伊香保
Ikaho Onsen

おかし屋

←この先
トイレ
(Rest Room)

群馬バス発
Gunma Bus
for Haruna・Mizusaw
蓮花記念文
Roka Commemorativ

必見!
石段街

伊 香保溫泉早在 7 世紀已被發現,
在古文中也有記載其功效,在伊香
保的石段街更是其地標,自江戶末期至
今已有 400 多年歷史,
見証了伊香保溫泉的繁
華。隨着木屐的磨蹭聲,
穿着浴衣的遊人穿梭在街
上,你會感受到日本傳統
的溫泉街氣氛。

往來伊香保交通

出發站	交通方式	中轉	到達站
新宿站新南口	高速巴士上州ゆめぐり号 2小時35分鐘 ¥3,369		伊香保站
上野站	JR特急草津線 1小時45分鐘 ¥4,400	涉川站 巴士 25分鐘 ¥670	伊香保巴士站
新宿站	自駕 2小時11分鐘		伊香保站

→ 在石段街中段岸権旅館外的免費足湯辰の湯

① 溫泉街氣氛滿瀉 石段街

自駕遊**MAPCODE** 94875 371 *55

石段街至今已有 400 多年歷史，全街有 365 級石階，遊人拾級而上，可一邊細看兩旁的手信店、精品店、茶室，不少店舖仍保留了 30、40 年代的建築，沿路有數個足湯和休息處，逛累了也可以坐坐。石階上更刻了日本詩人与謝野晶子的詩歌及 12 生肖的石版呢！

MAP 別冊 **M14 A-3**

地交 群馬県渉川市伊香保町伊香保
JR渉川站乘巴士約27分鐘，在伊香保溫泉巴士總站下車，步行5分鐘

⑴ₐ 山白屋民芸

自 1998 年開業至今，店主夫婦倆不斷搜羅昔日的小手作玩意，有昭和年代的木製刀、手製的水炮、球槌、木製搖鈴……過千種小物，不論大小朋友都會在店內渾然忘我。

→ 店主友善介紹店內人氣品

↑ 木製的玩具，小朋友也可放心把玩。

MAP 別冊 **M14 A-3**

地時休電 群馬県渋川市伊香保町伊香保12
09:00-21:00
不定休
(81)0279-72-2242

饅頭 ¥130/ 個
店內特設即製工場

↑ 店長先生還邀我入內拍照

⑴ᵦ 勝月堂溫泉饅頭

溫泉饅頭的元祖勝月堂，在熱騰騰的蒸氣下出爐，外皮柔軟吹彈可破，內裡餡料脹鼓鼓的，咬在口裡，甜甜的味道在舌尖揮之不去。走在溫泉街，吃上一口溫泉饅頭，你會細味到溫柔的感覺。

MAP 別冊 **M14 A-4**

地時休電 群馬縣渉川市伊香保町伊香保
591-7
09:00-18:00
不定休
(81)027-972-2121

WOW! MAP

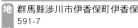

1   1a   1b

←↑ 環境有如時光倒流，小玩意有歷史的跡痕。

1c 茶房てまり

隨着時代變遷小朋友都喜愛玩電玩，若果你們對手造的玩具有一份情意結，來這裡看看，每個籐籃中都放了昔日的鄉土玩具和民藝品，每件也帶着工匠的一份窩心。坐在茶室喫茶，看着身旁的萬花筒、手製陶瓷器和小玩意，會否令你想起兒時那份簡單的快樂？點個每日限定 6 份的牛乳寒天，淋上黑糖漿，甜甜的味道，很溫暖。

↑ 木屐小擺設
¥945

↑ 牛乳寒天 ¥495
牛奶味香滑，寒天大如彈牙通透的大菜糕。
每天限售 6 個。

MAP 別冊 **M14 A-3**

地 群馬県渋川市伊香保町伊香保76-2
時 10:00-17:30（星期六日至18:00）
休 星期三
電 (81)0279-72-2144

1d 四季彩

以國產豚肉做招徠的四季彩，其店使用的國產豚是有保証說明的，飽滿的飯粒上，鋪上菜絲，那幾片炸得酥脆的里肌肉，淋上特製醬汁後，還可隱約看到紋理細緻而柔嫩，放在口中有豐富的脂肪感，可是又不太油膩，很適合好吃又怕肥膩的女孩們！

好食 編者推介

↑ 傳統和式食堂格局

MAP 別冊 **M14 A-3**

地 群馬県渋川市
伊香保町伊香保78
時 11:00-19:00
電 (81)0279-72-3917

醬炸豬扒丼 ¥1,500
肥瘦恰到好處

WOW! MAP

1c　1d

② 求子溫泉神社
伊香保神社

建於西元 825 年的伊香保神社，位於石段街的最高處，以上野國三宮作信仰之神，是溫泉療養之神，求子亦十分靈驗。遊人站在石段街高處回望走過的 365 個階級，可一睹溫泉街的全景，同時感受一下四周寧靜詳和的氣氛。　→掛滿祈福的繪馬

伊香保是有特別待遇的名神

MAP 別冊 **M14 A-4**

地 群馬県渋川市伊香保町伊香保2
電 (81)027-972-2351
交 伊香保溫泉巴士總站下車步行15分鐘

MAP 別冊 **M14 A-4**

時 群馬県渋川市伊香保町伊香保
電 (81)027-972-3157
交 伊香保溫泉巴士總站下車步行15分鐘

③ 石段街的終點
河鹿橋

自駕遊MAPCODE 94 845 605

河鹿橋因紅葉美景而聞名，每到秋季的 10 月中至 11 月中，橋的兩旁都會綻放深淺不一的紅葉，入夜後昏黃的燈光映照下，配合塗上朱紅色的橋身，有一種說不出的浪漫情調。據說這裡亦是開運的景點，能為遊人帶來好運。

④ 免費寄放行處
まちの駅ふるさと交流館

交流館旁就是巴士總站，4 樓有休息室，遊人可自由飲咖啡和熱茶，5 樓的展望台可看到伊香保的溫泉街街景，更可免費寄放行李呢，不過記緊關門前取回呢！

MAP 別冊 **M14 A-3**

地 群馬県渋川市伊香保町558-1
時 09:00-16:45
電 (81)027-972-2418
交 伊香保巴士總站隔鄰

↑ 館內有休息的地方，工作人員也熱心介紹景點。

WOW! MAP

2　　3　　4

↑頭文字D電影中的山頂起步點。

⑤ 1300米鳥瞰的角度 【電影】《頭文字D》

榛名山

榛名山之所以多人認識是因為周董早前的《頭文字D》，其AE86在山中飛馳的影像深印在觀眾腦中，同時亦吸引了不少台灣和香港人到榛名山。遊人乘坐3分鐘的纜車可到達標高1391米這個有「榛名富士」之稱的山頂，纜車的造型猶如一個圓桶型的太空艙，好不前衛！

MAP 別冊 **M15 B-4**

地	群馬縣高崎市榛名湖町845-1
時	4月至11月09:00-17:00(最後入場16:30)12月至3月09:00-16:00(最後入場15:30)
休	天氣惡劣時休息
金	大人來回￥950、小學生￥470
網	www.tanigawadake-rw.com/haruna/
電	(81)0273-74-9238
交	伊香保溫泉乘巴士約25分鐘於「ロープウェイ前」下車；或伊香保溫泉駕車約15分鐘

⑥ 用心去感受的寧靜

榛名湖

← 遊人亦可選擇騎馬遊湖

↓ 每到黃昏時份，會有釣客走到水中央

遊人可坐天鵝遊湖

靜靜地躺在榛名山旁的榛名湖，是因火山爆發，經年月的洗禮和雨水的累積而成的。湖岸的步道約5公里，天朗氣清的時候有不少當地人來遊玩，遊人可以來這裡坐坐天鵝造型的遊覽船，或者坐馬車繞圈子、踏單車，也可和另一半坐天鵝腳踏船，獨享二人的浪漫。每到12月，湖邊更會裝上聖誕燈飾，在隆冬季節發放花火呢！

MAP 別冊 **M15 A-3**

地	群馬縣高崎市榛名湖町
電	(81)027-374-9408(榛名湖遊覽船電話)
交	伊香保溫泉乘巴士約25分鐘於「ロープウェイ前」下車；或伊香保溫泉駕車約15分鐘

5　　6

① 竹木深處人家
湯元茶屋

遊人如果由石段街悠閒地步行到河鹿橋，沿途的
林蔭大道佇立了這樣一間茶屋，店面的裝修猶如
時光倒流50年般，保留了古老的木造椅子，只
簡單的擺放了波子汽水、關東煮和溫泉蛋。午餐
時份，遊人則會在店內點一份手打的蕎麥麵，靜
靜感受大自然的氣息。

←要吃點小
吃補充體力
嗎？

↑↓坐在長椅上，喝一口波子汽水，你會
想起兒時簡單的快樂。

↓熱騰騰的
溫泉蛋 ￥50

MAP 別冊 **M14 A-4**
地 群馬県渋川市伊香保町伊香保
590-6
時 10:30-17:00
休 星期一至五
電 (81)0279-72-2884
交 草津溫泉巴士總站下車步行15分鐘

↑大家打開櫃子，就看到色彩繽紛的耳飾

↑館內用故事的形式介紹耳環的由來

MAP 別冊 **M15 B-2**
地 群馬県北群馬郡榛東村大字山子田1912
時 09:00-17:00(最後入場16:30)
休 星期一
金 大人￥200、中學生以下免費
網 www.vill.shinto.gunma.jp/sisetu/
sisetu03.htm
電 (81)027-954-1133
交 JR涉川站駕車20分鐘

⑧ 古時的首飾
榛東村耳飾り館

↑館內陳列出各國
奇怪有趣的耳環

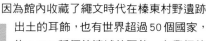

究竟古時的女性有沒有耳環和首飾呢？大家可以在這個榛東村
耳飾り館找到答案，因為館內收藏了繩文時代在榛東村野遺跡

出土的耳飾，也有世界超過50個國家，
約1,000種價值連城的耳飾，有興趣的
朋友也可以試試體驗親手做一對仿古
的人氣耳環，遊人也可免費試穿土製
的耳飾和繩文時代的衣裝。

WOW! MAP

7　　8

9 古代稅關
伊香保関所

→在現今很少看到的印章

關所是指日本古時重要的交通要點，目的是方便徵稅，和現代的海關相似。伊香保御關所建於 1631 年，昔日要過關需要出示「通行手形」，有趣的是如果是藝人或相撲手則以表演就可代替「通行手形」過關。館內重現昔日通關的情景，也有相關「通行手形」、盔甲和槍械等展示。

MAP 別冊 **M14 A-3**

地 群馬縣渋川市伊香保町伊香保34
時 09:00-17:00(11月至3月至16:30)
休 每月第二及第四個星期二
電 (81)027-972-4933

↑關所保留了昔日的槍

10 維護當地生產者的安全食店
食の駅ぐんま 伊香保店

這個食の駅特別之處是當地食材生產者自訂價格的同時，更確保消費者食得新鮮健康，店內有翠綠得過份的野菜、芋頭、番茄、橙、蘋果等都仿似剛從農園摘起般，各位想食新鮮蔬果的朋友必到。

MAP 別冊 **M14 B-3**

地 群馬縣渋川市伊香保町伊香保544-130
時 09:00-17:30
網 farmdo.com/farmdo_shoplist.html
電 (81)0279-20-3111
交 伊香保溫泉巴士總站下車步行10分鐘

↑每到黃昏，產品都會賣得七七八八，要買的朋友趁早。

↑當地盛產的農作物以新鮮見稱

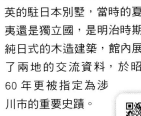

11 一窺昔日的貴族生活
ハワイ王国公使別邸

這棟建於明治時代中期的別邸是夏威夷大使羅伯特‧阿爾溫英的駐日本別墅，當時的夏威夷還是獨立國，是明治時期以純日式的木造建築，館內展出了兩地的交流資料，於昭和60 年更被指定為涉川市的重要史蹟。

↑大使用的家具

MAP 別冊 **M14 A-3**

地 群馬縣渋市伊香保町伊香保32
時 08:30-16:30(最後入館為16:15)
休 星期二、公眾假期翌日及12月28至1月4日
電 (81)0279-72-3151
交 伊香保溫泉巴士總站下車步行2分鐘

9

10

11

WOW! MAP

草津

伊香保

⑫ 品嚐日本三大烏冬
水沢うどん街道

日本三大烏冬產地是秋田的稻庭烏冬、四國香川的讚岐烏冬以及群馬縣的水沢烏冬。水沢烏冬至今已有1300年歷史，而在水沢觀音前的烏冬街兩旁開滿各式烏冬店，不少更有上百年歷史，它們大多用烤得香脆的舞茸做配料，加上彈牙的烏冬，簡簡單單的也令人回味，難怪不少人都遠道而來。

地 群馬県渋川市伊香保町水沢上毛三山パノラマ街道
時 10:00-16:00(各店不同)　**休** 各店不同
網 www.ikaho-kankou.com/eat/udon/
交 伊香保温泉街駕車約5分鐘

↑除了食店，遊人也可在商店把美味買回家。

↑上州御膳烏冬 ¥1,650
水沢御膳烏冬的彈牙度滿分

↓豆腐 ¥660
連續5年拿金獎的豆腐的確猶如雪般水嫩

↑即製的伊香保豆腐香滑得直滿喉嚨

⑫a 連續4年最高金賞
うどん茶屋水沢万葉亭

由2009年起連續4年都獲最高金賞的水沢烏冬老店，不只門面很有氣派，食物和配菜也很精緻，烏冬用三角形的竹簍盛着，由於烏冬用獨特的水沢山湧水製作，口感煙韌彈牙，外層質感軟脆，中間帶點嚼勁，附上三種不同的前菜同吃，又或一口輕柔的烏冬，一口酥脆的天婦羅，令人意外驚喜地對味！

MAP 別冊 **M15 A-2**

地 群馬県渋川市伊香保町水沢48-4
時 10:30-15:00(L.O.14:30)
商店09:30-15:00
網 www.manyotei.com
電 (81)0279-72-3038

好食 編者推介

12b 極上美味

水沢宮前松島屋

已有三百多年的歷史老舖，自江戶時代已開業，店舖令人仿如步進百年老舍，店內的人氣品乃是配搭了5款不同醬汁的名物烏冬，沿用傳統的技術做烏冬，每條烏冬都真材實料，夾在筷子上很有質感，沉甸甸的份量，爽滑而清淡，然而配上不同的醬汁後口感濃郁。小記獨愛的胡麻醬上脆嫩的舞茸天婦羅，更是愈嚼愈美味。留意烏冬有時正午已賣光，要食趁早！

MAP 別冊 **M15 A-2**

地 群馬縣渋川市伊香保町水沢195-2
時 10:00-16:00(L.O.15:20)；
　 冬季 10:30-16:00 (L.O.15:20)
休 星期四、五　網 www.matusimaya.jp
電 (81)012-036-1872
交 伊香保溫泉乘往水沢巴士站
　 13分鐘下車即到

↑ 竹套餐 ¥1,750
配以酥脆天婦羅，口感一流。

←食完烏冬還可以試飲溫水

不少名星也光顧

13 百萬人朝拜開運必到

水澤觀音寺

於鎌倉時代建設的水澤觀音寺已有 1500 多年歷史，是關東三十三名刹之一，每年有近百萬人到來參拜。本堂內是 11 面千手觀音，而旁邊的六角二重塔象徵六道輪迴，遊人只要逆時針推動方輪盤就可帶來好運，消災解厄。

MAP 別冊 **M15 A-2**

地 群馬縣渋川市伊香保町水沢214
網 www.mizusawakannon.or.jp/sp/
　 index.html
電 (81)027-972-3619
交 水澤烏冬街步行5分鐘

遊人忙於推輪盤

↑ 就連小朋友都敲鐘催運

WOW! MAP

12b　　13

14 伊香保燒和玻璃精品
伊香保燒陶句郎窯

伊香保燒已有百多年歷史，以用溫泉的湯花著色而出名，色澤及手工精美，來到這間生活美術店的陶藝教室還可以體驗一番。

→店主很歡迎國外遊客

MAP 別冊 **M14 B-3**

地 群馬県渋川市伊香保町伊香保397-11
時 10:00-17:00　　　網 toukuro.jimdofree.com
電 (81)0279-20-3555
交 伊香保溫泉巴士「見晴站」下車步行1分鐘

15 全日本最受歡迎的博物館
伊香保おもちゃと人形
自動車博物館 親子

這間博物館為全日本私人博物館入場人數最多的一間。想看拓海的藤原豆腐店和豆腐車的朋友，記得到這間用作電影背景的豆腐店，找找周董的足跡！館內有昭和30年代的國產私家車，也收集了來自百多個國家，超過30,000件玩具及經典玩偶：Teddy Bear和米奇老鼠等。遊人都沉醉於重現的昭和老街、懷舊糖果店、各式的雜貨店。

自動車博物館

←一排排的古董車現今只可在博物館看到

昭和街
↑昭和街的射擊遊戲經歷數十年仍是最受歡迎

熊仔博物館
↑很有英倫味的 Teddy Bear 館

MAP 別冊 **M15 B-2**

地 群馬県北群馬郡吉岡町
　上野田2145水沢觀音下
時 4月25日至10月31日08:30-18:00；
　11月1日至4月24日08:30-17:00
　（最後入場關門前30分鐘）
金 大人￥1,300、中學生￥900、
　小學生￥450
網 www.ikaho-omocha.jp
電 (81)027-955-5020
交 伊香保案內所乘巴士20分鐘；或
　JR高崎站乘群馬巴士向伊香保行
　約55分鐘「上の原」下車。

WOW! MAP
14　　15

16 大自然和藝術共冶一爐
グリーン牧場

↑牧羊犬表演是受歡迎節目

早於 1970 年興建的伊香保綠色牧場，營造出自然、人及文化的互動交流，在牧場中遊人四季都可以親近不同的動物，欣賞大自然不同季節的美，也可觀賞到日本最大型的牧羊犬表演、體驗搾牛奶、採摘草莓和手造黃油等，最特別的是可以在櫻花樹下體驗騎馬，每到春天，園內千多棵櫻花盛放，蔚為奇觀。牧場餐廳所提供的蔬菜更是自家培植，新鮮有益。店內也有自家製的乳製品和特色手信，讓各位將快樂帶回家。

↑生活在城市的難得體驗－搾牛奶

→小朋友也可放心騎馬

MAP 別冊 **M15 A-1**

地	群馬県渋川市金井2844
時	09:00-16:00；12月至2月10:00-16:00(最後入場為關門前30分鐘)
休	1月上旬至2月末的平日
金	大人￥1,500、小學生￥800
網	www.greenbokujo.co.jp
電	(81)0279-24-5335
交	JR涉川站乘往伊香保溫泉巴士約15分鐘「グリーン牧場前」下車；或伊香保溫泉駕車約15分鐘

高眺的天窗很有空間感

露天溫泉四周被草木包圍

17 伊香保日歸溫泉提案必選
黃金の湯館

館內有免費的休息室，很貼心

在伊香保 Grand Hotel 附設的日歸溫泉設施，很適合在伊香保一天遊的遊人，館內有伊香保的泉源「黃金之湯」，不只室內的大浴場寬敞非常，落地的大玻璃，可看到室外的園林景色，而屋頂的玻璃天窗，在無雲的晚上可看到滿天星宿；戶外的露天風呂也很有庭園觀感，浸在浴池中被森林包圍，每一下呼吸都令人心情放鬆。

MAP 別冊 **M14 B-3**

地	群馬県渋川市伊香保町550
時	10:00-22:00（最後入場21:30）
休	不定休
金	中學生以上￥680起、小學生以下￥400起、3歲以下免費
網	www.itoenhotel.com/hotel/ikaho_grand2/
電	(81)0279-30-4100
交	伊香保溫泉巴士見晴し站下車，步行3分鐘

WOW! MAP

16　17

草津

親子

小朋友的夢幻之城

18 大理石村・ロックハート城

↑世界の婚紗館內，不少當地人都會選擇在這裡行禮和拍婚照。

→就連小妹妹也穿上古典的衣飾拍照

來到群馬縣這個「大理石村鎖心城堡」，你可以帶同另一半或小朋友來這裡尋找兒時的夢想。當中最宏偉的是於1988年在當時蘇聯總書記戈爾巴橋夫的批准下，由歐洲移建過來的傳統歐洲古城，城裡有愛之鐘、情人之泉很有歐洲氣息的購物街；更有「世界婚紗館」、「熊仔之家」、也有華麗的「聖洛倫斯教堂」，不少當地人都會在這裡舉行浪漫的婚禮。

↑熊仔的家的房間收集了約有200隻熊仔，全是由海外收集得來的珍藏。

→ Heart Bazar 可買到歐陸式的小雜貨

←意大利傳統的婚紗是黑色加面具的

MAP 別冊 **M14 A-3**

地 群馬縣吾妻郡高山村5583-1
時 09:00-17:00（最後入場16:30）
金 大人￥1,300、中學生￥1,100、小學生￥600、4歲以下免費
網 lockheart.info/
電 (81)0279-63-2101
交 JR沼田站駕車/乘的士約15分鐘；或伊香保溫泉駕車45分鐘。

WOW! MAP

18

坐在動物外型的巴士進入野生動物園區內，可以在巴士上親手餵飼動物，感受萬獸之王在你面前張口血盤大口開大餐的震撼感！

群馬縣資料

草津

伊香保

⑲ 天王米高積遜都曾到訪

群馬サファリ パーク

親子

這座於1979年開園的群馬野生動物園是東日本第一座正式的野生動物園，園內有超過100種非洲、亞洲和美洲等地的動物：雪豹、歐洲盤羊、美國麋鹿和侏儒馬等。遊人可以乘特色人氣的「動物巴士」，在輕鬆遊園的同時，可以親手餵飼各種動物，園的另一邊也有專為小朋友而設的摩天輪及咖啡杯等小型機動遊戲！如果適逢有晚上夜間開園，更可一試黑暗中探險。

↓園內自駕遊

→除了猛獸外，小朋友也可近距離親親小動物。

↓坐在 Safari 巴士內可以舒服地遊覽野生動物園，不同大小的動物會在車邊經過。

↑園區的另一角落是兒童遊樂園，小朋友除了看動物外，也可玩過不亦樂乎！

MAP 別冊 **M14 A-4**

地 群馬県富岡市岡本1
時 3月至10月09:30-17:00；11月至2月09:30-16:30
(最後入場為關門前1小時)
休 星期三
金 大人¥3,200；3歲以上至中學生 ¥1,700；
3歲以下免費
網 www.safari.co.jp　電 (81)0274-64-2111
交 JR上州富岡站乘的士或駕車約15分鐘或伊香保溫泉街駕車約1小時

WOW! MAP

269

19

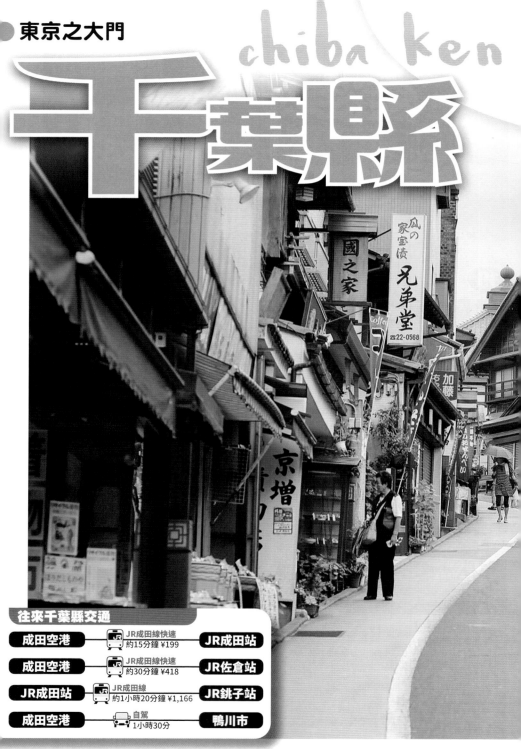

千葉縣

chiba ken

往來千葉縣交通

成田空港	→ JR成田線快速 約15分鐘 ¥199	**JR成田站**
成田空港	→ JR成田線快速 約30分鐘 ¥418	**JR佐倉站**
JR成田站	→ JR成田線 約1小時20分鐘 ¥1,166	**JR銚子站**
成田空港	→ 自駕 1小時30分	**鴨川市**

千葉縣緊臨東京都，四面都被大海和河川包圍，是遊人由成田國際機場進入東京的起點，這裡有湛藍迷人的海岸線、美味的海鮮、適合親子同遊的主題樂園，所有所有都是吸引遊人到來的原因，誰說千葉縣只有成田空港？

千葉縣旅遊資料

來往千葉縣的交通

千葉縣是遊人進入東京都的必經之路，而最方便的站就是成田空港，或者成田站。大家如果想順路遊千葉縣的話，最好安排在落機後或最後一兩天的上機前，方便接駁到成田機場，因為由成田空港不論乘 JR 或是高速巴士都前往關東各地都十分方便。

■ JR/ 新幹線 / 火車

由東京站乘成田線的特急 JR 約 1 小時 4 分鐘，便可直達成田空港，成人單程指定席為 ¥3,072；而如果乘京成電鐵的 Skyliner，由上野到成田空港則只要 43 分鐘就可直達，成人單程為 ¥2,567。

來往千葉縣的交通

■巴士

有不少朋友為免搬行李之苦都會選乘利木津的空港巴士由東京市區到成田空港，可是要留意市區塞車的時間。由新宿到成田空港乘空港巴士要 85 至 115 分鐘，單程 ¥3,600；由池袋到成田空港則要 75 至 140 分鐘，單程同樣 ¥3,600。

千葉縣內交通

■ JR

成田空港乘坐京成本線特急至成田站，約 15 分鐘，單程收費 ¥272。由成田空港乘 JR 成田快速線到千葉站約要 43 分鐘，單程 ¥682。新宿乘坐都營新宿線至馬喰町，轉乘 JR 総武本線快速至佐倉，全程約 1 小時 15 分鐘，單程費用 ¥1,210。

■巴士

在東京站乘塔犬吠號巴士至銚子，全程約 2 小時 10 分鐘，單程費用 ¥2,700。

觀光資訊

銚子市観光案內所

位於銚子站內，提供大量銚子市的觀光資訊，更有單車租借，方便你以單車遊銚子的自遊人。

地 JR銚子駅構內
網 www.choshikanko.com/
電 (81)047-922-1544

成田觀光案內所

有旅客詢問處，可以找到地圖、觀光景點手冊，也會介紹住宿及活動資訊，可用日文及英文溝通。

地 JR成田站東口
時 08:30-17:15

■ 千葉縣節日

時間	節日	內容	時間	節日	內容
1月	水仙廟會	鋸南町	8月第一個星期六及日	利根川河畔花火大會	銚子市駅前通
2月中至3月上旬	成田梅祭	成田山公園	8月	館山灣煙火大會	館山市
2月-4月	櫻花廟會	鋸南町	8月	木偶戲大會/撈鯵科魚/岩井・千倉煙火大會	南房總市
4月中	成田太鼓祭	新勝寺及表参道			
5月	館山海城之祭奠	館山市			
6月	釣(魚喜)魚大會	鋸南町	8月	夏祭	鴨川市
6月	海之祭奠	鴨川市	8月下旬	成田山みたま祭り盆踊り大会	成田山弘恵会田町駐車場
7月	成田祇園祭	新勝寺			
7月	白濱漁女廟會	南房總市			
7月/12月	煙火大會	鴨川市	10月最後一個星期日	銚子特產祭	銚子市川口外港

■ 酒店/旅館

成田

成田Uーシティホテル

成田空港有免費接駁巴士，鄰近JR站的商務酒店。

LAN Free Wi-Fi

MAP 別冊 M17 C-2

地 千葉県成田市囲護台1-1-2
時 2人一房包早餐 ¥4,900起
網 www.u-cityhotel.com
電 (81)047-624-0101
交 JR成田車站西口步行2分鐘；京成成田車站中央口步行6分鐘

Richmond Hotel Narita

有免費接駁巴士來回成田空港，是較高級的商務酒店，房間舒適。

LAN Free Wi-Fi

MAP 別冊 M17 D-2

地 千葉県成田市花崎町970
時 2人一房包早餐 ¥13,800起
網 www.richmondhotel.jp/
電 (81)047-624-6660
交 京成成田站東口步行2分鐘

銚子

銚子犬吠埼温泉 ぎょうけい館

1874年創立至今的温泉旅館，地理位置優越，每間房間都可欣賞到美麗的日出。望著雄偉的海景及日出，的確是洗滌心靈的好地方。

MAP 別冊 M19 C-2

地 千葉県銚子市犬吠埼10293
金 一泊二食 ¥15,750起/人
網 www.gyoukeikan.com
電 (81)012-022-3600
交 銚子站下車步行7分鐘

成田・佐倉
Narita・Sakura

必見！
成田山新勝寺

成田市本身就是一個充滿古蹟的地方。新勝寺之古樸之美，儼如一個小京都。而在附近的佐原水鄉，整個社區沿河而建，讓人彷彿倒流到江戶時代的日本，浪漫不勝收。不說不知，成田附近更有一個ゆめ牧場，可讓孩子與動物們零距離嬉戲接觸……其實，成田和佐倉雖然皆非購物商場林立的繁華大都市，卻都自有一番味道。

往來成田・佐倉交通

| 成田空港 | JR成田線快速
約15分鐘 ¥280 | 成田站 |
| 東京站 | JR JR總武線、JR成田線快速(成田空港行)
1小時18分鐘 ¥1,170 | 成田站 |

成田・佐倉

銚子

表參道其實頗長的，單是走路也要十多分鐘。而且越是近新勝寺，路越斜，老舖也越多。

① 迷失於，十二生肖
表參道

↑成田市表參道有十二生肖表參道之稱，就是因為表參道上有齊十二生肖的石雕，十分有趣。

新勝寺前的表參道，沒有名店，取而代之卻是斜路上的悠久老舖。由鰻魚店至旅館，每間都上百年歷史。街道上遊人熱鬧非凡，但路旁的建築物卻散發著悠閒古舊的氣息，真的是非常特別的一條街道！

MAP 別冊 **M17 D-1**

地交 千葉県成田市上町
JR成田站東口步行約3分鐘即到

② 牛奶，你是如此的難以忘記
成田ゆめ牧場專賣店

成田ゆめ牧場專賣店，顧名思義，店內所有乳製產品都是由位於附近的成田ゆめ牧場專賣店直送。由於此專賣店不設堂食只供外賣，故建議旅人們先到店裡買瓶牛奶吃個雪糕，遊完新勝寺返酒店前再買個芝士蛋糕作宵夜，方為一流！

↑原味芝士蛋糕 ¥1,800
此專賣店最特別就是有出售以牧場自家牛乳製成的芝士蛋糕。

←瓶裝牛乳
¥730/500ml

MAP 別冊 **M17 D-1**

地 千葉県成田市上町562
時 11:00-16:00；星期六日及公眾假期10:00-17:00
網 www.yumebokujo.com/branch.html
電 (81)0476-22-2555
交 JR成田站東口步行8分鐘

←花生餡餅 ¥150/
一個・¥2,150(12個禮盒裝)

這花生餡餅可算是千葉縣首席手信，由包裝至造型都是一顆可愛的花生，餅內主要是蓮蓉餡，亦有花生碎粒，味道不算太甜，是一款極適合配茶的菓子點心。

③ 花生中有花生
なごみの米屋總本店

位於東京下方的千葉縣，是日本第一大蔬菜生產地，其中一種有名的農產品，是花生。因此，到此一遊，買點花生手信回家，也是理所當然的。而在表參道口的這家なごみの米屋總本店，絕對是買花生系列手信的重點店舖！

MAP 別冊 **M17 D-1**

地 千葉県成田市上町500
時 08:00-18:00
網 www.nagomi-yoneya.co.jp
電 (81)0476-22-1661
交 JR成田站東口步行8分鐘

WOW! MAP

1

2

3

4 新勝寺後花園
成田山公園

佔地 165,000 平方米的成田山公園可以算是新勝寺的後花園，四季景致各不相同，梅花、櫻花、杜鵑等不同花種全年輪流上場，讓遊人任何時間走進去都能欣賞不同的美景。

→成田山公園就在新勝寺旁，此處有不少小攤檔，販賣各式手信。

↑公園佔地極大，要認真逛的話半天也逛不完。

MAP 別冊 **M17 D-1**

地 千葉縣成田市成田1
交 JR成田站東口步行15分鐘

↑這個小藤織燈罩，設計極簡單，但卻可以為一個普普通通的電燈泡畫龍點睛。織藤燈罩￥2,520

5 隱於市的絕世雜貨舖
藤倉商店

這家創立於 1948 年的藤倉商店，店內所售賣之物，全部皆是以竹、木、藤三種材質所製，全部材質均為日本出產之外，所有製成品皆由熟手工匠親手製造。在店內尋寶，既可找到日常用的杯碟盤碗，更有藤織行李箱、藤織手袋等創意十足而又造工細緻的小物，驚喜連連之餘，也叫人不得不佩服日本工匠們的用心！

↑雖然藤倉商店賣的都是尋常家常小物，但每年在其中可以發掘出師傅的心思。小龜擦￥2,415(小)

→這個是藤原商店最火紅的熱賣產品，來刨蘿蔔、蓮藕等的刨子，至今已熱賣差不多七萬個！竹刨￥1,575

MAP 別冊 **M17 D-1**

地 千葉縣成田市幸町488
時 08:30-18:00
休 星期三(1、5及9月無休息日)
網 www.take-fujikura.com/
電 (81)0476-22-0372
交 JR成田站東口步行10分鐘

成田・佐倉

銚子

WOW! MAP

4　5

275

↑鰻魚飯便當 ¥2,900
川豐的鰻魚炭都是在銀杏樹砧板上處理後，再以慢火炭烤而成，那以古法炮製的鰻魚才能發出的炭烤香固然一絕，鰻魚那嫩滑且入口即融的口感同樣妙到巔峯！

⑥ 留肚，吃鰻魚飯去！ 川豐

↑在這古典的日式鰻魚店內，吃一個正宗燒鰻魚飯吧！

成田是日本的鰻魚之鄉。這一家「川豐」由大正14年創立至今，而表參道的這間是總店。如果經過川豐時間早的話，就會看到店內的老師傅坐在門口把一條一條的鰻魚穿在鐵枝上準備拿去烤。畫面有些血腥，但卻令客人感受到店家所用的鰻魚之新鮮，忍不住步進店內光顧。

MAP 別冊 **M17 D-2**

地時網電交
千葉県成田市仲町386
10:00-17:00
www.unagi-kawatoyo.com/
(81)0476-22-2711
JR成田站東口步行10分鐘

⑦ 表參道上最昂貴的鰻魚飯 駿河屋

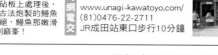

駿河屋，一客鰻魚飯價是¥3,600起。它用的是日本國產鰻魚，點菜後師傅會即宰鰻魚，串好鰻魚再以炭火慢烤，絕對是慢工出細貨！這裡出名醬汁下得吝嗇，因堅持以炭火烤鰻魚，其本身的魚香已經非常足夠，熱辣的魚脂令飯粒也帶著鰻魚的香味。如此一碗絕世鰻魚飯，昂貴也是有道理的！

燒鰻魚飯 ¥4,015(小)/
¥5,610(中)/¥6,600(大)
駿河屋的鰻魚飯非常講究，連炭也指定要用備長炭。

MAP 別冊 **M17 D-1**

地時休網電交
千葉県成田市仲町359
11:00-16:00(星期六日及公眾假期開10:00）
星期四
www.surugaya-unagi.net
(81)0476-22-1133
JR成田站東口步行12分鐘

⑧ 農家之野菜 X 創意料理

one o one

路過，驟眼一看，會以為101是一家西式料理店。走進去，卻會發現小店內氣氛非常熾熱，大有居酒屋的味道。再揭揭菜單，竟都是別出心裁，以農家菜入饌烹調而成的西式料理。

↑烤鴨腿 ¥1,380（期間限定供應）
one o one 結合西式料理及居酒屋風味，而菜式中亦有不少西菜。如這道以低溫燉過的鴨腿，皮脆內嫩，甚為出色。

↑裡面卻是氣氛熱鬧的小店

MAP 別冊 **M17 D-2**

地時休網電交
千葉県成田市花崎町814-9山田ビルB1F
17:00-23:00 (L.O.22:00)
星期一、逢第2及3個星期二
www.md-101.com
(81)0476-85-7611
JR成田站東口步行5分鐘

WOW! MAP

6 7 8

親子 LET'S TRY!

⑨ 親自下手搾個牛奶！
成田ゆめ牧場

翠綠的草地、藍藍的天空、可愛的動物、剛搾好的牛奶、一個悠閒的下午…如果你也曾經對日本的牧場抱有這樣的幻想不妨花半天，遊遊ゆめ牧場。日本的牧場都予人一點點歐式農莊的感覺，ゆめ牧場也不例外。走進去，可先去試試親自搾牛奶的感覺。接著，就可以和牧場裡的羊兒兔兒豬兒零距離親密一番！最後，當然別忘了來一杯牧場鮮製的牛奶，那種鮮與甜，只能在牧場嚐到啊！

↑牧場的最大賣點是可以讓孩子親自試搾牛奶！

↑牧場新鮮的牛奶，牛奶味道偏淡，但非常新鮮。￥190/小瓶

→來牧場重點之二，飽嚐牧場的乳製品。先來一個冰淇淋。￥390

↑夏天來訪，勿忘雪糕。
←牛肉漢堡套餐￥1,350

↓到牧場是一項絕佳的親子活動，只因都市小孩，牛奶喝得多，乳牛卻不一定見過！

←小兔是其中一種最受歡迎的動物

MAP 別冊 **M17 C-1**

地	千葉県成田市名木730
時	09:30-17:00(最後入場16:00) (營業時間不同，請參考網站)
休	不定休
金	大人￥1,600起、 4歲以下小童￥800起
網	www.yumebokujo.com
電	(81)0476-96-1001
交	JR滑河站門口轉乘免費接駁車 10分鐘

9

WOW! MAP

在大本堂外，有一座非常精緻的三重塔。這建於1712年的三重塔高約25公尺，已被列為日本重要文化財產，其內部木牆上雕有請羅漢，而每一層塔上的垂木皆是以整片木板切成，稱為「一片垂木」，十分珍貴。

千葉縣資料

成田・佐倉

⑩ 忽然京都
成田山新勝寺

新勝寺，絕對稱得上是成田市的地標，除了本寺以外，尚有三重塔、釋迦堂、光明堂、仁王門及額堂一系列的古寺，全部都指定為國家重要文化財產。光是走遍整個新勝寺範圍，都需要差不多半小時。如果喜歡京都寺院的古雅氣氛的話，在新勝寺慢慢賞玩，更可消磨半日，詩情畫意一番。

→這是成田山的主堂大本堂，堂前有一座香味閣，據說頭痛和肚痛者只要將錢幣投入香味閣的大盒中，參拜後合十再將燻煙往身上摸，即可止痛。

←這一幢擺滿信徒所奉獻的扁牌和木板畫的建築，稱為額堂，亦為重要文化財產之一。

MAP 別冊 **M17 D-1**

地 千葉縣成田市成田1番地
時 05:30-16:00
網 www.naritasan.or.jp
電 (81)0476-22-2111
交 JR成田站東口步行15分鐘

⑪ 不擁擠賞櫻秘所
佐倉城址公園

每年由3月尾至4月，佐倉城址公園內近千株吉野櫻、八重櫻同時盛開，一時之間整個公園一片粉紅，絕對美煞人！此外，公園內更有一個國立歷史民俗博物館，展出日本舊石器時代的生活、武士和江戶時期的歷史文化等。

→佐倉城址公園有一片大草地，是大家賞櫻的聚集地。

MAP 別冊 **M18 A-1**

國立歷史民俗博物館

地 千葉縣佐倉市城內町117
時 09:30-17:00(10月-2月至16:30)
休 星期一及12月27日至1月4日
金 大人￥420
網 www.rekihaku.ac.jp
電 (81)043-486-0123
交 京成電鐵佐倉站步行15分鐘

銚子

12 山上大牧場

Mother Farm

親子

這個距離東京約2小時車程、位於富津的 Mother Farm 大農場，絕對算得上是東京近郊的一大旅遊熱點。來到 Mother Farm，會有一點人在瑞士的感覺。藍天、白雲、大片綠草地、四時盛放的花海…更有趣的是走進 Mother Farm 的 Agro Dome，更可欣賞一日數場的即場剃羊毛騷，行程與節目之精彩，值得人預留一天時間在此消磨。

↑剃羊毛騷結束後，旅人更可上台親自餵小羊吃奶。

MAP 別冊 **M18 A-2**

接駁巴士時間

地時	千葉県富津市田倉940-3 2月至11月 09:30-16:30、 星期六日09:00-17:00 12月至1月 10:00-16:00、 星期六09:30-16:00
休	12月及1月不定休
金	￥1,500、小童￥800
網	www.motherfarm.co.jp
電	(81)04399-37-3211
交	1. JR東京站搭乘內房線特快 　 Sazanami號至佐貫町站，轉 　 乘接駁巴士至Mother Farm。 　 佐貫町往Mother Farm巴士 　 路線：每天6班，票價 大人 　 ￥490、小童￥250。 2. 成田空港駕車約1小時20分

小豬們來個小豬賽跑，有趣吧！

←這個剃羊毛騷其實由新西蘭引入，不是只此一家，但不減其可觀程度。

↑ Mother Farm 的一片遼闊，的確讓人神明氣爽。

WOW! MAP

⑬ 日本小威尼斯 佐原

光是為了一幅水鄉風景，已經值得到此一遊。

佐原最熱鬧的地方沿著一條小河而建，時至今日，旅人來訪仍然可以坐著他們的小船在河中飄蕩著遊佐原，日本小威尼斯之名，夠貼切吧！此外，佐原也是一個美麗的水鄉，河道兩旁的建築物都是江戶時代的老舊建築，風味面貌皆保留了江戶時代的韻味。

← 樋橋上有一個非常古老的大鐘

↑ 遊佐原，最好的方法當然是坐小舟。

⑬a 樋橋

如果遊人坐小舟遊小野川，除可欣賞河岸兩旁的風景，小舟還會經過一座為了農業送水而架設的「樋橋」小石橋。此橋雖已有約300年歷史，但到現在還在運作，每天每隔30分鐘，就會有水流下來，目的是從小野川的東岸將水送到對岸的水田。

MAP 別冊 **M18 B-2**

地/時/網/金/交
千葉縣香取市佐原1722
小舟營業時間：10:00-16:30（4月至9月）；3月、10-11月至15:30；12-2月至今15:00
www.kimera-sawara.co.jp/
舟遊價錢 大人￥1,300、小童￥700
乘JR成田線至佐原站步行約5分鐘

↑ 逛忠敬橋大街，會發現幾乎每間店舖旁邊都有一小牌，記載著老店的歷史，旅人不妨留意留意！

MAP 別冊 **M18 B-2**

地/時
千葉縣香取市佐原イ 忠敬橋
各店不同

⑬b 忠敬橋大街

在忠敬橋大街上，可以找到不少非常古老的建築。這些建築物，動輒過百年，而且時至今日仍然營業。一間又一間的老店，組成忠敬橋大街儼如回歸古代的風景，與河岸相映襯，更是一幅全日本絕無僅有的獨特景象。

← 醬油味雪糕 ￥300
雪糕那淡淡的醬油香，味道不錯。

↑ 進店內，會發現時至今日，吳服店除了依售賣小量和服配飾，更多的是現代的衣飾設計。

13a

13b

13c 伊能忠敬記念館

遊覽佐原，總會不經意看到「伊能忠敬」這個名字。原來這位伊能忠敬，是日本歷史上第一位完成日本沿海地圖的人，由於伊能忠敬發跡於佐原，因此可算是佐原的一位大人物。而在佐原樋橋附近，更可以找到伊能忠敬的紀念館。

←伊能忠敬由1800年開始繪製日本地圖，至1821年完成，他採用的勘察法，是用自己的一雙腳走遍日本！

MAP 別冊 **M18 B-2**

地 千葉縣香取市佐原イ1722-1
時 09:00-16:30
休 星期一及年始年末
金 大人￥500、小童￥250
網 www.city.katori.lg.jp/sightseeing/museum/index.html
電 (81)0478-54-1118
交 乘JR成田線至佐原站步行約10分鐘

⑭ 侍應都是熱情畫家
塚田農場

有多家分店的塚田農場，最有名的是雞肉，所選用的雞肉，來自自家的農舍或者宮崎縣日南市的十數家農場，全部都是直接購入，因此價格便宜外，也保證是新鮮的走地雞！甫坐下，穿艷麗短浴衣的侍應就會為你送上一客生蔬菜，其青瓜之鮮甜，無與倫比！沾一點自家的味噌醬，更是錦上添花！當然，不能不點一客馳名的炭火烤雞肉。

地雞炭火燒 ￥1,780
塚田農場的招牌菜是這道炭火烤雞肉，貨真價實以炭火猛烤而成，那雞的香味是簡直叫人難以招架。

→魚蛋天婦羅￥480

↓侍應們都非常的熱情，雖然言語不通，但他們必定會一直逗你說話，非常活潑，叫人完全感受到日本人的熱情！

↑店內氣氛十分熱鬧！

MAP 別冊 **M17 D-3**

地 千葉縣成田市花崎町533-10
時 17:00-23:00
休 星期日
電 (81)050-5868-5400
交 JR成田站東口步行5分鐘

13c   14

走遠一點點

Outlet的露天部份很有庭園感

↑在戶外設計上亦花過不少心思

成田・佐倉

15 此OUTLET應有盡有

木更津Mitsui Outlet Park

這個三井集團旗下的木更津outlet park，佔地達28,000平方米，在地理上接近南房總半島，如欲遊南房總的旅人不妨將之列入行程之中，在眾多outlet中算是不錯的選擇。

MAP 別冊 **M18 A-2**

地時網電交

千葉縣木更津市中島398
10:00-20:00　休 不定休
mitsui-shopping-park.com/mop/kisarazu/tw/index.html
(81)043-838-6100
1. 羽田機場駕車25分鐘；成田機場駕車80分鐘；池袋駕車62分鐘。
2. JR木更津駅(西口)搭乘巴士20分鐘直達；JR柚之浦駅10分鐘直達。(建議於柚之浦駅轉乘，因巴士班次最密。木更津駅巴士約1小時一班。)

→ 在美食廣場內更有貼心的wifi

店內男女裝齊備，只要細心找，總會找到心頭好。

→ Mercibeaucoup
綠色背包 ￥13,880
店內也有不少適合男士的設計。

← Tsumori Chisato
閃石手機殼 ￥4,463

15a **Tsumori Chisato**
[no.2270]

日牌Tsumori Chisato的outlet店屬必逛舖，當中除了Tsumori Chisato亦有不少mercibeaucoup的產品，除了衣服減幅非常驚人外，其他飾物更是幾百YEN便有交易！絕對是掃貨勝地！

銚子

WOW! MAP
15

15b LE CREUSET [no.4070]

來自法國的廚具品牌Le Creuset，其琺瑯鑄鐵廚具在香港絕對稱得上風靡萬千煮人。此處除了折扣幅度驚人外，尚有很多香港沒有引入的顏色款式。唯一需要擔心的問題是行李會過重。

¥1,000一個小小的琺瑯小焗盤，可愛到死。

15c Paul Smith [no.3260]

日本outlet park其中一個特點是總會引入不少男士時裝品牌。英國男裝品牌Paul Smith便是其中一個outlet常客。

↑店內不乏拖着大喼來shopping的遊人
→ Paul Smith 粉紅色 sneaker ¥12,600

15d Onitsuka Tiger [Garden zone]

Onitsuka Tiger是日本潮牌，香港雖有專門店，但日本outlet店款式更多更齊，折扣過後，更加抵買。

→ Onitsuka Tiger 泥黃色短靴 ¥8,820

千葉縣資料　成田・佐倉　銚子

283

16 必掃大路名牌
酒々井 Shisui Premium Outlet

酒々井Shisui Premium Outlet的規模老實說並不算大，頂級時裝品牌的選擇亦不多。可是對於行色匆匆的旅人來說，近，已經足夠。但一些熱門的outlet常客品牌如Coach、Gap、mercibeaucoup，之類的品牌亦可於Shisui找到。

←位於outlet正中央的美食廣場，很有設計美感，以白色為主。

MAP 別冊 **M17 C-2**
地 千葉縣印旛郡酒々井町飯積689　時 10:00-20:00
網 www.premiumoutlets.co.jp/cht/shop/shisui/
電 (81)0434-81-6160
交 1. 於成田機場直接搭乘shuttle bus前往，車程約15-20分
　　鐘，來回￥500登車處：於成田機場第一大樓或第二
　　大樓之京成巴士車票銷售櫃台購票
　 2. 於JR酒々井駅搭乘shuttle bus前往，車程約15分鐘，
　　來回￥250。登車處：車站設於JR駅外。

16a Franc franc [no.600]

franc franc這品牌大家一定很熟悉，遊人在店內可以找到各式各樣的生活小物：餐具、枕袋、毛巾、香薰等，款式獨特，也帶有生活品味，是推介一逛之店。

16b Puma [no.660]

每一間暢貨場都定必有以下大運動店駐場，這裡亦不例外，有些折扣更足以令你心動不已！Outlet店面積算頗大，貨品類型亦多，運動迷必進！

←綠色運動風衣
￥6,615

↑多是上季的貨品，亦有少量當季潮款。

↑波點運動褲
￥5,775

銚子
Choshi

必見！
銚子電鐵

銚子，是一個寧靜的漁港。沒有什麼宏偉華麗的巨型景點，卻另有一種日本漁港的味道。遊銚子，若你是火車迷，千萬不可錯過坐上近百年歷史的銚子電鐵，一站接一站尋覓銚子舊車站踪跡；若你是單車迷，則可在銚子JR駅租借電動單車，踏上單車，一站接一站周遊銚子半島，由漁市場、燈塔至海灘，看盡太平洋的藍天白雲，以暢身心。

往來銚子交通

東京站	特急しおさい号 約2小時 ¥3,890	銚子站
成田站	成田線 約1小時20分鐘 ¥1,170	銚子站

↑搭上銚子電鐵，售票員會在車卡內即時售票。配上車廂的懷舊設計及電鐵時速不足 20 公里的速度，整個氛圍節奏都緩慢悠閒。

① 慢遊銚子
銚子電鐵

相比起車程距離 1 至 2 小時的東京或成田，銚子是一個完全不一樣的地方。寧靜，懷舊。關於銚子的寧靜，走到海邊最能感受清楚。而關於它的懷舊，則可說是深深的刻在它的銚子電鐵裡。走進銚子電鐵，會發現由車廂、座位、駕駛座以至賣票方式，都予人一種時光倒流的愜意。這一條貫穿半個銚子半島的鐵道，雖然全長只有 6.4 公里，由總站銚子搭乘到終點站外川理論上只需 15 分鐘，但鐵道中有不少車站都十分美麗，值得下車一訪。

←買乘車券，會附送一塊醬油煎餅。原來，銚子電鐵因資金不足，曾經遭逢停駛危機，是銚子的市民發起賣煎餅救援，電鐵才能繼續維持。

MAP 別冊 **M19 B-1**

地 千葉縣銚子市新生町12-297
時 05:30-22:00
網 www.choshi-dentetsu.jp
電 (81)047-922-0316
（電鐵班次甚疏，故建議旅人出發前先到觀光所拿時間表）

② 來一杯清新的醬油雪糕
ヤマサ醬油株式会社

這一間離 JR 銚子駅很近的ヤマサ醬油，曾經找來 SMAP 的草彅剛拍攝廣告，人氣絕不比ヒゲタ醬油株式会社遜色！此外，在ヤマサ醬油門前的小檔更可嚐到味道非常特別的醬油味雪糕。

→醬油雪糕 ¥400
來到醬油工場必試的醬油雪糕，醬油味淡淡的，特別之餘亦真的頗好吃。

↑工場出品的特選醬油「鮮度之一滴」¥250

MAP 別冊 **M19 B-1**

地 千葉縣銚子市北小川町2570
時 09:00-16:00 休 星期六、日
網 www.yamasa.com
電 (81)047-922-9809
註 參觀需時約50分鐘
交 仲ノ町駅步行3分鐘

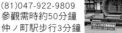

WOW! MAP

1

2

千葉縣資料

成田．佐倉

銚子

❸ 銚子的小情小趣
銚子駅周邊

回到銚子駅，是騎單車一天遊銚子的終點。還
了車，尚有餘力，不妨也逛逛銚子駅周邊。在
車站旁邊，有一間小小的燒餅店，種類之多之
齊，冠絕銚子。對面則是一條大大的商店街，
可以找到各式地道小食作手信。

← ↑ 在小店裡
可以找到很多
銚子的特產，
是血拼手信的
最後一站。

MAP 別冊 **M19 B-1**

地 千葉縣銚子市西芝町1438
時 08:30-17:00
交 JR銚子站旁

❹ 一切源於此
JR銚子駅

JR 銚子駅是交通總樞紐，除
了往來銚子與成田及東京的兩
條 JR 線皆以此為總站外，在
銚子市內行走的銚子電鐵及觀
光巴士總站亦設於此。

MAP 別冊 **M19 B-1**

觀光案內所提供之單車路線

↓ JR銚子(3分鐘) ↓
↓ 河岸公園(5分鐘) ↓
↓ 觀音(2分鐘) ↓
↓ 飯沼觀音(10分鐘) ↓
↓ 第一魚市場(15分鐘) ↓
↓ Port Tower(10分鐘) ↓
↓ 海鹿島海水浴場(5分鐘) ↓
↓ 君浜海岸(5分鐘) ↓
↓ 犬吠埼燈塔(5分鐘) ↓
↓ 滿願寺(5分鐘) ↓
↓ 地球展望館(15分鐘) ↓
↓ 屏風之浦(30分鐘) ↓
↓ 醬油工場(10分鐘) ↓
JR銚子

單車路線 - - -
銚子電鐵 - - -

❹ₐ 踩單車悠遊銚子半島！
銚子觀光案內所

乘坐銚子電鐵遊銚子，確是賞心樂事。如果希望可以仔細徹底
地遊盡銚子，騎單車亦不失為一個聰明選擇。在 JR 銚子駅的
觀光案內所，就為旅人提供電動單車租借服務。其實銚子半島
的路可算非常平坦，以單車漫遊半島，在景點與景點之間，更
可以細味銚子居民的日常風光，絕對是旅途上的意外收穫！

←在觀光案內所記得拿這
一份極好用的銚子 Map。

時 08:45-17:00
金 ￥500/2小時；￥1,000/4小時；
網 ￥1,500/日
www.choshikanko.com/

3

4

WOW! MAP

5 漁港之終點站
外川駅

銚子電鐵的終點站，依然是木造的小車站，卻予人一種走到天涯海角的浪漫感覺。在外川駅附近的長崎浴場，則是衝浪客最愛的聖地。在這外川駅旁，有一座小小的鄉土資料館，陳列著一些漁民會用的器具，甚是有趣。

→外川駅站長總予人一種與世無爭的寧靜感覺。不說不知，原來日本放送協會曾經在此取景，拍攝過一套以銚子作背景的劇集。

←外川駅站長

↓時光倒流車站內

↑站外的懷舊風郵筒設於平成 23 年，是日劇《澪つくし》的拍攝地。

MAP 別冊 **M19 C-2**

地 千葉県銚子市外川町二丁目10636
時 06:00-21:20
電 (81)047-922-0364
交 JR外川站

---

6 看看日本醬油是如何煉成的 LET'S TRY!
ヒゲタしょうゆ

這家由 1616 年便開始製造醬油的ヒゲタ醬油株式会社絕對稱得上老字號，所出產的本膳醬油在日本更是十分有名。來到銚子，找到工場，在門口寫下姓名，就可以進去參觀了。走進ヒゲタ醬油廠裡，由專人導覽下，一探醬油的製作過程。完全勾起小時候參觀益力多廠的可愛回憶。離開時，工場更會贈送每位訪客一支小小的醬油，絕對是一份最佳的紀念品。

MAP 別冊 **M19 B-1**

地 千葉県銚子市中央町2-8
時 09:00-16:00
網 www.higeta.co.jp
電 (81)047-922-0080
交 JR銚子站步行約15分鐘

→亦有其他不同風味的醬油出售

←醬油工場超過 400 年歷史，當然有一系列的古物供展覽。

WOW! MAP

5　　6

4樓展望室可360度環迴看風景

7 漁港直送 銚子漁市場
Choshi Port Tower

在 1991 年落成的 Port Tower，是由一個漁市場與一幢 Tower 組成的一組建築物。兩幢建築物由一條橋相連，一邊是室內的海鮮直送市場，販賣銚子漁港直送的海鮮。橋的另一邊則是個觀光塔。這幢樓高 4 層的 Port Tower，雖然只有 57.7 米高，但已經是銚子最高的大樓。登上 4 樓的展望室，除了可 360 度環迴盡收銚子美景於眼下，更可遠眺太平洋。

4 樓展望室可看盡太平洋

MAP 別冊 **M19 C-1**

地 千葉縣銚子市川口町2-6385-267
時 08:30-17:30(4月至9月星期六日至18:30)
最後入場為關門前30分鐘
休 星期四
金 成人￥420、中小學生￥200
網 www.choshikanko.com/porttower/
電 (81)0479-24-9500
交 JR銚子站駕車約12分鐘

7a Wosse21

Port Tower 內的漁市場名叫 Wosse21，除了販賣海鮮的水產檔外，尚有數家食肆，提供各式新鮮海鮮料理，讓旅人就算帶不走海鮮鮮味至少也吃得到。

↑除了販賣水產的店，亦有少量乾貨店。

↑ Wosse21 售賣的魚類都是即日捕獲的。除了新鮮，更便宜得不可思議。非常熱鬧，大家都來尋鮮。

↑ 犬吠駅另一傑作是銚子電鐵 X 榊原豆腐店的雪糕，完全體現了日本將別注 crossover 品推至極限的精神！

← 在這裡，可以吃到婆婆即製煎製的煎餅，新鮮熱辣。先把煎餅烘熱，再沾醬油，然後煎至入味。過程看似簡單，時間火候控制卻最見功夫。

8 婆婆煎餅 別注雪糕
犬吠駅売店

這間位於犬吠站的小賣店，滿目皆是只此一家的紀念品，當中更有即煎醬油餅及有趣無比的銚子電鐵 crossover 豆腐店的雪糕，真想把它們全部帶回家。

MAP 別冊 **M19 C-2**

地 千葉県銚子市犬吠埼9595-1
電 (81)047-925-1106
交 JR犬吠站直達

登塔，賞風景。

9 海邊的白色巨塔
犬吠埼灯台

↑ 在燈塔內，還可以看到當年用來建造燈塔的磚。

犬吠埼燈台，是銚子半島的象徵。同時，也是旅人必到的景點。這一幢建於 1874 年的燈塔，是日本第一座西式燈塔，亦是日本時至今日最高的磚造高塔。這座純白色的燈塔，當時乃為減少海上災難而建成，立於銚子之東，面對浩瀚的太平洋，現今則開放予遊人們參觀。

↑ 館內最大的射燈，足有 3.6 米，重 1.7 噸
→ 沿着樓梯走上就會看到壯麗景色

→ 連帶燈塔旁的郵筒，都染上了一片純白。

藍天與白燈塔的配搭，非常漂亮。

MAP 別冊 **M19 C-2**

地 千葉県銚子市犬吠埼9576
時 08:30-16:00
金 大人￥300、小學生以下免費
電 (81)04-7925-8239
交 JR犬吠站步行7分鐘

走遠一點點

10

不可或缺的國際名牌
AMI PREMIUM OUTLET

露天位置可曬太陽

如果要找一流國際時裝品牌，Ami Premium Outlet的數量一定不夠御殿場齊全。可是這裡的女裝日牌，卻是東京近郊眾多outlet中最齊備，而且價錢便宜到難以置信的地步！加上有不少非常有趣的小店小攤，與其他千篇一律的大Outlet大異其趣。

MAP 別冊 **M19 A-1**

地 茨城縣稻敷郡阿見町大字吉原2700
時 10:00-20:00
休 2月第三個星期四
網 www.premiumoutlets.co.jp/ami
電 (81)0298-29-5770
交 1. 成田機場駕車45分鐘
2. JR荒川沖駅搭乘接駁巴士(約20分鐘)前往Outlet，票價￥500。(提醒：由於接駁巴士班次甚疏，而且由東京/成田機場往荒川沖駅要轉數程JR，故建議旅人出發前記緊精確算好時間)
3. 東京駅搭乘接駁巴士前往，每日兩班，票價￥1,000。

10a earth music & ecology [no.1730b]

於1999年誕生的品牌，很多服飾都帶有藝術氣息，對素材和細膩的細節有特別的堅持，是有名的休閒品牌。

米色圖案冷帽￥1,900

↑米奇老鼠手挽袋 ￥2,992

↑店內貨品擺放整齊，是名牌一貫作風

←粉紅色手挽皮袋 ￥35,000

→太陽眼鏡 ￥25,200

10b Coach [no.850b]

Coach可說是日本各大outlet的鐵膽，且永遠人頭湧湧，除了品牌本身的魅力外，也因為折扣的確頗大。

WOW! MAP

富士山、箱根、河口湖
實地住宿報告

東京近郊包括了富士山周邊的靜岡縣、山梨縣、神奈川縣、群馬縣、長野縣等地，各地都有特色的度假酒店、一泊兩食的溫泉旅館、交通方便的商務酒店、適合大班朋友入住的獨棟Villa等，以下介紹的，你們又喜歡那一間？

客人可以看著富士山美景，一邊品嚐房內的小食及飲品。

在展望台看著夕陽西沉，很是浪漫。

大浴場開放感十足

1.

─── 享受大自然的樂趣 ───
雲と風と

近期不少遊人都喜歡體驗充滿大自然氣息的度假酒店。這間位於西伊豆的「雲と風と」獨享駿河灣美景、遠眺壯麗的富士山，館有附設私人風呂的和洋式房間，也有大浴場、餐廳、展望台、漫畫閣等。晚餐都由主廚精心預備當季的美味食材，賣相精緻且豐富，晚餐過後大家還可以圍著營火玩煙花呢！

→晚餐時，服務員會細心為客人介紹菜式

↓和洋式房間明亮摩登

↑晚餐的前菜豐富精緻

沼津市

MAP 別冊 M02 C-1

地 靜岡県沼津市戸田3878-72
金 二人一室，每人¥17,000起
網 www.kumotokazeto.com
電 (81) 0558-79-3512
交 伊豆箱根鐵道修善寺站駕車約1小時；或伊豆箱根鐵道修善寺站乘免費接駁巴士約1小時(需預約)

↑坐在搖椅上眺望美景，好不悠閒放鬆。

1a.

富士山美景的Glamping
天空テラス

除了度假形式的房間外，雲と風との隔鄰也設有舒適的Glamping設施「天空テラス」，每個半圓型的帳篷內都有軟綿綿的牀、地氈、小雪櫃等，坐在小椅子上更可飽覽駿河灣襯托著富士山的絕景！

金 二人一室，每人¥21,500起
網 www.tenkuu-terrace.jp

↑每個帳幕內都設備齊全

2.

— 富士山下的山間豪華露營 —
TOCORO. Mt.Fuji CAMP & GLAMPING

近來越來越多遊人愛上glamping，因為可以盡情享受大自然之餘，也不需要帶備任何額外的東西。場內有十數個圓頂型的豪華帳幕，冷暖氣齊備、有適合兩小口子、家庭入住的房型，還可以享受在森林間的泡浴樂趣呢！

河口湖

MAP 別冊 **M17 A-1**
地 山梨県南都留郡富士河口湖町大石2533-1
金 二人一室包早晚餐，每房¥37,000起
網 tocoro.camp
電 (81) 0555-72-9031
交 河口湖站駕車約18分鐘；或河口湖站乘免費接駁巴士約18分鐘（需預約）

↑富士山美景下的北歐風glamping

↑每個帳幕外看到的景色也不一樣

↑可以享受野外的泡浴樂趣

1a

2

WOW! MAP

岩風呂的開揚景緻

3.

大堂的震撼富士山美景
HOTEL CLAD

↑房間明亮舒適

↑自助早餐的種類選擇眾多
→大堂落地玻璃的富士山
猶如一幅壯麗的風景畫

↑露天溫泉可欣賞到富士山的四季美態

這間鄰近御殿場outlet的酒店於2019年開幕，客人甫走進大堂，就會被眼前充滿迫力的富士山景觀震攝。酒店走摩登舒適的路線，房間以洋式為主，也結合了和色的木系風格，超過一半的房間座擁富士山美景，感覺十分治癒；館內另設有餐廳、大浴場「木の花の湯」，加上交通便利，難怪那麼受遊人歡迎！

御殿場市

MAP 別冊 **M13 C-2**

地 静岡県御殿場市深沢2839-1
金 二人一室包早餐，每房¥30,000起
網 www.gotemba-hotelclad.jp
電 (81) 0550-81-0321
交 御殿場premium outlet步行約3分鐘

WOW! MAP
3

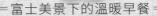

香港首推

4.

富士美景下的溫暖早餐

pension & cottage Silver Spray

這個鄰近山中湖、面積達2,000坪的pension & cottage Silver Spray，絕對推介家族出遊、或是大班朋友旅行時住宿。場內有數棟獨立的別墅，內有兩至三層，設有多間睡房、浴室、洗手間；也有雪櫃、洗衣機、廚房等設備，當然最特別的是客廳的落地玻璃窗可飽覽富士山的美景，早上起來，坐在桌前一邊欣賞大自然景色，一邊吃著元氣滿滿的豐富手作早餐，十分寫意呢！

↑每棟的房間都各有特色

↑其中一棟的浴室不僅可以容納多人，也面向富士山

←製作用心的手作早餐，豐富美味

山中湖村

MAP 別冊 **M16 C-2**

地 山梨県南都留郡山中湖村平野366
金 二人一室包早餐，每棟¥32,000起
網 silver-spray.jp
電 (81) 0555-65-8065
交 旭日丘巴士總站駕車約8分鐘；或富士山站乘富士急巴士約45分鐘，於平野下車，步行約6分鐘

露台開揚，客人更可預約BBQ

WOW! MAP

4

館內也有大浴場及露天溫泉

5.

河口湖美景的私人溫泉

ホテル湖龍

這間帶點傳統、位於河口湖的溫泉旅館，真的帶點驚喜！當天入住的連半露天的私人風呂，是經改裝後的新房間，房內飄著淡淡的榻榻米香味，窗前是露天的私人風呂，一邊泡溫泉，一邊看著眼前河口湖的景緻，好不享受。晚餐是美味的和洋式自助餐，用上當季新鮮、豐富的在地食材，度過一個悠閒滿足的晚上！

↑房間設有露天風呂，是小奢華的享受

↑和洋式的自助餐

↑私人露天溫泉可看到河口湖景色

河口湖

MAP 別冊 **M17 B-2**

地 山梨県南都留郡富士河口湖町浅川630-1
金 二人一室包早晚餐，每房¥28,000起
網 hotel-koryu.jp
電 (81) 0555-72-2511
交 河口湖站站步行約20分鐘；或乘酒店免費接駁巴士約10分鐘

WOW! MAP

大堂寬敞明亮

↑位於12樓的Fuji Junior Suite極盡奢華

↑Junior Suite的浴室可看到遠眺富士山

↑溫泉的休憩處盡是富士山的美景

6.

富士山三島
東急ホテル

↓自助早餐豐富美味

「東急」這個日本住宿品牌從來都是遊人信心的保証！這間位處JR三島站旁的「富士山三島東急酒店」於2020年開幕，以摩登日式的裝修為基調，房間由雙人房到日式的榻榻米房都有，位於14樓的大浴場，更可看到180度的富士山美景。酒店的餐廳「炉」是提供自助早餐的地方，環境明亮舒適，可以享用當地食材烹調的美味餐點。

三島市

MAP 別冊 **M02 D-1**
- 地 静岡県三島市一番町17-1
- 金 二人一室包早餐，每房¥21,000起
- 網 www.tokyuhotels.co.jp/mishima-h/
- 電 (81) 055-991-0109
- 交 JR三島站南口旁

WOW! MAP

7.

奢華住宿體驗

富士山溫泉
別墅然然

位於鐘山苑酒店特別樓層的「別墅然然」，是
以富士山溫泉與美景為設計概念的高級溫泉旅
館，佔據酒店的4樓與5樓全層，總共有17間房
間，裝潢時尚雅緻，房內面積寬闊，坐擁優美
的河谷稻田景色，還能眺望到富士山，所有客
房均設有半露天的私人溫泉，一邊浸溫泉一邊
欣賞富士山美景，人生一大樂事！此外，由料
理長佐藤高樹精心炮製的精緻懷石美食，不論
賣相還是味道都是水準之上！

↑透過房內的落
地玻璃窗，能夠
欣賞到綠意盎然
的田園景色。

←晚餐以時令新
鮮食材入饌，提
供7道豐富的懷石
料理。

住客食完晚飯紛紛來到大堂
欣賞精彩的太鼓表演。

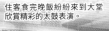

MAP 別冊 **M16 C-1**

吉田市

- 地 山梨県富士吉田市上吉田6283ホテル鐘山苑(かね
  やまえん)內
- 金 一泊兩食，二人一室，每位50,750晚/起
- 網 bessho-sasa.com
- (81)0555-30-0033
- 交 JR富士山駅乘搭免費接駁巴士(車程10分鐘)，接駁
  巴士採用預約制，到達車站後請致電與酒店聯絡。

館內亦設有大浴場，備用毛巾，很細心。

8.

獨享奢華的溫柔時光

石のや

↑和式的客廳前就是私人溫泉

←料理不只精緻，味道也很捧。

甫走進石のや的玄關，就會看到經過精心佈置廣大的庭園。在這六千平米的園內有清澈涔涔的流水、柔和昏黃的小燈，一切一切都給人一種渾然天成的感覺。每棟獨立小屋都有私人的溫泉，傳統舒適的榻榻米上房間和溫泉池只是一步之距，只要睡醒踏前一步就可以泡湯。晚餐是精緻的會席料理，餐後客人可以於庭園散步，又或在前台坐坐放鬆一下，那裡放置了雜誌、咖啡、果汁和零食，讓大家放鬆身心沉浸在一片謐寧之中。

伊豆

MAP 別冊 **M02 C-1**

🏠 靜岡県伊豆の国市長岡192
💰 二人一室包早晚餐，每人¥28,050起/晚
🌐 www.ishinoya.jp/izunagaoka/
☎ (81)055-947-0733　🛏 有
🚃 伊豆長岡站乘車約10分鐘；可預約免費酒店接送。

WOW! MAP

來到若草の宿丸榮可以度過一個治癒又放鬆身心的住宿體驗。

9.

河口湖治癒之宿

若草の宿 丸榮

位於河口湖旁的若草の宿 丸榮，環境寧靜清幽，景觀極佳，依背富士山面向河口湖的地理位置，令每間客房都有湖景相伴，頂樓的露天風呂「富士の湯」更能眺望富士山美景。館內共有53間客房，以和式房間為主，另有4間洋房，當中又以5樓的野花亭樓層房間最為豪華，不僅房間寬敞更附有私人露天風呂。此外，豐富美味的日式料理也是旅館的一大賣點，精選季節性的新鮮食材製成精緻可口的晚餐，絕對可以讓住客大飽口福！

↑和式榻榻米客房環境雅致舒適，落地大玻璃窗面向河口湖美景。

河口湖

MAP 別冊 **M17 A-2**

- 🏠 山梨県南都留郡富士河口湖町小立498
- 💰 一泊兩食，每晚¥24,750/人起
- 🌐 www.maruei55.com
- ☎ (81)0555-72-1371
- 📝 若草の宿丸榮有提供河口湖站免費巴士接送服務，需事先預約。
- 🚌 從河口湖站前乘坐西湖-青木原線周遊巴士，在若草の宿丸榮下車即可。

→晚餐包括了和牛、海鮮刺身、地元野菜等新鮮食材，不但賣相出色，味道亦一流！

WOW! MAP
9

於1878年建立的富士屋酒店，建築風格糅合了中西風格，正是大正時期現代日式建築之典範。

10.

=== 古董酒店裡的花樣年華 ===
富士屋ホテル

作為溫泉渡假勝地，箱根的酒店是極多的。不過要數最有氣派最典雅的，必然是位於宮之下駅附近的富士屋酒店。這家酒店，歷史超過130年，本身其實也可算是古董了。更厲害的是，酒店更曾經是天皇的御用酒店，甚至連差利卓別靈、John Lennon與大野陽子都曾經下塌於此，其氣派其份量，可見一斑。走進富士屋酒店，會發現整間酒店的陳設裝修以至氣氛，都停留在60年代。古典，優雅，昏黃的燈光、古老的牆頭桌椅，實在令人有回到從前那美好的懷舊年代去的感覺，非常特別。其實就算不入住富士屋酒店，來這裡兜個圈或者來吃吃酒店有名的咖喱，也是不錯的朝聖方法！

↑富士屋酒店內的這條長樓梯，古典味十足。不少情侶就是愛這種懷舊經典味，都愛在此拍攝婚照。而富士屋餐廳亦有提供婚宴場地及服務。

↑連John Lennon和妻兒都曾經是富士屋的住客。

箱根

MAP 別冊 **M11 C-2**

🏠 神奈川県足柄下郡箱根町宮之下359
💰 二人一室，一泊二食¥37,000/人起
💻 www.fujiyahotel.jp 📞 (81)0460-82-2211
🚉 箱根湯本站乘搭箱根登山鉄道站於宮ノ下下車步行7分鐘

露天溫泉旁有神秘的洞窟風呂

村上先生邊看窗，一邊訴說落合樓的由來。

此室是橋上的走廊，穿過未橋就可到達我樂多亭，欣賞狩野川的美景。

住在有形文化財產中

落合樓村上

座落於狩野川的起點、貓越川和本谷川的交合之處，因而最名為「落合樓村上」。這棟共花了五年建成的落合樓村上是建於明治七年，至今已有百多年歷史，由玄關、本館和眠雲等七棟木造建築全都已登錄了有形文化財產，房間有和室、足湯附房間、和洋室和私人露天溫泉附客室。

晚餐是和式的料理，特別的是這裡的白飯：先把新鮮的山葵磨成蓉，加上點點的醬油混和，然後加上白飯，帶點鹹鹹，又有些微辣的清新，很是開胃。晚餐後，客人可到優雅的讀書室看書或到小賣店看看日式的小雜貨，過一個悠閒的晚上。這裡的房間有分本館和眠雲樓兩棟，而眠雲樓的名稱由來是希望到來的客人可以望著天空的白雲悠然地進入夢鄉，好一個令人心動的名字……或者這裡的一切只有住在其中才可以心領神會。

↑房間的空間感很廣，佈置亦很傳統。

MAP 別冊 **M02 C-2**　　伊豆

地 静岡県伊豆市湯ヶ島1887-1
金 二人一室包早晚餐，每人￥63,850起晚
網 www.ochiairo.co.jp
電 (81)0558-85-0014　泊 有
交 JR修善寺站乘東海巴士約35分鐘，於湯ヶ島下車，步行約20分鐘；伊豆箱根鉄道駿豆線修善寺站駕車前往約19分鐘。

→夕陽下的落合樓更令人心醉

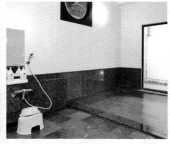

↑洋式的雙人房附設露天風呂

←私人風呂外就是青蔥的森林

←冬天的晚餐是暖烘烘的豚肉野菜鍋

箱根

12.
— 溪流美景 —
塔ノ沢
一の湯新館

設有私人露天風呂房間的寧靜溫泉旅館，有和室及兩牀房的洋式，一樓設有小小的溫泉浴場，穿過小浴場，還有一個庭園景的露天溫泉，晚餐是很豐富的豚肉鍋配新鮮野菜，二人份量剛剛好。這間每樣都恰到好處的溫泉旅館，很適合情侶及夫婦入住，在晚餐過後靜靜地泡湯。

MAP 別冊 **M10 B-2**

- 地 神奈川県足柄下郡箱根町塔ノ沢54-1
- 金 露天風呂附和室，二人一室包早晚餐，每人¥14,000晚起
- 網 www.ichinoyu.co.jp/shinkan/
- 電 (81)0460-86-4000
- 泊 有
- 交 箱根登山鉄道塔ノ沢站步行5分鐘

↑晚餐一盤本地蔬菜也裝飾得很用心

13.

金光閃閃的純金溫泉

ホテル松本楼

↑有金槌和金磚的浴場，夠奢華！

→ 房間是6疊起的和室

松本樓其中最特別之處就是其溫泉池中純金槌和池底鑲著閃爍的金黃色小金磚，很高貴華麗的溫泉體驗呢！除了純金打造的溫泉池，它的泉源正正是伊香保特有湧出的「黃金之湯」和「白金之湯」。全館有 51 室，以和式為主，也有專為小朋友及嬰兒而設的餐單及溫泉設施。館內的晚餐以本地食材為主：榛名豚肉、上州牛會席和榛名雞等。

伊香保

MAP 別冊 **M14 B-3**

- 地 群馬県渋川市伊香保町伊香保町164
- 金 一泊二食¥10,500起/室(2人一房)
- 網 www.matsumotoro.com
- 電 (81)0279-72-3306
- 泊 有
- 交 伊香保溫泉巴士見晴し站下車步行4分鐘

14.

365天同一價格+放題晚餐

伊香保グランドホテル

在伊香保入住這間伊香保 Grand 酒店，就可以吃到有海鮮、西式和日式等數十款晚餐放題：甜蝦刺身、天婦羅、魚生、意粉、炒麵和甜品等。幸運的話於冬季入住更可以吃到蟹放題呢！酒店以和室及和洋室為主，有大浴場；而隔鄰的黃金の湯館，住宿者更可 24 小時入浴。

↑九宮格吃自助餐，各位努力呀！

←晚餐的地方很有50年代的酒樓感覺

伊香保

MAP 別冊 **M14 B-3**

- 地 群馬県渋川市伊香保町伊香保町550
- 金 一泊二食¥6,600起/人
- 網 www.itoenhotel.com/ikaho/
- 電 (81)0279-72-3131
- 泊 有
- 交 伊香保溫泉巴士見晴し站下車步行3分鐘

WOW! MAP

13

14

15.

溫柔的溫泉鄉
望雲

來草津溫泉住一個晚上，深深地感受一下澎湃的熱情吧！望雲的溫泉－遊山の湯和萬代の湯，浴池以檜木為主，很貼近大自然，而露天的溫泉則有庭園風景，特別是整體的大浴場帶點摩登感又不失昔日澡堂的味道。旅館共有42間房間，以和式為主。

溫泉區內的更衣室也很整潔

草津

MAP 別冊 **M14 A-1**
- 地 群馬県吾妻郡草津町433-1
- 金 一泊二食￥29,400起/室
- 網 www.hotelboun.com/
- 電 (81)0279-88-3251
- 交 湯畑步行6分鐘

↑房間是傳統的和式房間

和洋室是最受歡迎的房型，房內有一個小小的榻榻米空間。

16.

在酒店吃無添加料理
軽井沢ホテルロンギングハウス

↑酒店內有2個露天風呂供住客免費使用

軽井沢

MAP 別冊 **M23 B-2**
- 地 長野県北佐久郡軽井沢町軽井沢泉の里
- 金 一泊二食 ￥36,600/人起
- 網 longinghouse.jp/
- 電 (81)026-742-7355　泊 有
- 交 JR軽井澤站乘的士約5分鐘；碓氷軽井澤I.C.駕車10分鐘。

日本的房間一般小得可憐，但 LONGINGHOUSE 的房間卻寬敞得有點過份！酒店分為新館及本館，有近 10 個不同房型 20 個房間選擇，和洋室、岩盤浴付洋室、天窗付洋室、複式洋室等，滿足不同旅客的需求，更有 2 個露天風呂供住客租用，私隱度極高。食物方面，酒店擁有自家菜園，職員更會親自下田耕作，監控食材的品質，確保將最新鮮的蔬菜送到客人嘴邊。

15

16

WOW! MAP

享受
富士山・東京近郊
山梨・靜岡・神奈川
自駕遊の樂趣

有用自駕旅遊網頁

查閱有關自駕旅遊網站，搜集資料，做好旅遊計劃就玩得更開心滿意。

Mapion

提供全日本最新詳細地圖的網站。可以使用地址、位置、設施名稱、車站站名和郵編等搜索到目的地的路線。

網 www.mapion.co.jp

國土交通省
道の駅

設日、英文內容，提供日本全國公路休息站的位置分佈、站內設備與及相關城市的資料。

網 www.mlit.go.jp/road/station/road-station.html

富士山及周邊
自駕遊絕妙之處

1　自駕遊免受既定的鐵路和巴士時刻限制，可百分百根據個人心水設計路線。

2　道路設計與香港相若，左上右落，交通規則亦與香港接近，只是路口轉彎與路標有少許不同，容易適應。

3　路牌設計及圖示清晰易明，看不懂日文也不用擔心。

4　各主要的景點及大部份百貨公司、購物商場都設有大型的停車場，有些更是免費的，既方便又划算。

自駕遊出發前準備功夫

駕駛執照

租車者必須持有有效的日本駕駛執照或被認可的國際駕駛執照，方可租用汽車在日本境內駕駛。持有香港駕駛執照人士可到運輸署申請國際駕駛執照，一般情況下可即日取得，收費港幣80元(需要個人照片兩張)，有關資料，請參閱運輸署網頁www.td.gov.hk或致電熱線2804 2600查詢。

台北於2007年9月21日起實施「雙方駕照互惠措施須知」，台北居民可於台北駐日經濟文化代表處、橫浜分處、那霸分處，台北駐大阪經濟文化辦事處、福岡分處，及社團法人日本自動車聯盟(於各都道府之聯盟事務所設有受理窗口)，申請「駕照之日文譯本」，每份新台幣100元，即可於有效期的一年內於日本駕駛汽車。(詳情可查閱www.thb.gov.tw/)

GPS介面使用簡介

1. **主螢幕**：平時會全畫面顯示駕駛路線及資訊
2. **副螢幕**：到達需要轉向的路口或高速公路時會顯示所需資訊
3. **指南針**
4. **比例尺**
5. **預計到達時間**：一般以安全車速駕駛為準
6. **餘下距離**
7. **更改顯示方式**

註：每間公司提供的GPS系統操作上或會有不同

以 自駕遊MAPCODE 設定目的地：

如要在GPS上找一些沒有電話的景點，例如：公園、花田或大自然風景時，遊人可以用Map Code 幫手。大多數的Map Code 可以在租車公司的地圖或雜誌上找到。

1 先在目的地探索的版面，不要選電話，選擇其他。(紅圈)

2 在其他的探索方法中點選 Map Code 的logo (紅圈)

3 輸入Map Code，通常有9個數目字加＊後的2位數字，連＊在內共有13個位。

4 GPS會像你輸入電話後搜尋你想找的地方，然後按下『開始』就可以了。

目的地設定

每間公司提供的GPS系統或會有不同的操作方法，以下是以Toyota Rent-a-car的GPS系統作示範。

以電話號碼設定目的地：

(以京都站西口Toyota為例)

先按下「目的地」按鈕(藍圈)，要設定新目的地時必須把車停下並拉上手掣。

1 於輕觸式螢幕上按「電話番號」(紅圈)

2 輸入電話號碼

3 系統找出所需地點，有時如附近的設施共用同一個電話號碼時，需要其中一個，之後按下「目的地Set」

4 可按「ルート變更」(紅圈)選擇其他路線，開始導航則按「案內開始」(藍圈)

5 開始導航

全球衛星定位系統（GPS）

隨著全球衛星定位系統（GPS）的普及，要在日本各人氣景點輕輕鬆自在地遊覽，自駕遊確是一個不錯的選擇。而一般租車公司提供的汽車均設有全球衛星定位系統（GPS），對於不熟地理環境的海外旅客來說，確實十分user-friendly。

⚠️ 注意事項！

1. 雖然一般的GPS都只有日文介面，但很易操作，只要輸入目的地名稱、電話號碼或Map Code，便會引領司機駛至目的地。**本書提供了自駕遊熱門地區各景點、旅館等的電話號碼，希望方便各位讀者。**
2. 導航系統始終是輔助設施，各位自駕人務必以路面實際情況為準，留意附近的行人及行車情況。如需操作導航系統或設定新路線，應先把車子停在一旁，選定合適的路線後才開始駕駛，免生意外。
3. 基本上利用GPS已能夠到達日本各地，無需要知道方向，但為免出錯，建議先查閱本書附頁的地圖，初步了解各地位置，同時帶備租車公司提供的地圖就更理想。
4. 到達需要轉向的路口或高速公路時，GPS系統會顯示特別的資訊，例如路口附近的設施、高速公路的收費等。

自駕遊注意事項

交通安全

雖說日本的道路建設完善，鄉郊地區人口密度又低，大家可盡情享受駕駛樂趣，但建議各位自遊人不要超速，並提高警覺，經常留意周圍的交通及道路環境，以免發生意外。

⚠ 特別注意！

日本與香港駕駛習慣上的最大分別是在燈位轉彎時的優先使用權及有時需要經過火車路軌，請細閱下文及時刻警覺，以免造成嚴重意外。

左轉
日本有很多路口同時容許車輛左轉及行人橫過（即兩邊都是綠燈），故在十字路口左轉時，如有行人橫過馬路，必須讓行人先走。

右轉
在十字路口右轉時，即使是綠燈，也要待對面行車線轉為紅燈或讓對面的車輛通過或停定方可右轉。需要右轉時，在兩條線中間等候，待對面行車線沒有車或轉燈時才通過。

經過火車路軌

在火車路軌前，一定要停車確認左右是否有列車，以及如前面有車時，要等前車駛離路軌後一定距離而自己的車能安全通過後，始可通過；以免發生前方塞車，令自己進退不得而卡在路軌上！萬一真的前後被困，要馬上下車並按動附近的緊急停車掣。

注意野生動物！

日本有不少野生動物如鹿、熊、狐狸、牛隻等的居住地，大眾無謂傷害無辜動物，如不幸撞倒牠們，可能會釀成嚴重車禍。

雪地駕駛

日本冬天多雪，下雪時能見度非常低，駕駛時要減慢車速，把暖氣吹向車頭玻璃令雪融化。另外，被冰雪覆蓋的路面極之滑，要預備一段較長的剎車距離、上下斜坡時使用低波行駛、起步及上斜時不要大力踩油門，否則車輪會沿地打轉。冬季租車時，如擔心不夠安全，可加錢租用雪鏈，有需要時可更換，但租車公司一般會換上雪呔。 要留意若已用雪呔，千萬不要在雪呔上加上雪鍊，否則會抵銷雪呔在冰或雪地上的功能。基本上雪呔是適合在雪地及結冰的路面行駛的。

停車場

大部份景點、食店、旅館等都設有停車場，為方便駕車人士，很多都是免費的。不過，大城市人口密度較高，大多數的停車場均需收費。一般的人手收費停車場與香港的運作模式相似，如使用自助停車場則可以留意以下的介紹。

日本的停車場有時亦同時提供月租服務，留意「月極」(月租)的指示牌，切勿泊錯車。

緊急求助

很多路牌下方會加設一個指示牌，顯示所在地內有關地段的道路事務所或道路情報中心的電話號碼。如遇到緊急情況，可致電給他們，根據指示牌提供確實位置，由他們提供協助。

使用時租停車場

各處景點大都有停車場施設，一般使用現金結算，程序如下：

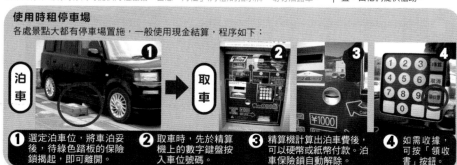

1 選定泊車位，將車泊妥後，待綠色錶板的保險鎖揭起，即可離開。

2 取車時，先於精算機上的數字鍵盤按入車位號碼。

3 精算機計算出泊車費後，可以硬幣或紙幣付款。泊車保險鎖自動解除。

4 如需收據，可按「領收書」按鈕。

高速公路、國道及縣道

除一般的市內街道外，日本的快速道路由慢至快分別為縣道、國道及高速度路。縣道及國道連接各大城市，通常為雙線雙程行車，特定地段會有超車地帶。縣道及國道不需收費，車速限制為40-50km/h，途中會有交通燈，所需行車時間較長。留意部份海拔較高的道路會於冬季封鎖。高速道路(自動車道)是連接城市之間最快的道路，一般為兩至三線行車，車速限制約80km/h。 高速道路按距離收費，途中有休息站PA (Parking Area)及SA (Service Area)，有洗手間、食店、小賣店、油站等設施。

高速公路

日本幅員遼闊，加上人生路不熟及語言障礙，建議盡量使用完善的高速公路，以最快捷又安全的方法，抵達目的地。

使用高速公路方法：

❶ 於入口選擇「一般」閘口。不要選擇「ETC」。「ETC」類似香港的Auto toll，千萬別走錯。

❷ 在入閘機取票，公路票上印有入閘的地方名。

❸ 於出口同樣選擇「一般」，GPS螢幕會顯示所需費用。

❹ 部份閘口由人手收費，亦有些只設有自動收費機。

加油站

日本各主要旅遊區域相隔頗遠，有時油站距離較遠，而且部份油站晚上休息，故自駕人士必須經常留意汽油存量。日本有兩種加油站，分別是自助形式「セルフ(Self)」及服務形式「スタッフ(Staff)給油」，當中亦會有同時提供兩種選擇的油站。一般來說，出租汽車都適用普通汽油(レギュラー)，如遇上言語不通的油站服務員，只要跟他們說「Regular」便可以。

「セルフ(Self)」自助形式，由閣下自行操作，可一嘗親自入油的滋味。

日本以「スタッフ (Staff)給油」服務形式運作的加油站較多，由油站職員代勞，與香港油站的運作差不多。

ＥＮＥＯＳ油站在京阪神名經常可見到，另外還有Shell、Mobil、IDEMITSU等。

道路標誌

日本的道路標誌及交通燈號都十分清楚易明，大部份與香港相近，即使不懂日文，也可輕易憑路牌上的圖案猜到指示訊息。駕駛時，司機應小心留意道路標誌指示，以免駛至彎角、單程路或路口時驚惶失措。大致上，日本的道路標誌指示以不同顏色分類。以下是一些香港較為少見的路標。

一般指示道路標誌
藍底白字，有正方形和箭尖形兩種，為司機指示道路及必須注意設施，以及表示地方距離。

表示道路的中央或中線，下雨/下雪時特別有用

可以於路軌上行走

於上列時間內，可泊車60分鐘

高速公路

國道（主要幹線）

縣道（次要幹線）

收費高速公路標誌
綠底白字，提供有關收費高速公路指示。

利用收費公路或國道，當抵達一個縣、城市或地區邊界時，就會出現一個富有當地特色的路牌

顯示左轉為自動車道出口，可連接國道12往三笠，另外亦可以到桂沢湖

顯示左轉可以由「旭川鷹栖」入口進入收費公路「道央自動車道」

「JCT.(Junction)」為兩條收費道路的交匯處，而常見的「IC(Inter-change)」為收費公路的出入口

警戒指示道路標誌
黃底黑字，大部分為菱形，表示前路有危險或警告，當見到這些標誌時，應該減慢車速及準備停車，避免意外。

前面有分叉路(Y形路口)

前面橫過火車路軌

前面有強力橫風

小心動物出現

道路有其他危險

規制指示道路標誌
紅色，即根據當地法律所制定的強制性或禁制性的行為，有圓形、三角形及方形。一般強制性道路標誌以藍色為底色，表示駕駛人士必須遵守路牌的指示。一般禁制性道路標誌為紅色邊，表示禁止駕駛人士進行某種行動。

禁止在右方超車

上列時間內禁止停車及泊車

上列時間內禁止泊車

最高速度限制

最低速度限制

慢車

停車

單程路，汽車禁止由此駛入

汽車禁止駛入

汽車、行人、單車、電車禁止駛入

地上的標誌
除基本的交通標誌外，路面及行人道上亦有一些需要留意的標誌及符號。

不可以越線超車

不可以越線超車

禁止停車及泊車

禁止泊車

自駕遊小貼士

1. 於日本駕車時人生路不熟，不宜超速，一來為安全着想，二來高速公路多設有監察攝影機，免被發告票。日本告票的罰款金額頗為昂貴，如在富良野超過時速20公里，約罰款￥15,000。另外，如果在設有STOP標誌的地方不停車，也會被罰款￥7,000-￥8,000。自遊人請遵守交通規則，免被罰款呢！

2. 日本大部份的駕駛者都十分守規則，但亦因為這緣故有時會駕駛得較慢，於繁忙的城市路面駕駛宜多留意前車，以免收不住油門發生意外。更要時常留意路上橫過的路人，注重禮讓行人，免損害港人聲譽。

3. 國道及縣道旁有時會設有「道の駅」，即是中途休息站，一般有食店、小賣店、洗手間等設施。此外，城市外圍的國道兩旁，有時會有專為駕車人士而設的連鎖食店、商店、娛樂設施等，是旅途上休息及用膳的理想地點。

日本資訊

東京近郊地理概況

東京近郊主要是指圍繞東京都附近的縣，其中有最為人所熟知的富士山所在地山梨縣、溫泉聞名地神奈川縣的箱根、群馬縣的伊香保和草津、影婚紗相聞名的長野縣輕井澤和Mother Farm農場的千葉縣等，大家可以由東京都出發到近郊感受一下和東京都不一樣的旅程。

（地圖標示）群馬縣、埼玉縣、長野縣、東京、千葉縣、神奈川縣、山梨縣、靜岡縣

年曆對照

2018年 = 平成30年
2024年 = 令和6年

國定假期

日本國定假期每年或會有改動，以下是一般會列為國定假期的日子：

1月1日	元旦
1月的第二個星期一	成人節
2月11日	建國紀念日
2月23日	天皇誕辰
3月19、20或21日	春分節
4月29日	昭和之日
5月3日	憲法紀念日
5月4日	綠之日
（若這天不是星期日就會定為國定假期，好讓國民有長假期）	
5月5日	兒童節
7月的第三個星期一	海之日
8月10日	山之日
9月的第三個星期一	敬老節
9月23或24日	秋分節
10月的第二個星期一	運動日
11月3日	文化之日
11月23日	勞動感謝之日

1. 當國定假日適逢星期天時，翌日補假一天。
2. 夾在兩個國定假期之間的平日會成為假日。（星期天和補假除外）
3. 12月25日（聖誕節）不是日本的節日
4. 12月29日到1月3日期間（年末年始）日本的政府機關和企業都不辦公。

語言

官方語言為日語，英文不算通用，東京市內的百貨公司、大型商場漸多懂普通話的員工。

（對話框）英語　漢語　日本語

時差

日本時間是**GMT+9**，而香港地區則是**GMT+8**，即日本時區比香港地區快1小時。日本方面並沒有分冬夏令時間。

02:00 香港地區　　**03:00** 日本

電壓

日本使用**100V**兩腳插頭。與香港地區不同，香港遊人請帶備變壓器及萬能插頭。

❌ ≠ ✓

日本買電器注意事項：

* 日本電器有效使用範圍只限日本國內，購買前要注意是否有國際電壓。
* 部分熱門電器針對旅客推出100V-240V國際電壓的電器，適用於全球國家。
* 日本的電器電壓為110V，旅客需另購變壓器避免發生短路

日本本土旅遊旺季

在以下日子期間，日本本土的交通和酒店住宿會較緊張，請盡早預訂。

12月29日 - 1月6日	日本新年
2月5日 - 2月20日	日本大學入學試
4月29日 - 5月5日	日本的「黃金週」
8月中旬	中元節
12月25 - 31 日	聖誕假期

自來水

酒店內如列明有「飲用水」的自來水可以直接飲用。

地震

日本位處地震帶，發生小型地震時，酒店會發出有關廣播並會暫時停用電梯，客人應暫時留在酒店內。如不幸遇上大型地震，請保持鎮定並跟隨本地人到指定的安全地方暫避。

貨幣

日本貨幣為YEN

貨幣兌換率

硬幣▼

¥1　¥5　¥10

¥50　¥100　¥500

紙幣▼

¥1,000
¥2,000
¥5,000
¥10,000

日圓兌換

出發前找換地點

＊香港各大銀行

（匯豐旺角分行可直接提領日圓）

＊香港機場出境大堂找換店

❶ 部分銀行及本港找換店需時先預訂日圓，宜先致電查詢。

日本自動櫃員機提款

＊便利店大部份設有自動櫃員機

＊只要提款卡上印有UnionPay、Plus就可提款。

＊每次提款均需服務費，兌換率則以當日的匯率為準。

＊櫃員機更設中文介面，方便易用。

❶ 2013年3月1日起，要先在香港啟動提款卡的海外提款功能，才可在海外提款。

日本兌換

＊成田機場入境大堂找換店

（0600至最後一班機抵達）

＊日本各大銀行及郵局

＊日本部份大型電器店

＊當地高級酒店

免稅

＊在日本購物需付上相等於貨物價值10%的消費稅，只可於貼有「Japan. Tax-free Shop」標誌的店舖才可享有退稅服務。

＊辦理退稅者須持有效旅遊證件及購物單據，並於店家提供的「購買者誓約書」上簽名即可。

＊在日本工作的人員及停留期間為6個月以上的外國人不能享有免稅優惠。

＊自2018年4月起，遊人可以不限類別，只要合計買滿 ¥5,000 或以上就可以免稅。

Japan.
Tax-free
Shop

退稅手續流程

2020年4月起，退稅流程將改為電子化，將不再使用過去的紙本「購入紀錄票」、「購買者誓約書」，只需要提出護照，店家會以電子方式傳送購物紀錄。

＊日本將於2025年推行新的退稅制度，各位遊人出發前可留意一下。

實用知識

日本郵便服務〒

基於寄艙行李只限20公斤的關係，自遊人(尤其是掃貨一族)有時需要利用郵便服務，分為國際郵包及國際Speed郵便(EMS)兩大種類。

Tips!
郵局有售不同尺寸的紙箱，售價¥100至¥370不等包裹最重可寄30kg

郵局位置

時 平日09:00-17:00
休 星期六日及公眾假期
網 map.japanpost.jp/p/search/

國際Speed郵便(EMS)	國際郵包
EMS是最方便快捷的郵寄方法，包裹寄到世界各地共121個國家，但郵費最貴。 郵費按包裹重量和目的地計算，若從東京寄返香港，1kg收費為2,100日圓。	**＊船郵** 郵費最平，但需時最耐，一般要一至三個月時間。 **＊SAL** 國內包裹以船運，國際亦用空運，比船郵快，亦比空郵平。 **＊空郵** 郵費最貴，時間最快只需3至6天

小費　一般而言，餐廳和酒店已把10%-15%的服務費加在帳單上，客人不需要另外給小費。

減價月份　一般的商店及百貨公司會分兩次減價，夏季減價期為七月，而冬季期則在一月初。

7月　**1**月

男女服裝尺碼對照表

男裝衣服

日本	S	-	M	-	L	-	LL
美國	-	S	-	M	-	L	-
英國	32	34	36	-	38	40	42
歐洲	42	44	46	-	48	40	52

女裝衣服

日本	7	9(38)	11(40)	13(42)	15	17	19
美國	4	6	8	10	12	14	16
英國	8	10	12	14	16	18	20

男裝鞋

日本	24.5	25	25.5	26	26.5	27	27.5
美國	6.5	7	7.5	8	8.5	9	9.5
英國	6	6.5	7	7.5	8	8.5	9

女裝鞋

日本	22	22.5	23	23.5	24	24.5	25
美國	5	5.5	6	6.5	7	7.5	8
英國	3	3.5	4	4.5	5	5.5	6

小童衣服

尺碼	50	60	70	75	80	85	90	95	100	110	120	130	140
身高	50	60	70	75	80	85	90	95-100	95-105	105-115	115-125	125-135	135-145
參考月齡	新生	3個月	6個月	12個月	18個月	21個月	24個月	36個月	-	-	-	-	-

Wifi & 通訊

租用Pocket WIFI

香港地區有多間公司提供Pocket WiFi
租借服務，一日租金約港幣80元
（每日1GB NT199、日本無限制每日
NT229），可同時供多人使用，適合需要
隨時隨地上網及打卡的自遊人。

· 按日收費
· 多人共享
· 隨時上網

Telecom
網 telecomsquare.tw/

Wifi Egg 漫遊蛋
網 www.wifi-egg.com/

免費WIFI打電話

有WIFI，裝Apps就可以免費打／聽電
話，不必特地買SIM卡，激慳！

Line

skype

WhatsApp

FaceTime

上網卡

如果分頭行動，建議使用SIM卡，最方便的是在香港地區已經
可以購買，部分亦可打電話返香港地區，打去當地預訂餐廳及
酒店又得，香港地區用戶飛線後更可接聽來電，非常方便！

中國聯通

· 6日通話/上網卡 (HK$118)
· 每日1GB高速數據
· 此卡並提供20分鐘通話(可用於日本
  及韓國接聽、致電當地、內地及中
  國香港號碼)及10條短訊（由日本及
  韓國發送）。

網 www.cuniq.com

AIRSIM無國界上網卡

· 熱門地區低至HK$8/日，NT$30/日。

· 只需出發前到 AIRSIM ROAM APP 選
  購目的地數據套餐及選擇使用日數，
  到埗插卡，等3分鐘，便可上網。

· 覆蓋日本/韓國/泰國等100多個地
  區，下次旅行可循環使用。

· 每次購買數據套餐，均送30分鐘通
  話，可以打電話(目的地及本地，包
  括固網電話)，香港地區用戶飛線後
  更可接聽來電。

AIRSIM
地 於香港全線
7-Eleven、Circle
K便利店及豐澤
有售

網 www.airsim.
com.hk

※ **特設 24/7 客戶服務支援專人接聽。**

自由鳥遨遊SIM

可以重覆使用，用家可根據目的地及旅
遊日數在App購買。

· $15/日無限數據 (每日首500MB高
  速數據)

*留意此卡並不提供語音通話

網 www.birdie.com.hk/tbirdie/zh/travel-to/japan

日本電話撥打方法

8 1 ** | **3 | **8 8 8 8 8 8 8**
日本國家號碼 | 區域碼 | 電話號碼

從香港地區致電日本

0 3 ** | **8 8 8 8 8 8 8
區域碼 | 電話號碼

從日本境內致電其他區/市

免費WIFI

日本很多地方有免費WIFI提供，只要先上網申請成為會員，就可以在有熱點的地方使用。不過網速不一，也只能在定點使用，適合上網需求不大者。

Lawson free wifi
在日本超過9,000間Lawson便利店，都會提供免費wifi，遊人只要在網站填寫簡單資料就可使用。

🌐 www.lawson.co.jp/service/others/wifi/

Japan Connected-free Wi-Fi
在日本有15萬個熱點，覆蓋多個旅遊熱點，包括東京Metro地鐵站，只要下載Japan Connected-free Wi-Fi App並登記資料就可使用，支援多種語言，十分方便。

🌐 www.ntt-bp.net/jcfw/ja.html

東京JR車站
JR東日本提供免費Wifi服務的車站，包括東京駅、成田空港駅、羽田空港，以及JR山手線以下13個車站：東京駅、浜松町駅、田町駅、渋谷駅、原宿駅、代々木駅、新宿駅、池袋駅、上野駅、御徒町駅、秋葉原駅、神田駅、舞浜駅。

🌐 www.jreast.co.jp/e/pdf/free_wifi_02_e.pdf

通訊大比拼

	優點	缺點
免費Wifi	・免費 ・很多商場、車站、便利店都有供應	・需要定點使用 ・網速不穩定 ・下載App或事先登記才能使用
3G/4G Sim卡	・提供多款彈性數據套餐，價錢相宜 ・一人一卡，走散了也不怕失聯 ・附送的30分鐘 AIRTALK 可致電本地及目的地，包括固網號碼	・不支援SMS ・要安裝AIRTALK APP後才能打出及接聽電話
Wifi蛋	・一個Wifi蛋可多人使用	・Wifi蛋需要充電，要留意剩餘電量 ・分開行動就無法使用
國際漫遊	申請快捷方便	・費用最貴

使用日本公共電話

日本公共電話要有付「國際及國內電話」字樣者，方可撥打國際電話，否則只可撥打國內電話。
・付款方法：¥10及¥100 硬幣、信用卡、電話卡
・收費：¥10/分鐘

・電話卡可在酒店、便利店及自動販賣機購買。因應出卡公司不同，撥打方法各異，請參考卡背指示。

漫遊及數據收費

電訊公司一般都有提供漫遊服務，分為日費計劃及按量收費。收費因應電訊公司而不同，實際收費可向各電訊公司查詢。

漫遊服務	收費 (HK$)
致電香港號碼	$7.8-14.59/分
打出（市內）	$4.26-6.28/分
接聽所有來電	$7.9-19/分
發出短訊	$2.54-3/個
數據	$168/日

準備出發

東京天氣

東京近郊全年氣溫及降雨量圖▼

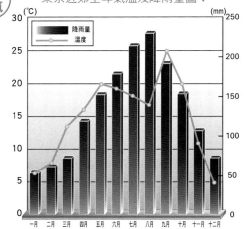

降雨量
溫度

一月 二月 三月 四月 五月 六月 七月 八月 九月 十月 十一月 十二月

日本天氣預報▼

出發前可參考以下網址，查看日本各地的最新天氣情況及未來四天的天氣預報，如有必要可因應情況更改行程。

網 www.jma.go.jp/jp/week/

氣候及衣物

春季(3月至5月)▼

適合帶備長袖襯衣及薄外套

 14.5℃ 一般

夏季(6月至8月)▼

適合穿T-shirt及較輕便衣服，記緊帶備雨具。

 27.7℃ 防曬

秋季(9月至11月)▼

帶備冬天衣物

 18.8℃

冬季（12月至2月）▼

必備厚毛衣及羽絨，記緊帶手套及頸巾。室內地方有暖氣設備，可穿薄襯衣外加大樓或羽絨等可簡便穿脫的衣物。群馬縣等地更會下雪。

3℃

香港及台北觀光資料

日本國家旅遊局
網 www.jnto.go.jp

全天候準備行李清單

明白收拾行李之難，WOW！特別為讀者準備了一份極詳細的行李清單，適用多種不同性質和目的之旅行（自助、半自助、跟團、觀光、商務、渡假、歷奇），可到WOW！的網頁下載。

網 goo.gl/wVqkkf

全天候準備
行李清單

飛行里數及廉航

自遊人可考慮登記成為各航空公司的會員，累積飛行里數來兌換免費機票。
而近年HK Express也提供來往廣島及岡山的廉航機票。

飛行里數兩大陣營▼

星空聯盟 Star Alliance
網 www.staralliance.com/zh-TW/

亞洲萬里通 Asia Miles
網 www.asiamiles.com

日本旅遊簽証

特區護照持有人可免簽證到日本旅遊，最多可逗留90天。如持有未獲免簽
待遇證件者或需要逗留多於90天者可向日本總領事館（簽證部）查詢。

免簽證
逗留
90天

日本國總領事館▼

地 中環干諾道中8號交易廣場一座46樓
時 09:30-12:00/13:30-16:45
休 星期六、日、公眾假期及特定假期
網 www.hk.emb-japan.go.jp
電 2522-1184

日本簽證申請中心▼

自2016年12月起於香港島北角設置了日本簽證申請中心，需要申請日本簽證
的遊人可以先在網站預約時間，然後帶備所需文件前往辦理便可。大家要留意
不同的簽證，所需的申請文件及費用亦不同，例如：幫工人姐姐申請日本的旅
遊簽証，通常都是一次有效之短期逗留簽証，所需審批時間約為十個工作天。
*前往沖繩、宮城縣、福島縣、及岩手縣的遊人可免繳簽証費

地 **日本簽證申請中心地址：**香港北角電氣道148號16樓3室
網 **預約網站：**visa.vfsglobal.com/hkg/zh/jpn
電 (852)3167-7033　**電郵：**info.jphk@vfshelpline.com
註 *建議先在網上進行預約

台北及高雄辦理日本旅遊簽證▼

財團法人交流協會台北事務所

地 臺北市慶城街28號一樓（通泰商業大樓）
時 星期一至星期五上午09:15-11:30/14:00-16:00
（星期五下午不受理簽証申請，僅辦理發証服
務。）
休 星期六、日、公眾假期及部分特定假期
網 www.koryu.or.jp/tw/about/taipei/
電 02-2713-8000
傳 02-2713-8787

財團法人交流協會高雄事務所

地 高雄市苓雅區和平一路87號南和和平大樓10F
時 星期一至星期五09:15-11:30/14:00-16:00
（星期五下午不受理簽証申請，僅辦理發証服務。）
休 星期六、日、公眾假期及部分特定假期
網 www.koryu.or.jp/tw/about/kaohsiung/
電 07-771-4008　傳 07-771-2734
註 管轄範圍：雲林縣、嘉義縣、台南市、台南縣、高雄市、
高雄縣、屏東縣、台東縣、澎湖縣。

旅遊服務中心

旅遊諮詢中心(TIC)▼

成田機場

地 Terminal 1及
Terminal 2到達層內
時 09:00-20:00 (全年無休)
電 Terminal 1
0476-30-3383
Terminal 2
0476-34-6251

羽田機場

東京觀光信息中心▼
地 Terminal 1. 1/F
時 09:00-22:00

旅行中心▼
地 Terminal 2. 1/F
時 10:00-18:00

東京區內

地 千代田區有樂町2-10-1
東京交通會館10樓
時 星期一至五09:00-17:00
星期六09:00-12:00
電 03-3201-3331

新宿站

小田急旅遊服務中心▼
地 小田急新宿站西口一樓
時 08:00-18:00 (全年無休)
網 www.odakyu.jp/tc/
support/center/
電 03-5321-7887

救急錦囊

① 掛號登記
首次登記需要表示「外國觀光遊客」，若不懂得日語的需表明只能用英語。然後填寫個人資料（來自何處、到本區多少日、有何不適等等），並出示護照以核實身份。醫院會發出「診察券」（診療卡）用以紀錄病人資料。

② 探熱
日本常用的是玻璃口探探熱針，對幼兒未必合用。父母應於出發往日本前帶備電子探熱針。未能口探便會以腋下探熱。首次登記者或有可能要驗小便。完成後把探熱針及小便樣本交給護士便可。

日本就醫
普通的病症可於藥房購買成藥，而較嚴重的可到診所或醫院就醫。若要就診可先問問酒店，有否就近和懂得以英文溝通的診所或醫院，上網找資料也可。日本醫生多只能用簡單英語，而藥物名稱則沒問題。若是一般小病可往診所（クリニック）、診療所（医院）；而較嚴重或急症，便需要往醫院（病院），甚至是致電119叫救護車。

③ 見醫生
護士會帶往磅重及量度高度，才引見醫生，問診後才開藥方。如有必要覆診，醫生亦會安排預約時間。

④ 付款
診所及療養院多於領藥時付款，多數只收現金。醫院則可以信用卡付款。

⑤ 取藥
付款及領收據後可往藥房取藥。緊記保留藥包方便保險索償。

東京衛生病院
🏠 東京都杉並区天沼3-17-3
☎ 03-3392-6151

日本紅十字社醫療中心
🏠 東京都渋谷区広尾4-1-22
☎ 03-3400-1311

普通的病症可於藥房買成藥便可，日本人也是如此。

傷風感冒藥	腸胃藥	止痛藥

（大正製藥 パブロン）　（胃腸藥 新キャベジンコーフS）　（EVE A）

VISA：
0120-133-173(免費)/
00531-44-0022(24小時免費)

MASTER：
00531-11-3886(24小時免費)

AMERICAN EXPRESS：
0120-020-020(24小時免費)
(03)3220-6100

DINERS CLUB：
0120-074-024(24小時免費)

❶ 如在都內致電不用撥 "03"
❷ 在公用電話不需投幣可致電110及119緊急電話

在日本，保險公司會直接支付國民的醫療費用，醫生不會給予任何診症文件。「外國觀光遊客」則要付全費。因此必須在醫院的會計部繳費時，向職員申請有關文件，以便回港後向保險公司索償。申請須填寫表格及付上額外費用（請填上英文資料及註明要英文文件），醫院按所填的郵寄地址寄出文件，約一個月便能收到有關報告。部分香港保險公司會接受憑藥袋及收據資料申請保險索償，因此要妥善保存所有藥袋及收據。

緊急或重要電話

警局：110(日語) 3501-0110(英語)
警局外國人查詢：(03)3503-8484
火警及救護：119　電話號碼查詢：104
醫療情報諮詢服務：(03)5285-8181(日 / 英 / 中 / 韓)

駐日本中國大使館

地 東京都港区元麻布3-4-33
電 (03)3403-3388
網 jp.china-embassy.gov.cn/jpn/
交 從六本木Hills沿テレビ朝日通り向南
　 步行7分鐘

❶ 打公共電話時，不需要付費，按下緊急用免費
　 服務的紅色按鈕後，再撥110/119即接通。

❷ 日本各地皆有警局，迷路或有麻煩時可向
　 警察求助。

❸ 有急病或受傷時，請向警局呼叫救護車，
　 呼叫救護車是免費的。

遺失證件

為安全起見，隨身攜帶
護照及身份證之餘，也
應準備一份護照及身份證的影
印本。如有遺失，憑影印本可加
快補領時間。倘若在國外遺失金
錢、護照或其他物品，應先向當
地警方報案，索取失竊證明，並即時向
中國大使館報告有關情況並請求協助。
如有需要可聯絡特區政府入境事務處。

入境處港人求助熱線

網 www.immd.gov.hk
電 (852)2829-3010(辦公時間)、(852)2543-1958(非辦公時間)
　 (852)1868(24小時)

澳門人在海外遇上證件問題服務

網 www.fsm.gov.mo/psp/cht/psp_left_4.html#left_3_5
電 (853)2857-3333

TIPS

若與小朋友外遊，出
發前可到自己相熟的
診所，購買旅行用藥
包，並帶備自己的
電子探熱針及食藥用針筒。要
留心，若是發燒便不能離境。

❶ 日本使用玻璃針筒，不宜用於給幼兒餵藥。塑膠針筒一
　 般藥房不會有售，因此切記帶備塑膠針筒。

❷ 小童藥物必須帶齊

❸ 問清楚酒店英文醫院的地址，及有否小兒科，提防小兒
　 因發燒而不能出境。

❹ 塞肛用退燒藥效用強，但比較難買，因此要自己帶備。

❺ 日本醫生多只懂簡單英語，但大多數也懂得藥物名稱。

輕鬆入境

日本入境表

• 日本入境表現有中文版，方便遊人填寫，
　 謹記要填寫日本住宿地址，可以先行記底
　 酒店資料。

注意： 2023年4月29日起免疫苗證明，但需於網上填寫資料。

最新Visit Japan Web

網 www.vjw.digital.go.jp/main/#/vjwplo001

機場出境保安規定

❶ 手提行李內每支液體容量不得超過100毫升。任何容量大於100毫升的容器，
　 即使並未裝滿，也不能通過保安檢查。

❷ 所有盛載液體、凝膠及噴霧類物品的容器，必須放在一個容量不超過1公升並
　 可重複密封的透明塑膠袋內，而且不顯得擠迫。塑膠袋應完全封妥。

❸ 其他協定請向航空公司了解。

實用交通

-羽田機場交通-

台北飛機

台北<>東京羽田機場▼
台北出發的話可從松山國際機場直達東京羽田機場,機程約2小時30分鐘。

航空公司	網址	查詢電話
EVA AIR長榮航空(BR)	www.evaair.com	886-2-25011999 (台北)
Japan Airlines日本航空(JL)	www.jal.co.jp/	86-021-5467-4530 (台北/中國)
CHINA AIRLINES中華航空(CI)	www.china-airlines.com	886-412-9000 (台北)
ANA全日本空輸航空(NH)	www.ana.co.jp/	81-3-6741-1120 (國際)

香港飛機

香港<>東京羽田機場▼
香港出發的話可從香港國際機場直達東京羽田機場,機程約5小時。

航空公司	網址	查詢電話
ANA全日本空輸航空(NH)	www.ana.co.jp/	81-3-6741-1120(國際)
UNITED聯合航空(UA)	www.united.com	81-3-6732-5011(日本)
HK Express香港快運(UO)	www.hkexpress.com/	852-3902-0288(香港)
Delta達美航空(AA)	zt.delta.com/	852-3057-9197(香港)
Japan Airlines日本航空(JL)	www.jal.co.jp/	852-3919-1111(香港)
CATHAY PACIFIC國泰航空(CX)	www.cathaypacific.com	852-2747-3333(香港)

WELCOME! Tokyo Subway Ticket

24hrs, 48hrs或72hrs地鐵Metro任乘券羽田機場國際線航廈站至泉岳寺站的京急線單程或者來回的套票。

羽田交通通票	大人	小童
京急線來回 + 24hrs Metro地鐵任乘券	¥1,360	¥680
京急線來回 + 48hrs Metro地鐵任乘券	¥1,760	¥880
京急線來回 + 72hrs Metro地鐵任乘券	¥2,060	¥1,030

羽田機場國際線航廈站2樓京急旅客資訊中心

網 www.tokyometro.jp/tcn/ticket/airport_bus/index.html#v2_haneda

利木津巴士 + Subway通票

單程利木津巴士 + 24hrs東京Metro地鐵任搭、來回利木津巴士 + 48/72hrs東京Metro地鐵任搭

羽田機場入境大廳、利木津巴士售票處、東京Metro地鐵月票售票處

網 www.tokyometro.jp/tcn/ticket/airport_bus/index.html#v2_haneda

羽田交通通票	大人	小童
利木津巴士單程 + 24hrs Metro地鐵任乘券	¥1,800	¥900
利木津巴士來回 + 48hrs Metro地鐵任乘券	¥3,200	¥1,600
利木津巴士來回 + 72hrs Metro地鐵任乘券	¥3,500	¥1,750

火車	東京モノレール(Tokyo Monorail)▼	京浜急行空港線（京急空港線）▼

火車

東京モノレール(Tokyo Monorail)▼
- 直達浜松町
- 約4-12分鐘一班

> ✓ 適合東京、上野方向

網 www.tokyo-monorail.co.jp/

京浜急行空港線（京急空港線）▼
- 直達品川；途經押上、淺草
- 約3-10分鐘一班

> ✓ 適合渋谷、新宿、池袋、橫浜方向
> ✓ 最便宜

網 www.haneda-access.com/

巴士

リムジンバス
(Airport Limousine)▼
- 到達新宿、池袋等旺區
- 約30分鐘至60分鐘一班

> ✓ 路線最多
> ✓ 直達酒店，不用搬行李
> ✓ 方便之選
> ✓ 要留意塞車

網 www.limousinebus.co.jp/

空港リムジンバス
(Keikyu Limousine)▼
- 直達東京約50分鐘一班

> ✓ 留意塞車
> ✓ 最慳錢

網 www.keikyu-bus.co.jp/

-成田機場交通-

台北飛機

台北＜＞東京成田機場▼
台北出發的話可從台北桃園國際機場直達東京成田機場，機程約3小時10分鐘。

航空公司		網址	查詢電話
Vanilla Air香草航空（JW）	Vanilla Air	www.vanilla-air.com	886-02-2531-5118(台北)
CHINA AIRLINES中華航空(CI)	CHINA AIRLINES	www.china-airlines.com	886-412-9000(台北)
EVA AIR長榮航空(BR)	EVA AIR	www.evaair.com	886-2-25011999(台北)
ANA全日本空輸航空（NH）	ANA	www.ana.co.jp/	81-3-6741-1120(國際)

香港飛機

香港＜＞東京成田場▼
香港每天都會有航班由香港國際機場直達東京成田機場，機程約4小時10分鐘。

航空公司		網址	查詢電話
CATHAY PACIFIC國泰航空(CX)	CATHAY PACIFIC	www.cathaypacific.com	852-2747-3333(香港)
Delta達美航空（AA）	DELTA	zt.delta.com/	852-3057-9197(香港)
Japan Airlines日本航空（JL）	JAPAN AIRLINES	www.jal.co.jp/	852-3919-1111(香港)
Vanilla Air香草航空(JW)	Vanilla Air	www.vanilla-air.com	852-3678-2013(香港)
HK Express香港快運（UO）	HKexpress	www.hkexpress.com/	852-3902-0288(香港)

京成Skyliner +Tokyo Subway Ticket

- 單程或來回Skyline + 24/48/72hrs東京Metro地鐵及都營地下鐵任乘券

成田機場站及機場第2大樓站的售票處

網 www.tokyometro.jp/tcn/ticket/airport_bus/index.html

成田交通通票	大人	小童
Skyliner單程 + 24hrs Metro地鐵任乘	￥2,890	￥1,450
Skyliner單程 + 48hrs Metro地鐵任乘	￥3,290	￥1,650
Skyliner單程 + 72hrs Metro地鐵任乘	￥3,590	￥1,800
Skyliner來回 + 24hrs Metro地鐵任乘	￥4,880	￥2,440
Skyliner來回 + 48hrs Metro地鐵任乘	￥5,280	￥2,640
Skyliner來回 + 72hrs Metro地鐵任乘	￥5,580	￥2,790

利木津巴士 + Subway通票

· 單程利木津巴士 + 24hrs東京Metro地鐵任搭、
來回利木津巴士 + 48/72hrs東京Metro地鐵任搭

成田機場入境大廳、利木津巴士售票處、東京Metro
地鐵月票售票處

網 www.tokyometro.jp/tcn/ticket/value/airport_bus/index.html

成田交通通票	大人	小童
利木津巴士單程 + 24hrs Metro地鐵任乘券	￥3,400	￥1,700
利木津巴士來回 + 48hrs Metro地鐵任乘券	￥5,700	￥2,850
利木津巴士來回 + 72hrs Metro地鐵任乘券	￥6,000	￥3,000

火車

JR Narita Express (N'EX)▼
2015年3月14日開始於成田機場「JR東日本旅行服務中心」和「JR售票處」發售特價N'EX東京去回車票，大人￥5,000、小童￥2,500，有效期為14天。
到達東京站約30分鐘一班

網 www.jreast.co.jp/tc/pass/nex_round.html

✓ 最準時
✓ 最快速
✓ 最舒適
✓ 市區直達站最多

JR成田線▼
到達新宿·東京站約1小時一班

✓ 不設劃位

網 www.haneda-access.com/

電鐵

京成電鐵▼
京成電鐵分京成本線、Skyliners及京成Access

網 www.keisei.co.jp/

Skyliners
到達京成上野
約10-20分鐘一班

✓ 行車時間短

✓ 不需另加特急費

京成Access
直達淺草、東銀座、品川
約20分鐘一班

京成本線
到達京成上野
約10-20分鐘一班

✓ 最慳錢
✓ 班次密
✓ 中途站多

巴士

**リムジンバス
(Airport Limousine)▼**
途經市中心各站
約半小時至1小時一班

✓ 路線最多
✓ 直達酒店，不用搬行李
✓ 方便之選
✓ 要留意塞車

網 www.limousinebus.co.jp/

**東京シャトル▼
(TOKYO SHUTTLE)**
經東京站重洲口及東雲車庫
約20分鐘一班

網 www.keiseibus.co.jp/kousoku/day/nrt16.htm

✓ 慳錢
✓ 班次密

**THEアクセス成田▼
(The Access Narita)**
途經東京及有樂町
約20分鐘一班

網 tyo-nrt.com/

✓ ￥1,300單程
✓ 慳錢
✓ 班次密

► 前往郊外交通 ◄

大家如果由東京出發前往郊外，最方便的方法是由新宿或東京站做起點，因為大多往郊外的高速巴士都會由這兩個站作起點或途經這兩個大站，同時遊人也可在這選乘JR：

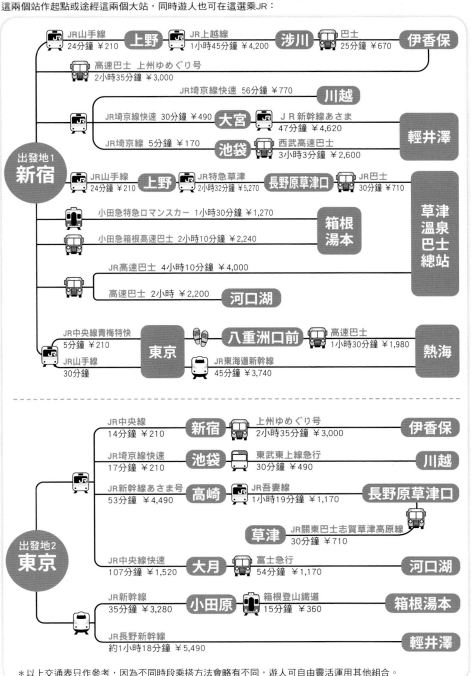

＊以上交通表只作參考，因為不同時段乘搭方法會略有不同，遊人可自由靈活運用其他組合。

出發車站 \ 到達車站	成田空港	羽田空港	川越	熱海
成田空港	—	80公里 1小時10分鐘 ￥3,600	122公里 1小時45分鐘 ￥1,970	174公里 2小時30分鐘 ￥5,840
羽田空港	79公里 1小時5分鐘 ￥3,600	—	73公里 1小時10分鐘 ￥1,110	114公里 1小時45分鐘 ￥4,070
川越	122公里 1小時45分鐘 ￥1,970	75公里 1小時15分鐘 ￥1,110	—	135公里 2小時 ￥4,230
熱海	175公里 2小時30分鐘 ￥5,840	115公里 1小時45分鐘 ￥4,070	135公里 2小時 ￥4,230	—
伊香保溫泉	213公里 3小時 ￥5,780	167公里 2小時30分鐘 ￥5,040	98公里 1小時30分鐘 ￥2,490	212公里 3小時 ￥6,140
輕井澤	238公里 3小時5分鐘 ￥6,240	192公里 2小時35分鐘 ￥6,010	123公里 1小時30分鐘 ￥3,170	238公里 3小時10分鐘 ￥6,850
草津溫泉	259公里 4小時10分鐘 ￥4,850	213公里 3小時40分鐘 ￥4,540	144公里 2小時40分鐘 ￥2,490	258公里 4小時 ￥6,140
箱根湯本	156公里 2小時5分鐘 ￥5,090	92公里 1小時30分鐘 ￥3,790	111公里 2小時35分鐘 ￥2,540	26公里 35分鐘 ￥780
河口湖	179公里 2小時20分鐘 ￥5,710	129公里 1小時45分鐘 ￥3,650	108公里 1小時25分鐘 ￥3,160	82公里 1小時40分鐘 ￥1,790
木更津 (南房總)	87公里 1小時10分鐘 ￥2,630	28公里 35分鐘 ￥1,100	100公里 1小時45分鐘 ￥3,670	129公里 2小時10分鐘 ￥3,490

1️⃣ 以上表格只作自駕遊參考，遊人可自由選擇其他路線
2️⃣ IC的高速公路費以普通1,000cc 的私家車為基準

伊香保溫泉	輕井澤	草津溫泉	箱根湯本	河口湖	木更津 (南房總)
213公里 2小時55分鐘 ¥5,780	240公里 3小時5分鐘 ¥6,240	258公里 4小時5分鐘 ¥4,850	154公里 2小時5分鐘 ¥5,090	178公里 2小時20分鐘 ¥5,710	84公里 1小時10分鐘 ¥2,630
163公里 2小時20分鐘 ¥5,040	190公里 2小時30分鐘 ¥6,010	209公里 3小時30分鐘 ¥4,540	89公里 1小時25分鐘 ¥3,790	126公里 1小時45分鐘 ¥3,650	28公里 30分鐘 ¥1,100
98公里 1小時25分鐘 ¥2,410	124公里 1小時40分鐘 ¥3,170	144公里 2小時35分鐘 ¥2,490	109公里 2小時35分鐘 ¥2,540	109公里 1小時30分鐘 ¥3,160	102公里 1小時45分鐘 ¥3,670
212公里 3小時 ¥6,140	239公里 3小時10分鐘 ¥6,850	258公里 4小時 ¥6,140	26公里 35分鐘 ¥780	81公里 1小時40分鐘 ¥1,790	129公里 2小時10分鐘 ¥3,490
—	63公里 1小時50分鐘 ¥0	53公里 1小時20分鐘 ¥0	201公里 3小時15分鐘 ¥5,230	187公里 2小時30分鐘 ¥4,820	194公里 2小時55分鐘 ¥5,970
64公里 1小時50分鐘 ¥2,260	—	46公里 1小時10分鐘 ¥0	227公里 3小時20分鐘 ¥5,740	212公里 2小時40分鐘 ¥1,110	219公里 3小時5分鐘 ¥6,520
53公里 1小時25分鐘 ¥0	47公里 1小時15分鐘 ¥0	—	248公里 4小時20分鐘 ¥5,230	233公里 3小時40分鐘 ¥4,820	240公里 4小時10分鐘 ¥5,970
201公里 3小時10分鐘 ¥5,230	228公里 3小時20分鐘 ¥5,940	247公里 4小時20分鐘 ¥5,230	—	55公里 1小時20分鐘 ¥1,080	109公里 1小時45分鐘 ¥3,550
186公里 2小時30分鐘 ¥4,820	212公里 2小時35分鐘 ¥1,110	232公里 3小時35分鐘 ¥4,820	55公里 1小時25分鐘 ¥1,080	—	157公里 2小時20分鐘 ¥4,840
190公里 2小時50分鐘 ¥5,970	217公里 3小時3分鐘 ¥6,520	236公里 4小時 ¥5,970	110公里 1小時50分鐘 ¥3,550	153公里 2小時15分鐘 ¥4,840	—

3 　以上駕駛時間沒有計算塞車時間

4 　如果超過2小時車程，建議遊人在中途的SA/PA或道之站稍事休息，或交換駕駛者

Suica IO Card

Suica IO Card
（スイカIOカード）▼

東京使用的電子貨幣儲值卡，相當於香港的八達通或台北的悠遊卡。可增值，使用時拍卡感應即可。除了乘車外，有Suica卡LOGO的商舖亦可用Suica卡付款。

Suica IO Card 購票方法▼

Suica IO Card 每張售價￥2,000（面值￥1,500加上按金￥500），可到站內售票窗口，或有Suica標誌的自動售票機購買。持票者可以隨時到各車站內的售票處（みどりの窓口）退卡及取回按金。

JR TOKYO Wide Pass▼

適用於富士山、伊豆、輕井澤、GALA湯澤等著名的觀光地。可在3天裡不限次數乘坐以下路線：JR東日本線、東京單軌電車、伊豆急行線全線、富士急行線全線、上信電鐵全線、東京臨海高速鐵道線全線特急（包新幹線）及部分近郊地區鐵路等，急行列車和普通列車（包括快速列車在內）的普通車廂指定座席和自由座席。

🗺 成田機場JR售票處及JR東日本旅行服務中心、羽田機場、新宿和池袋的JR東日本旅行服務中心

💰 大人￥10,000、小童￥5,000

🌐 www.jreast.co.jp/tc/tokyowidepass/

巴士

東京近郊覆原甚廣，由多間不同的高速巴士提供服務，遊人如果想預訂座位，除了可聯絡提供服務的各巴士公司外，也可一次過參考以下網站，查看全國超過400高速巴士路線，同時更可網上預約。遊人只要先在網上登記做會員（免費），然後再登入網站，揀選想乘坐的路線及班次，之後輸入乘坐人數，確定後系統會有電郵發送給你，然後可透過信用卡付款，乘搭當天提早到車站案內所示預約便可。

🌐 secure.j-bus.co.jp/hon

的士

的士分三種▼

中型的士	小型的士	WagonTaxi
收費首2,000米￥660，之後每274米或100秒￥80，最多可載6名乘客。	收費首2,000米￥710，之後每290米或105秒￥90-95，最多可載5名乘客。	設有較寬闊的行李箱，收費與中型的士相若，一般前往機場，且必須預約，最多可載7名乘客。

乘坐的士小貼士

- 所有的士接受現金及信用咭付款，不收取小費
- 中、小型的士於深夜時份（23:00-05:00）會收取額外30%附加費
- 車費￥9,000以上的車程有10%優惠
- 由成田機場往新宿區車費約￥21,000、東京站約￥19,000
- 如擔心語言不通，可以要求酒店或餐廳代召的士
- 如在車上遺留物件，可致電03-3648-0300 或到東京乘用旅客自動車協會網頁查詢
  www.tokyo-tc.or.jp/index.cfm

日語速成

問路篇

一番近い（　　　）はどこですか？
ichiban chikai(　　　) wa do-ko desu ka？
最近的（　　　）在哪裡？

ここはどこですか？
ko ko wa do ko desu ka？
我在哪？

yak-kyo-ku 薬局 藥房	byo-u-in 病院 醫院	ho-te-ru ホテル 酒店	su-pa スーパー 超級市場
toi-re トイレ 廁所	konbini コンビニ 便利店	eki 駅 火車站	ba-su-tei バス停 巴士站

酒店篇

予約した（　　　）です。
yoyaku shi ta （　　　） desu。
我已預約，名字是（　　　）。

荷物を預かってもらえませんか？
nimotsu wo azukat-te mora-e masen ka？
可以寄放行李嗎？

部屋はWIFIを使えますか？
heya wa wifi wo tsu ka e masu ka？
房間有WIFI嗎？

resutoran レストラン 餐廳	chou-shoku 朝食 早餐
yuu-shoku 夕食 晚餐	chuusha jyou 駐車場 停車場
puru プール 泳池	furo 風呂 浴場

餐廳篇

喫煙席／禁煙席をお願いします、（　　　）で。
kitsu-en-seki／kin-en-seki wo o negai shimasu, (　　　)de。
請給我 吸煙區／禁煙區，（　　　）位。

すみません、注文お願いします。
sumimasen, chuu-mon o negai shi masu。
麻煩落單。

（　　　）をください。
(　　　) wo kudasai。
請給我（　　　）。

Me nyu メニュー 菜單	o-kanjou お勘定 埋單	futari 二人	san-nin 三人
mizu 水 水	sashimi サシミ 刺身	go-nin 五人	yo-nin 四人
		raa-men ラーメン 拉麵	gohan ご飯 白飯

緊急情況篇

病院へ連れて行てください。
byou-in e tsurete-i-te ku da sai。
請帶我去醫院。

（　　　）をなくしました。
(　　　) wo na-ku shima shita。
（　　　）不見了。

警察を呼んでください。
kei-sa-tsu wo yon de ku da sai。
請幫忙報警。

pasupooto パスポート 護照	nusumareta 盗まれた 被偷竊

kouban／hashutsujyo 交番／派出所 警局

saifu 財布 錢包	nimotsu 荷物 行李	kaze 風邪 傷風感冒	hara-ga-itai 腹が痛い 肚痛	atama-ga-itai 頭が痛い 頭痛	ne-tsu 熱 發燒

327INFO

自遊達人系列24

富士山・東京近郊・
山梨・靜岡・神奈川達人天書

文、編	KASS、卡兒、Wow!編輯部
攝影	KASS、卡兒、謝遜
創作總監	Jackson Tse
編輯	Wow!編輯部
美術設計	玉崎、Yau
鳴謝	PandA Go（登富士山）
出版者	WOW MEDIA LIMITED Room 507, Kowloon Plaza, 485 Castle Peak Road, Cheung Sha Wan, Kowloon, Hong Kong

最強日本系列

亞洲地區系列

更多新書敬請期待…

廣告熱線
広告のお問い合わせ

(852)2749 9418
歡迎各類廣告 / 商業合作
wow.com.hk@gmail.com

網址	www.wow.com.hk
f	facebook.com/wow.com.hk
⊙	wow_flyers
電郵地址	wowmediabooks@yahoo.com
發行	港澳地區 - 書局 **香港聯合書刊物流有限公司** 荃灣德士古道220-248號 荃灣工業中心16樓 查詢/補購熱線: **(852) 2150 2100** 台灣地區 **永盈出版行銷有限公司** 231新北市新店區中正路 499號4樓 查詢/補購熱線: **(886)2 2218 0701** 傳真: **(886)2 2218 0704**

誠徵作者

愛自遊行的您，何不將旅行的經歷、心得化成
文字、圖片，把出書的夢想變為真實，請將
簡歷、blog文章、電郵我們，或者從此你將成
為一位旅遊作家呢！立即以電郵與我們聯絡。

wowmediabooks@yahoo.com

多謝您的貼士！

如本書有任何錯漏之處，或有
旅遊新料提供，歡迎電郵至:
wowmediabooks@yahoo.com你的
「貼士」是我們加倍努力的
原動力，叫我們每天都做得
更好一點！！

廣告	**Global Daily** www.gldaily.com +81-03-6860-7011
定價	港幣HK$128元
初版	2024年6月

wow.com.hk

Wow!Media編輯部致力搜集最新的資訊，惟旅遊景點、價格等，
瞬息萬變，一切資料以當地的現況為準。如資料有誤而為讀者帶
來不便，請見諒。本公司恕不承擔任何損失和責任，敬希垂注。